JN128088

ぼくらの哲学2

青山繁晴 著

飛鳥新社

【テーマの1　国会議員になって何をしているか】

▲写真①　外国人の労働者をめぐる入管法改正を議論する自由民主党の法務部会で問題点を指弾。（左端の白い半袖）最初はかように出席議員が少なかった。右側は官僚。

▲写真②　少数の同志議員と問題を厳しく具体的に指摘するうち、党内でも関心が高まって、法務部会は回を重ね、こんな盛況に。（左端で資料を克明に見つつ発言）

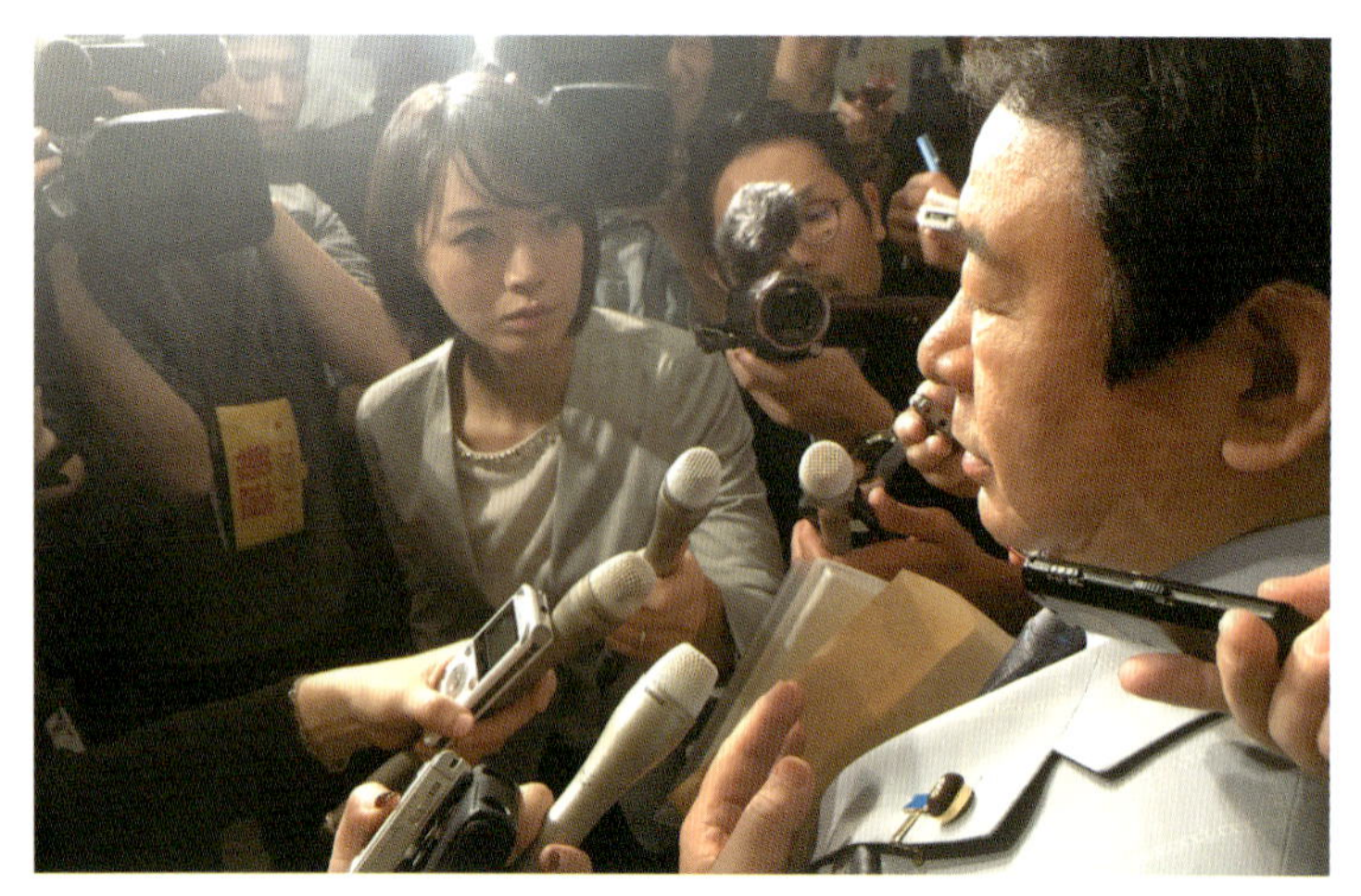

▲写真③　オールドメディアは、不肖わたしが予算委でモリカケは「話が逆」と解明したときには完全無視し、この世に青山繁晴という議員は居ないことにした。ところが入管法改正で与党内に反対があるとなったらこの様子である。淡々とありのままに答えるのみ。

◀写真④　入管法改正は外国の労働者の厚生問題にして労働問題だが厚生労働部会の開催は遅かった。小泉進次郎部会長（中央）に指名され、それを含めて問う。（右端）

▶写真⑤　同時期に開かれた「領土特命委員会」、すなわち竹島や北方領土を取り戻し、尖閣諸島を護るための一種の部会は、このありさま。だからこそ必ず参加して常に発言する。（右側に着席）

〜ここまではいずれも西暦2018年10月、自由民主党本部にて〜

▶写真⑥　自由民主党の党本部では原則毎朝8時から、あらゆる分野に分かれて「部会」が開かれ官僚と議論する。毎朝4時05分から最新の情報を国内外から収集したうえで必ず出席し毎回、必ず発言し官僚群と党幹部に問う日々です。

▲写真⑦　ところが部会でわずかしか議論せず、不意打ちのように国会に出される法案がある。西暦2019年1月召集の通常国会に出されたアイヌ新法がそうだった。内閣部会ではなく、ふだん公共工事などを議論することの多い国土交通部会で、しかも政府による趣旨説明が1回、法案審査が1回、わずかこの2回で部会了承となってしまった。これに対しわたしたち「日本の尊厳と国益を護る会」は内閣官房の担当官に来てもらい急ぎ、議論した。（議員会館の地下会議室）

◀写真⑧　アイヌ新法はもう部会を通過しているので、参議院自由民主党議員総会で発言しようと決め、必要な手続きを踏んで、待機した。橋本聖子議員会長から指名を受けた瞬間。（国会内控室。左端の立ち姿）

▶写真⑨　許可のもと自由に発言する。アイヌ新法はアイヌ文化を守る意義がある反面、同じ日本国民を分断し反日活動に利用される側面があり、全議員に考えてほしいと訴えた。（国会内控室）

▲写真⑩　資源エネルギー調査会で質問する。議員となって2年半で17回目（予算委、経済産業委、拉致問題特別委、資源エネルギー調査会）の質問。日本の自前資源のうち、もっとも良質なメタンブルーム（凍っている天然ガスであるメタンハイドレートの一種）に国が取り組むよう具体的に正す。立ち見までいらっしゃる傍聴の方々をはじめ国民に分かりやすいよう心がけて問う。（西暦2019年2月）

▲写真⑪　国会質問のあと傍聴者のみなさんと共に。ぼくの質問が終わっても他の質疑も聴かれ最後まで残ったみなさん。質問している時の傍聴者は遙かに多い。与野党の他の議員、衛視さんたちがいつも驚く。

◀写真⑫　自由民主党女性局初の男性事務局長に就任。シンボルのジャンパーを着るよう頼まれる。
不肖ぼくを任命した三原じゅん子女性局長ら女性議員たちになぜか大ウケ。

▲写真⑬　女性局主宰の「女性未来塾」で講演。国防女子らの眼の輝きが凄い。

◀写真⑭　このときの未来塾は史上最高の参加者数だったそうです。

【テーマの2
国会の外では何をしているか】

▲写真⑮　これが独立講演会です。みんなの間を回って（中央）、互いに眼を見て、一緒に考える。月に一回、東西で交互に定例開催。（東京ビッグサイト）

◀写真⑯　申し込みのとき書き込んでくださった質問に答える。遠くても質問者（赤い立ち姿）の眼を見ています。

▶写真⑰　近畿大学経済学部で講義。近大は限られた特別講義となったが、国会に近い東京大学では今も週に一回、自由研究ゼミナールで講義中。

◀写真⑱　独立講演会の最後に志願者は舞台へ上がってもらい、満員のおよそ千人の参加者全体と「拉致被害者を全員、取り返すぞぉ」と叫ぶ。（神戸芸術劇場）

▶写真⑲　IDC（インディペンデント・クラブ）のみんなと京都で坂本龍馬さん、中岡慎太郎さんの墓へお参り。ぼくが肩に右手を置いているのは、一緒にライヴをやったプロのベーシストの、さっちんこと、岩倉さとしさん。

◀写真⑳　IDCの会員と「伝統芸能を知り、護る」という趣旨の会を京都で開催。共同通信京都支局の記者時代に舞妓さんになり手がないと聞き「舞妓さん公募」という、全国に大反響だった記事を書いて以来の長い、ただし年に一回だけのご縁。

▲写真㉑　IDCの会員とハワイ真珠湾へ。戦艦ミズーリに残る特攻機突入の跡を見つつ、アメリカがいかに帝国海軍をフェアに評価しているかを現地で一緒に知り、考える。ぼくらが刷り込まれてきた話とまるで違う。

▲写真㉒　パールハーバー太平洋航空博物館の展示のうち中国が金を出したところに、例によって大嘘を発見して指摘。第二次大戦中に中国共産党軍がアメリカ軍と共同作戦をとって日本軍をやっつけたという、まぁ呆れるほかない捏造の歴史。博物館幹部で盟友でもあるメイヤーズ海兵隊退役中尉が改善を約束してくれた。

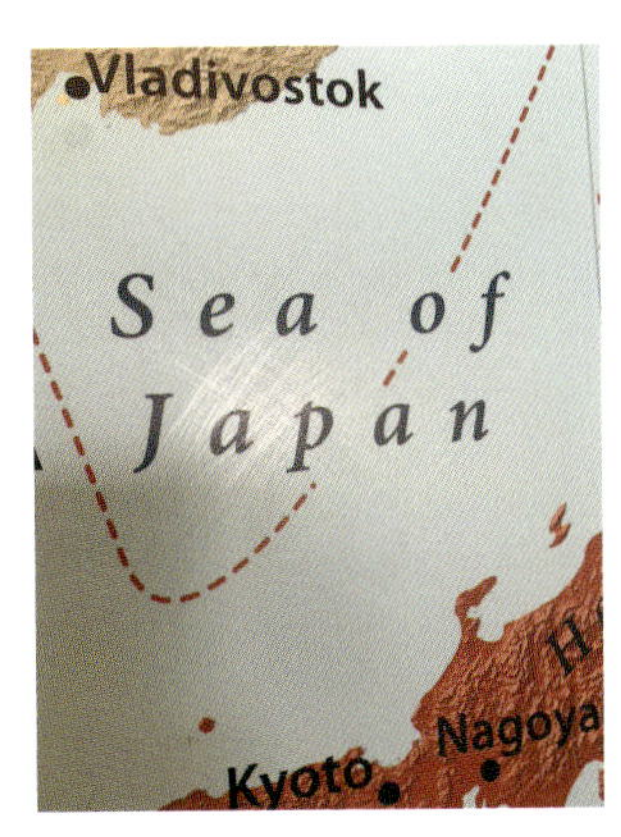

◀写真㉓　近大の教え子が撮って送ってくれた。アメリカが真珠湾の記念館でフェアに日本海と展示しているところを傷付けられた。教え子は「韓国の人かも」と指摘、韓国は日本海の名を変えろと主張・工作しているから、可能性はあると言わざるを得ない。

▶写真㉔　いつも通り、自費でアメリカ出張。これから上下両院の議員たちと通訳抜きで直に、眼を見て議論する。

▲写真㉕　有望株の議員と胸襟を開いて、安全保障を議論。

◀写真㉖　経済の専門家で知られる議員と、日米経済をめぐって激論。

▶写真㉗　顔出しが出来ない高官と、ホワイトハウスで外交・安全保障、政局、経済を議論。

▲写真㉘　ハードスケジュールを共にしてくれた若き女性外交官と、議事堂をバックに。

◀写真㉙　これも、いつものこととして自費でハワイ真珠湾のアメリカ太平洋艦隊司令部を訪問。北朝鮮をめぐって激論。司令長官のアクィリノ海軍大将と気が合う。

▶写真㉚　自由で烈しい議論のあと、いつものように戦略立案者のひとりヴォーンさんが見送ってくれる。防衛省派遣の女性領事、海上自衛隊の連絡将校と共に。

▲写真㉛　ワシントンDCの駐米日本大使館で今上陛下のご在位中最後の誕生祝いが開かれ、日本の国会議員として唯ひとり参加。自費。チェイニー元米副大統領と突っ込んで話す。

▲写真㉜　同じパーティで、日系アメリカ人初の閣僚を務めたヒーロー、ミネタ氏と楽しく懇談。左は船乗りにして海洋資源学者の青山千春博士（東京海洋大准教授）

▲写真㉝　ぼくが民間人の時代、日経新聞「交遊抄」に「利害関係のない親友」と寄稿してくれた北川知克元環境副大臣（中央）に依頼され、都内で講演。北川ともかっちゃんはこの直後、現職代議士のまま急逝された。

▲写真㉞　東京で開かれた意欲的な日米会議「J－CPAC」で議論。アメリカ保守論壇の重鎮（中央）に「GHQの占領政策こそ今の日本が抱える問題のすべての淵源」と迫り、良心派の彼は「驚いた」と正直に吐露。

◀写真㉟　滅多にしか開けなくなったサイン会を「日めくりカレンダー　青山繁晴のまいにち哲学」の出版を機に開き、まずミニ講演。こんなにたくさん来て頂いた。（八重洲ブックセンター）

▶写真㊱　同じ日めくりカレンダーのサイン会を関西でも。ちっちゃいお願いも、しっかり聴く。（ブックファースト阪急西宮ガーデンズ店）

▲写真㊲　祖国のために、同志のために戦う女性経営者、池田香美代さん（現在８０歳）も来てくださった。

▲写真㊳　講演会で国旗が掲げられていれば常に、硫黄島の英霊、白梅学徒看護隊の少女たちをはじめ、わたしたちと祖国を今も支えるみなさまへの畏敬と感謝を込めて深々と頭を下げます。

おまけ

【国会議員になってできなくなったこと、どうにか続けたこと】

◀写真㊴　民間人のときも、ぎーんの今も、ハワイはいつも仕事で行くだけ。しかし民間人の時代は空港に向かう直前に、どうにか波に乗ったりしていた。これは生涯２度目のサーフィン。「楽勝、楽勝」と口に出していると、なぜか立てる。乗れる。今は全く時間が無い。

▶写真㊵　かつては、どんなに忙しくても海外出張のときレンタカーを運転してアルプスに入り、スキーをしたりしていた。これも今は全く無理。(サーフィン、スキーの写真とも、この書に含まれている原稿の初稿を月刊Hanadaに送っていた頃の写真だから載せました)

▲写真㊶　どんなに無理をしてでも時間をつくり、繁子ちゃんことポメラニアンの青山繁子と一緒に居たり、抱っこしたり、散歩したり、繁子ちゃんに延々と舐められたりしていた。本書の仕上げに入った西暦２０１９年２月２８日の午前５時１４分、１５歳、人間なら９０歳を超えた幸せな命を全うしました。これは前年の酷暑で弱ったあと、２０１８年８月２７日に撮影。夏の終わりの奇蹟のように甦って、いつものように笑ってくれたのでした。

撮影／出口太・公設政策秘書、外務省、独立総合研究所、青山大樹、青山繁晴

源流の章

ソノ不安ヲ解体スル

筆者から読者へ

いや、もっと気持ちに沿って申せば、宇宙にぽつんと生まれているひとりの書き手から、運命に導かれて出逢う奇蹟の読み手のおひとりおひとりへぼくはいつも、どの書物でもその冒頭にて、人称をあえて自在に使いますと申していいます。そして一般的な本では「序」に当たるこの「源流の章」、たぶん「世界でもっとも長い序のひとつ」になるだろうこの章では、ふだんのぼくの文体よりさらに踏み込んで、自由自在に人称を使うことをあらかじめお伝えしたいのです。青山繁晴をぼく、わたし、俺とさまざまに場面に合わせて表現します。

そして、漢字、ひらがな、カタカナ、ローマ字という豊かな日本語表現を、一般の校正基準とは異なってもさまざまに使い分けます——といういつもの原則はこの書全体を貫くことを、そっと申し添えます。

青山繁晴　拝

どなたも小学生や中学生の頃、つまり文系、理系という余計な型に分類されてしまう前は、科目を超えてさまざまに興味を惹かれるものがあったのではないだろうか。

不肖わたしも小学校の高学年のとき、江戸中期に日本人の知った驚きが、二百年近い時を超えて子供心に生々しく伝わってきたことがある。

ターヘル・アナトミア（通称）という西洋の解剖図録を、杉田玄白ら医学者が訳し「解体新書」として世に送り出し、解剖という空怖ろしい行為、しかしそれでしか分からない人体の不思議に初めて接した日本人の驚きを本で読んだときのことだ。

急にお腹が痛くなったり、身体の芯から高い熱が沸いてきて苦しかったり、子どもはさまざまに日常生活で体の異変を体験する。

わたしはなぜか、大人になるとこういう日常の病気は絶えて、起きることがなくなった。しかし子ども時代は「病気になる謎、元気でいる謎、それを皮膚を開いて、ふだん決して見えない体の内側を調べてみたら、あぁ、こうなっているのかと、ほんとに驚いたんだろうなァ」と解体新書をめぐる物語に接したのだった。

そして中学になると、生物の時間に今度は自分が実際に解剖をすることになった。

解剖といっても中学生だから、まさか人間相手ではない。言うまでもありませんね。

それは、カエルの口の横から解剖ばさみを入れて脳を取り除き、そのあと脚を軽く引っ張ると脊髄だけでも反応する、つまりカエルの脊髄（せきずい）反応を確かめるための部分解剖だった。

ほんとうは解剖というより部分切除だ。

先生に指示されて解剖ばさみを口に横に差し込むと、カエルはまことに悲しそうな顔をした。

その瞬間、友だちはみな、声をあげて走って逃げた。

理科の実験室で、ひとつの解剖台に四人ほどのグループに分かれ、うち一人が解剖ばさみを入れる。

たまたま、その役に当たり、解剖ばさみを投げ出して誰よりも早く遁走（とんそう）したかった。

淳心学院中高等学校というミッションスクールの男子校だったが、逃げた友だちが男らしくないなどと夢にも思わなかった。だってカエルの顔、麻酔で身動きできなくされていた生きたカエルが両の脚をびらりと伸ばし、口を大きく開けられたその眼がほんとうに悲しげだった。

解剖ばさみを口に入れると余計にゲーッと顎が開いて下がり、もっと苦しそうになった。あぁ、実験教室のホルマリンの匂いまで甦る。『自分がこのカエルだったら』と自然に考え、これ以上、解剖ばさみに力を加えて、頭を切り取るなんてとてもできない。

ところが白衣を着た生物の先生は、鬼の形相になって「青山っ。逃げるな」と叫び「やりなさいっ」と睨む。

この先生は、隣接する賢明女学院という同系列ミッションスクールの女子高の先生だった。生徒と秘かに恋をし、卒業後すぐ結婚したから女子高には居られなくなって、こちらの男子校に移ってきたという話だった。

ぼくらは、それをスキャンダルとはちっとも思っていなかった。眉の太い、大きな眼の男らしい先生だ。真面目に恋愛、結婚なさったんだと思っていた。学校から何も説明はなかったが、みんなそう思ってこの先生が優しくて好きだった。

その先生が怒鳴るのだ。

ぼくは半ば眼をつむって顔を背けて遠ざけ、手だけ伸ばして解剖ばさみに力を入れた……。

このあとは書かない。読者のなかには、気がさほど強くはなくて、ここまでで充分というひともきっと、いらっしゃる。書き手はふつう、おのれのために書く。けれども正直、ぼくは読み手のために書いている。

そしてぼく自身、あれからどんなに歳月が過ぎても忘れられない。

それでも、脳を喪ったカエルが、確かに脊髄だけで刺激に敏感に反応することに感嘆した。生命という体系の不可思議のひとつが、そこにあると中学生にもありありと伝わった。

先生の解説では、脳が無くなると実は余計に鋭く反応するということだった。

逃げていた友だちもみな、その時には戻ってきていた。

そして高校生の頃にふと、考えたのだった。

わが小さなターヘル・アナトミア、解体はやはり大切だなと。

ほんとうは中学生の時から、優しくて温厚な、男の中の男の先生がなぜ怒ったか、それがうっすらと分かっていた。

『カエルがどんなに悲しげでも、残酷な仕打ちに思えても、きみが自分の手を下して今、学び、それをもとに新しい真実を掴む可能性をつくることこそ肝心だ。それが勉強、学問だよ。同情だけで考えるな、感情に負けていては、人類の進歩はないんだ』

先生は寡黙な男にして、このようには説明なさらない。しかし、こんな感じじゃないのかと、あの中学の実験室で感じ取った。

それから二年ほど過ぎた高校の教室で、英語の授業中に窓の外の枯れ枝が風にわずかに揺れるのが眼に入ってふと、ぼくらの小さきターヘル・アナトミアの記憶の持つ意義を、もうすこしだけ深く、考えた。

にんげんが前に進むことに、すこしでも寄与したいのなら、おのれの手をまず動かせ、逃げるな、恐れるな。

そして仮に正しいと信ずることであっても、動けば必ず、どこかに誰かに犠牲は出る。

自分だけ綺麗ということは決してあり得ない。永遠に謙虚に、それを知っていろ。

こういうことかなと思った。

そしてやがて十八歳の大学受験の季節を迎え、友だちがみな、それまでばらばらの生き方もあった同級生がみな、見事なまでに揃ってただただ受験勉強に集中するなかで、ひとり、誰にも相談せずに苦しみ始めた。

大学に行きたくて行けないひとも居るのに、なぜ俺は行ける。なぜ、俺たち淳心学院や隣の賢明女学院の生徒のように、あらかじめ大学へ行くと決まっているひとが居るんだ。

いや、それよりも、おまえだ。

なぜ、おまえだけ最初から安全圏にいるんだ。いい大学へ行って、かっこいい思想なども考えて、意義ある人生を送れると決めておいて、自分の人生だけは特別室に入れておいてから、世のあれこれを考えて、大人の社会の批判なんかもやらかしているじゃないか。

おまえがまず、大学に行くことを放棄しろ。他人は知らない。他のひと、友だちは大学に行っていい。しかしお前はまず行動しろ。こっそり隠れている安全圏から、すぐ出ろ。

おのれを責め続けながら受験勉強を拒否し、本は読み、発表するつもりのない文章を書き留め、その時代に実際にいた「大学進学を拒否して北海道の牧場で働く」という少数派高校生の生き方もまた、とても正しいとは思えず、解決しないまま大学生となった。

二十歳の頃に、ついには「なぜ生まれてきたのか。なぜ生きている。なぜ死ぬのか」をみずからに問い詰めるまでになった。

どこまでも深い胸の裡（うち）のことであり、傍目には元気な、そして明るい大学生に見えていただろう。わたしは本来は、社交的で陽気な性格である。友だちも多い。家族との絆も強い。だからこそ、そう、なぜかだからこそ、この思索の苦しみは誰にも話したことがない。

いま考えれば、未熟に苦悩しつつ自然に、存在を問うという人間の根幹にまで行き着いたのだろうと思う。

このどん底にまで達して、わたしの魂はようやく孤独な苦悩の深海から太陽の届く海面へ昇り始めた。

その延長線上にあるのが、この書である。

遥かな延長線がこの一冊に届いた。

ぼくらの探究の犠牲になってくれたカエルの命を、時代の不安の解剖、解体に結びつけねばならない。

みんなの不安を解体して共に戦わねばならない。

二十歳のぼくの存在への問いもまた、根っこの不安だった。命の根源でもある不安だった。

日本人とあなたが弱いから、不安を解体せねばならないのじゃない。

強さが必ずどこかに鎮(しず)まっているから、それを探して解剖、解体するのだ。

それを腹に、底に、しっかりと据えて「澄哲録片片」(ちょうてつろく・へんぺん)と名付けた連載エッセイを始めた。

『いつの日か、これまでの哲学の肩の上に立たせてもらい、人間と動物、そしてすべての命の先行きを見通すような思索の体系をつくっていきたい。その足あとを記録していくようなエッセイにしよう。しかし超哲学と称するのはあまりに烏滸(おこ)がましいから、超の字を澄に変えます。格好良く書こうなどと私心に囚われず、読み手に尽くし切るというほんらいの目的に沿って書きたいから、澄んだ心境の意味です。

そしてあくまでもエッセイに顕れるのはカケラの数々、断片に過ぎないから片片と致します』。こういう趣旨だ。

当然ながら「なんで、こんな難しそうなタイトルにするのですか」といくらか呆れるような声も頂いたが、あ、これはいい、最高ですと言ってくれる編集者の声に励まされた。

その編集者は月刊Ｈａｎａｄａの編集者である。

次の時代の先頭を走るような、月刊Ｈａｎａｄａという論壇誌にこうやって連載を続けている。

ただ、エッセイを連載するというのは正直、いまのわたしには難行苦行そのものだ。原稿に苦吟するより、とにかく絶対的に時間が無い。提稿は、ぎりぎりのデッドラインのそのまたぎりぎりになる。担当の編集者にとっては生き地獄ではないかと深く心配している。

書く時間を確保できないという塗炭の苦しみは、国会に出るまえから不幸にしてお馴染みではあった。

職業としての物書きであると同時に、もともと同時進行で進める仕事が多すぎて、書く時間がまともに確保できるときは皆無だった。

そのために飛行機や新幹線に乗っているときは文字通り必死に書き、たとえば人と待ち合わせをして、相手が到着されるまで二分、誇張ではなく二分間ぐらいありそうなら即、モバイルパソコンを起動して原稿を書く。相手の姿が見えれば、ぱたんとパソコンを閉じて休止させる。

したがって、わたしが壊れる前にモバイルパソコンがどんどん壊れる。歴代のモバイルパソコンにも同情している。耐用年数をひょっとしたら五十倍速ぐらいで過ごしているのかも知れない。

やりたい仕事のいちばん目、それは原稿を書くこと。

稀(まれ)には、こうやって体言止めを使って強調したいときがある。

子どもの時から文章を書いていた。半生を費やしてようやく、熟(こな)れてきた。原稿に脂が乗っている。

ところが武家の娘の母の幼児教育は「自分のやりたいことは一番最後に置け。ひとのためにならない、やりたくないことからやりなさい」だった。

幼子の時代に父と母から授かった家庭教育がわたしの背骨だから、おのれが指先から産みだす原稿の脂の乗りを愉しむまえに、まず日本初の独立系シンクタンクとして独立総合研究所を創立して代表取締役社長を務め、かつ首席研究員として文理両分野を研究し、資源は無いはずの日本が海に抱擁している自前資源の開発や、外交と安全保障を官任せにせずに民が取り組むための実務、原子力発電所をはじめインフラストラクチャ（社会基盤）にリスクがあることをありのままに捉えてのカウンター・テロリズムという危機管理の実務、人びとに伝えるべきを伝えるためにかつては地上波のテレビ番組もお受けし、今は地上波は断ってもネットテレビの一部には参加し、ラジオも参加して今はＦＭ局で音楽番組のＤＪも務め、それから、儚（はかな）い命を振り絞って講演し、次世代を育てるために東京大学と近畿大学で教鞭を執り、たぶんこれでも書き切れていない。

正直に申せば非力なのに膨大すぎる仕事の群れを、どうにかこうにか務めていく。そして瞬時のような隙間に、原稿を書く。それも、原稿のなかでもやりたい文学（フィクション）は後回し、まずはノンフィクションを書く。

この生活のまま、まさかの選挙参加、そして国会議員となってしまった。なった以上は絶対優先の議員公務が加わるから、ますます時間は猛速で飛び去る。

きみは時間旅行者か、などと意味なくおのれに呟（つぶや）いてみる。

それでも、だからこそ、この書物「不安ノ解体」にはまことに僭越な物言いながら普遍的な意義を見出している。

編集者を、申し訳ない、月々の〆切の度（たび）に苦しめつつ連載するエッセイだから、不肖わたしが民間の専門家から突如、国会議員となり、苦闘千里が深まる道程をリアルタイムで記していくことになった。

そして蓄積されたエッセイをみずから謙虚に読み込み、一字一句に誠実を尽くして手を入れ、新たに大きく深く書き込み、新刊の書としたのが、これである。

澄哲録片片は先に一度、「ぼくらの哲学」として再編して世に問うた。この書は、その後の蓄積をもとに、さらに真っ直ぐに時代と向き合うために「不安ノ解体」と題して祖国のみんなへ手渡したい。

一般的には「序」や「前書き」として短く書く部分を、いや短くではなく、ぶっとく書き「源流の章」と名付ける。

これも一般的には「後書き」を短く書く部分を「大海の章」として、しっかり記す。

源流の章はまさしく、思索の淵源を語りたい。大海の章は、この書の本文で記した多様なことどもが「その後にどうなるか」を軸に語る。

その源流の章は「日本人とあなたが弱いから、不安を解体せねばならないのじゃない。強さが必ずどこかに鎮(しず)まっているから、それを探して解剖、解体するのだ」と先に記したところで、すでにして根っこに届いている。

そこでいったん筆を置くのが、実は原稿の据わりも切れもいい。

しかしそれをせずになぜ、この章を続けるか。

それは、盟友のことをお話ししたいからだ。

前述の日々のさなかに、盟友が何の前触れもなく、わたしたちから奪われた。

それは国会議員となって二年が過ぎた頃だ。

参議院の本会議を終えて、一斉に本会議場から出てゆく議員とともにわたしも廊下に出て、いつもの習慣で政策秘書の姿を探した。

連絡事項がないか確認せねばならないし、次の移動に車が必要な場合は特に、早くつかまえねばならない。わたしは公設秘書（三人）以外に人を雇わないから運転手さんがいない。自ら運転すると車内での原稿執筆やＥメールと電話のやり取りができない。公設政策秘書がちょうど車が好きなのでドライバー役も兼務してもらっている。

本会議が終わると多数の議員がどっと廊下に出て、秘書さんや政党職員や国会職員や衛視や記者が入り乱れる。その政策秘書の姿がなかなか見つからないことも珍しくない。

ところがこの日は、政策秘書が人混みから離れて立ち、背中と首を伸ばしてわたしを探している。

何かあった。

そう直感した瞬間に、さまざまな想定が脳裏を駆けめぐった。

他の議員に特異な動きが何もないということは、国事として起きたことではない。国内外の知友か、家族か、中高の同窓生か、あるいは教鞭をとっている東大か近畿大の学生に何かあったか。とっさに考えていると、政策秘書が「福岡先生の奥さまから電話があって」と言った。

福岡先生？

新潟大学の福岡浩(ふくおかひろし)教授のことか？

知巳のなかに福岡という人はもう一人いらっしゃるが、この頃はお会いする機会がないし、そもそも奥さまを存じあげない。

では、あの福岡さんか。

まさか。

福岡教授なら、あれほど行動力の固まりの学者はいない。すこし太り気味ではあってもバイタリティの溢れるひとだ。健康リスクのある人とはとても見えない。

すぐさま奥さまに電話をすると……何ともはや、福岡教授はブータンの山中で倒れたという。

福岡先生は本来の専門が、地滑り学だ。地滑りのメカニズムの解明、そして災害防止の最高権威のひとりとして世界に知られている。火星の地滑りについてAGU（アメリカ地球物理学連合）という世界最大、最高の地球サイエンスの学会で発表され、わたしも学会に参加していて、そのユニークな発表に驚いたことがある。

火星は大気がなく、したがって雲もなく、地球から天体望遠鏡で見るとダイナミックな地滑りがありありと把握できる。その研究は、わたしたちの地球の地滑りの仕組みを解き明かして日本と世界各地の地滑り対策、すなわち地球規模の防災立案にたいへん役立つというのだった。

福岡先生らしい、ひとつの視点にとらわれず大きなスケールで研究する生き方を物語る研究発表だ。

実際、福岡さんが撮影した画像をみると、緑もない剥き出しの荒々しい火星の山脈が想像を絶する規模で地滑りを起こし山が崩壊するさまを見事にとらえ、まるで地球の大地、海底に起きる異変を分かりやすいドラマにしたように、ありありとメカニズムが伝わってきた。

福岡浩教授はこうやって培ったノウハウを活かして、祖国日本と世界の特に発展途上国の地滑り防止を軸とする防災に、報いもなく献身してこられた。

地滑りの恐ろしさ、それは最近に日本で頻発している災害で多くの庶民が家屋と共に命も家族も奪われている事実から、日本国民も身に染みて知っている。

福岡先生は、この本来の専門以外に、新潟大学の教授として新潟の海をはじめ日本海に賦存する表層型のメタンハイドレート（ＭＨ）の調査研究、そしてもっとも資源として将来性のあるメタンプルーム（ＭＨの気泡や粒々が柱状に海底から立ち上がり、われわれの調査海域では平均で六五〇メートル、ちょうどスカイツリーぐらいの高さがある）において、かけがえのない共同研究者、かつ客観的な評価者でもあった。

東京で会う約束をすると、たとえばスリランカからの帰途、真っすぐに都内に来られ、そこから新潟に帰ったかと思うと次の瞬間、と言わざるを得ないほどあっという間にタイに居るといった生活だった。

その逞（たくま）しさ、強靱な心身、そして何よりもその本物の優しさ、日本とアジア、世界の人々を護りたいと願い、心身を擦り減らしてでも献身していく慈愛の魂を、わたしと青山千春博士（東京海洋大学准教授）や若い研究者たちもこころから敬愛していた。

ブータンでも、ブータン政府から頼まれて地滑りのリスクを調べ予防策を考えるために険しい山中へ登っていったのだった。

世界を歩いた福岡さんが、このブータンという終焉の地だけが、初めて訪れる地だったという。

そして福岡浩さんは、現地の人々と斜面で地滑りの跡を調べ、山道を登り降（くだ）りして次の斜面に張り付き、というういつもの現地調査を繰り返しているとき突然、顔が土気色になり、しゃがみ込んだ。

驚いた周囲が「下に戻りますか」と訊くと、福岡さんはブータンの人々に笑顔で「もう大丈夫だから調査に戻ろう」と仰ったという。

ブータンは、国王ご夫妻の穏やかにして毅然としたお姿が日本人にも知られていて、日本とは愛し愛されの良き関係にある。

世界でいちばん幸せな国だと記憶するひとも多いのだろう。

いちばん幸せ、その通りだとわたしも思うが、同時に中国の圧迫を凌ぐためインド軍と連携する国でもある。また世界の屋根であるヒマラヤ山脈に連なり自然環境は厳しい。

ブータンという国名は「高いところ」だという説があるように富士山の二倍以上の高さ、七五〇〇メートル級の山々が聳えるが、それだけではなく、低地は亜熱帯、つまり暑くて、山岳地帯はツンドラ気候、すなわち永久凍土を地下に抱える寒地荒原の気候が並存している。

ブータンの山中に分け入り、地滑りの跡を克明に探しては調べ、さらには将来か近未来に地滑りを起こしそうな斜面がないか学術的に調べるということは、通常の苦労に加えてこの極端な気候変化に耐えねばならないということだ。

福岡さんが心臓に隠れた問題を持っていたのならば、これは非常に苛酷な環境だったろうと、わたしは今、唇を噛みしめて血が滲(にじ)んでも足りないような悔しさを胸の裡(うち)に抱えている。

それに福岡さんは前述のように世界を烈(はげ)しいハードスケジュールであえて飛び回っていた。

事実、福岡浩教授は急峻な斜面に踏み込んで丁寧に調べているとき突然に、崩れ落ちるように倒れたという。

顔面が蒼白となり、身動きできず、誰が見てもハートアタック（心臓発作）が疑われた。

しかし途上国の山中であり、救急隊を呼ぶことは簡単ではない。一行はとりあえず福岡教授を背負うなどして高度の低い所まで降ろし、福岡さんを休ませた。

すると福岡さんの顔色が少し戻ったために、福岡さんと調査隊一行は再び山を登り始め、そして、再び倒れた。

しゃがむのではなく、音もなく崩れ落ちたという。

今度はあっという間に息が止まり、二度と甦ることはなかった。

福岡さんの病状を正しく判断し、救命措置をとったうえで体を保護しつつ山から降ろす態勢が無かったことが、いちばん痛かった。

福岡さんも調査隊全隊も「調査を完遂したい」という強い意志と使命感があり、「いや、これは全てをやめて山を降りて病院へ向かうべきだ」という判断が働かなかったのではないだろうか。

あまりにも無念である。

しかし、この凄まじい使命感と責任感には深く頭（こうべ）を垂れるほかない。

福岡浩さんとの最初の邂逅（かいこう）は、サンフランシスコで開かれた国際学会だった。

それは前述したAGU（American Geophysical Union）、アメリカ地球物理学連合である。

宇宙をめぐる科学の世界最高峰の学会だ。毎年十二月にサンフランシスコで開かれる（サンフランシスコの巨大会場が工事中の二年間はニューオーリンズやワシントンＤＣで開かれた）。

不肖わたしはこのＡＧＵで日本海の表層型メタンハイドレートあるいは世界に賦存するメタンプルームをめぐって何度か英語で口頭発表を行い、招待講演者（Invited Lecturer）に選ばれての発表も行った。

福岡浩さんは京都大学理学部准教授の時代から、このＡＧＵの重要な常連発表者だった。長崎市に生まれて京大で博士号（地球物理学）を取り、京大防災研究所の助手として研究者のキャリアをスタート、准教授となられた。

そのとき、ＡＧＵに参加して分厚い発表一覧を眺めていたら、Shigeharu Aoyama（アオヤマ・シゲハル）という名前を見つけたそうだ。

当時のわたしは日本初の独立系シンクタンクとして創立した独立総合研究所の代表取締役社長、それから首席研究員を兼務して、経営と研究の同時進行だった。

今は地上波のテレビ番組をお断りすることが多いが、この頃は東京では「ＴＶタックル」、関西では「スーパーニュース・アンカー（水曜版）」といった番組に参加していた。

特に後者の通称「水曜アンカー」は「青山のニュースDEズバリ」というコーナーで長時間、

事実上ひとりでニュースの解析や先行きの予測をしていた。

占拠率（競争の激しい地域、時間帯では視聴率よりも注目される）が三〇％という驚きの数字を楽々と超えることもあった。

福岡さんは京大准教授の時代、水曜アンカーのこのコーナーを毎週、必ず視ておられたそうだ。

だからAGUの英文表記の発表者一覧でオーシャン・サイエンス（海洋科学）分野にわたしの名を見つけた時は「この分野に、水曜アンカーの青山さんと同姓同名の科学者がいるんだなぁ。どうして今まで気づかなかったんだろ」と思ったそうだ。

これらはみな、福岡先生があとで話してくれたことである。

しかし、その同姓同名の科学者はアメリカなのかヨーロッパなのか、どこに住んでどんな研究をしているのか興味が湧いて、発表を聴きに行った。

すると、まさしく水曜アンカーの青山が壇上に現れたので、腰が抜け、両の眼が開き、口もあんぐり開いたままになったという。

そして英語でメタンハイドレートの発表が始まると『この発表の終了後に、どうしても話がしてみたい』と思われたそうだ。

わたしが発表と質疑を終わって壇上から降りると何人かの研究者に囲まれた。そのなかに京大准教授の名刺を出された福岡浩さんというひとがいて、その気さくな人柄と風貌にすぐ意気投合し、会場近くのメキシコ料理店に青山千春博士らも含めてランチを食べに行った。

ここから長い道のりの付き合いが始まったのだった。しかし最初は、あくまで分野の違うところにいる良心派の学者だった。

だが、天は面白いことを探して行動する。

天は福岡さんに転機をもたらした。それは新潟大学の教授に栄転したことだった。

わたしたちは驚いた。新潟の海は、メタンハイドレートの粒々や気泡が海中の巨大な柱となって海底から立ち上がるメタンプルームが林立し、われらのオリジナルな研究の主戦場となっているところだ。

しかし地元の新潟大学との連携は進むようでなかなか具体化していなかった。

そこに福岡さんがやって来る。

いつもの天の差配とは言え、夢のようにも思った。

福岡さんが新潟大学のホームページの研究者情報にみずから記した「自己紹介」から引用しよう。

「（前略）また海底地すべりの研究を通じて新潟沖にも大量に存在することが最近わかった表層型メタンハイドレートの研究、さらに資源回収と環境保全について研究に着手したところです。（中略）卒業研究のテーマを、土砂災害あるいはメタンハイドレート関係にしたい学生を喜んで引き受けます」

単なる教授ではなく新潟大学の「災害・復興科学研究所」の所長を務める日本屈指の学者がこうやって、わたしたちの戦陣に加わってくださった。

ここで客観的な見方、評価を読者に見ていただくために、産経新聞の西暦二〇一六年九月の記事を引用することを許していただきたい。

見出しは「メタンハイドレート利用に光　新潟大などが気泡回収技術　発電用燃料として活用へ」である。

本文は次の通りだ。

「新潟大と東京海洋大を中心とする研究グループは、次世代のエネルギー資源『表層型メタンハイドレート』が眠る海底から、柱状に立ちのぼるメタンガスの気泡の柱『ガスプルーム』（青山註　メタンプルーム）を回収する基礎技術を、佐渡島の沖合で実施した探査を通じて確立した。今回の成果を踏まえ、新潟大災害・復興科学研究所の福岡浩教授は『大規模な捕集システムで泡を船上に引き揚げ、発電用の燃料として使えるか確かめたい』としている。

メタンハイドレートは天然ガスの主成分メタンと水が低温・高圧下で結晶化した物質で、海底の浅い部分にあるタイプが表層型と呼ばれる。調査船による探査は約一三〇〇万円の費用の一部を新潟県が負担し、九州大と三菱ガス化学も参加して三月に佐渡島の沖合で実施した。

探査の結果、南西沖と北東沖でプルームを確認。多数見つかった北東沖では、水深一五〇メートルと三五〇メートルまでカメラ付きの無人探査機を降ろし、泡が出る様子を調べた。さらに大手テントメーカーの太陽工業が試作した円錐（えんすい）状の「捕集膜」を海底にかぶせ、泡を集めることに世界で初めて成功した。

同時に、膜に取り付けた細いパイプ内を泡が通ることも確認し、パイプを海上の船までつないでガスを引き揚げることが技術的に可能なことも実証した。

ただ、エネルギー資源として利用する基礎的な技術のため、一定量のガスプルームを海上の船まで運び、都市ガスや発電などの燃料として使えるかを今後、実験で確かめる必要がある。

メタンハイドレートをめぐっては、経済産業省が平成二五～二七年度に日本海で調査し、表層型が存在する可能性を示す地質構造が広い範囲で確認されている。

新潟県は、エネルギーとなるメタンガスをメタンハイドレートから取り出す技術の開発を地元経済の振興につなげようとしており、新潟県内の有望な技術を年内にリストアップする予定だ。今回の探査の成果について、新潟県は『回収技術の実用化を前進させる一歩』（産業振興課）としている」

要は、国より先に、新潟大、東京海洋大、九州大がタッグを組み、そこに意欲的な企業も参加し、地元の新潟県庁も加わって、世界で全く初めての海洋実験に成功したという、ほんとうは大ニュースだ。

何の海洋実験か。

福岡浩教授は「メタンプルームは東京海洋大の青山千春准教授が日本海において世界で初めて発見した」と正式な学術発表で明言していた。

ほかのタイプのメタンハイドレートは、日本海に多い表層型（海底面に露出もしているメタンハイドレート）も太平洋に多い砂層型（海底下の地層に砂と混じって埋もれているメタンハイドレート）も、実用化するには掘削せねばならない。

環境への影響を考えることが必須だし、漁業権との難しい調整も必ずせねばならない。

ところが海底から柱として自然に立ち上がっているメタンプルームだけは、掘削する必要がゼロだ。海中で待ち構えて膜を張っているだけで、そこにどんどん溜まっていく。

それをパイプで海上や地上に送れば、巨大な水圧はなくなり、温度も上がるから、メタンハイドレートがこれも自然に溶けて、天然ガスになる。

これを既存の火力発電所に送れば、小規模の発電所改修だけで電気をつくれる。またそのまま天然ガスとしての利用もできる。

この実用化のとき、全国に大規模にエネルギーを送るという従来の考え方に囚われる必要は全くない。

まずは地産地消、地元で産んで地元で消費する、たとえば新潟で「メタンハイドレート・バス」を走らせることから始めれば、その車体に「これは地元の資源で走っています」と大書するだけで、県民、そして国民の意識が変わり、日本は根本的に資源小国から脱していくことが出来る。

こういうことが、福岡さんが新潟大に移ったために、西暦二〇一六年に現実の海洋実験として試みられ、見事に成功した、そういう記事なのだ。

これを契機に、国もようやくにして重い、重すぎる腰を上げつつある。現在は、机上の計算しか出来ない予算だが、やがては海洋実験の行える予算になる可能性が出てきた。

その福岡さんを道の途上で喪ったことは深い悲しみとともに大きな痛手だ。

しかし、そのためにたとえば九州大学大学院工学研究院の渡邉裕章（わたなべひろあき）准教授（燃焼科学）という若き天才、学界で受賞歴も多いまごうことなき天才が、福岡さんの遺志を継ぐ決意をなさり、国会でメタンプルーム実用化への証言に立たれたり、灯火（ともしび）を継ぐ動きが始まっている。

命には終わりがある。

ありとあらゆる不安の真の淵源はそこにある。

いま、ひとりの物書き、そして参議院議員、東京大学教養学部自由研究ゼミナール講師、近畿大学経済学部客員教授となって夜明け前にひとりで原稿に向かいあっていて思うのだ。

これから世に問うこの新しい書物は、おのれの半生をかけて仕上げようとしている解体新書だなと。

医師でも生物学者でもないわたしが解体するのは、不安、これである。作家としても国会議員としても、不肖ながらわたしは、たった今の日本の不安と向かい合っている。

そして東京は駒場の東大教養キャンパスと東大阪市の近畿大学キャンパスでめぐり逢う学生たちにも、不安を抱える眼をした男女が多い。表にそれがあらわれない学生ほど、魂深くの不安に苛（さいな）まれていたりする。

だが肝心なことは、不安なき、あるいは不安を知らない若者には未来がないことだ。生存の不安こそ、人類を前に進めてきた原動力だ。

病がどこから来るかは、ヒトの体を解剖、解体してみないと分からない。そのことが分かったからこそ、病を克服していく人類の栄光の歴史がある。

脊髄動物を支える脊髄の素晴らしい働きは、脳を取り除いてみるほどの大胆な探究がないと分からない。

確かに、あの金太郎のような童顔先生が仰るとおりだった。

不安は時代の病でもある。

そして日本国、日本社会では特別の相貌（そうぼう）をしている。

日本は明治維新からたったおよそ八〇年でアジアを白人植民地主義から解き放つという理念を掲げて大戦争を戦った。

それに無惨に破れると、二度と理念も哲学も永遠に持ってはならぬという思い込みを、戦勝国の筆頭アメリカに、徹底的に刷り込まれた。

何のために社会にいるのか、何のために働くのか、何のために子育てをするのか、何のために学ぶのか。

それを知らずして生きることほど、底知れぬ不安の苦しみに直結することはない。

子が親をあやめ、親が子をあやめる祖国と成り果てたのは、ここに根っこがある。

わたしが育った生家の蔵には、刀が三十八本もあった。すべて実戦で刃こぼれし、値打ちのある美術品は一本もなかった。

末っ子のわたしはごく幼い頃から「おまえのお兄ちゃんは跡を継ぐ。お姉ちゃんは親の決めた人と結婚する。おまえだけはひとりで生きていけ。家からは何ももらえない」と亡き母に言われて育った。

おかげで、ささやかな自立心が育まれた。

同時に、兄や姉より自由に遊べた。蔵から刀を勝手に中庭に持ちだし、重さと妖気に内心で戦(おのの)きながらも、まだ細い腕で振り回して庭木の枝を切り落としてしまった。

母は「おまえ、そこに座りなさい」と厳しい眼で畳の一角を指さした。

どんなに叱られるかと思った。しかしひとことの叱声もなく、母はこう言った。

「人のためにはいつでも刀を抜け。自分のためには決して抜くな」

それで終わりだった。子ども心にこの刀とは現実の刀じゃなくて、やがて大人になった時の何かだと、去っていく母の背中を見ながら考えた。

その母が気に入っている写真がある。

神戸の大丸デパートの屋上での姉とわたしの一枚だ。

わたしはまだ幼稚園、姉は六歳上だ。

写真の真下に母の懐しい手書きがある。

デパートの屋上で家族で遊んでいるとき、近くにいた紳士が立派なカメラを持っていて、主人（ぼくらの父）が止めるのも聞かず、写真撮影を頼んだ。

その親切なひとは直後に急逝され、残された未亡人が遺品から写真と連絡先を見つけて、送ってくださった。このひとはそして（繊維会社の社長である父と同じ業界の）大和紡績の課長さんだと分かった。

あまりの奇遇に言葉も出ない。

知られざる文章家でもあった母は、簡潔にこうした趣旨を記している。

この写真の姉はやがて、宝塚歌劇の大ファンになった。弟を連れて行くと親が観劇を許してくれるから、わたしは訳が分からないまままたくさん観劇をすることになった。

あるとき、お姫さまが苛（いじ）め抜かれる劇があった。わたしは憤激し、どうにかして姫を助けようと決心した。

すると突如、そのお姫さまが家の玄関に現れた。

姉が弟のために願ってくれて、宝塚のスターが遊びに来てくれたのだった。

着ている洋服はあっさりとしていて化粧もほとんど無く、舞台とはまるで違う。それなのにお姫さまとそっくりの、つつましい、静かに優しく笑う美しいひとだった。

そして「わたしはほんとは、虐められてないよ。安心してね」と小学生のわたしにおっしゃった。

わたしは誰にも言わずに決意したのだった。この姫は、世界のどこかで苛めに苦しむ人たちの代わりに、その様子を舞台で見せてくれたんだ。ぼくは大人になって、そういう人たちのために刀ではない刀を抜くんだ。

あぁ、福岡浩さん。

あなたは資源が無いことになっている日本で自前資源を触れば、必ず圧迫や嫌がらせや中傷誹謗に直面するとよおく分かっていて、わたしたちと深く連携してくださいました。

あなたはまさしく人のために見えない刀を振るって、誰も褒めてくれないブータンでの努力を含めて、力を尽くして斃れた。

それだからこそ、残されたわたしたちは誰も逃げない。

祖国と民の見えざる敵、見える敵、いずれとも怯（ひる）まず弛（たゆ）まず、淡々と真っ直ぐに戦い続けます。

不安ノ解体 ◉目次

文中に出てくる肩書、所属等は、原則として執筆当時のものです。

一の章

希望の春は潰えず

産声をあげた論壇「月刊Ｈａｎａｄａ」に場を移して続く、このちいさなエッセイの始まりは、祖国の一隅（いちぐう）から春の息吹（いぶき）を伝えようと考えていた。

国際関係論を講じている近畿大学経済学部では、ちょうど十年目の新入生を迎えた。大教室の最前列、その真ん中に座った女子学生のお父さまから思いがけずEメールを頂いた。

そのごく一部の、それも逐語ではなく要旨になるが紹介したい。

「本日、帰宅しましたら娘が大変嬉しそうに話しました。興奮して『パパ、すごい講義を受講した！』と。娘には、海外で活躍出来る女性となる夢があり、将来を見据えて目標があるようです」

大学に入ってくるまでの日本の学校教育では、ヘンサチという古びた巨石が生徒の頭に乗っけてある。その偏差値の序列、すなわち模範解答に上手くおのれを合わせる争いでは、必ずしも最前列とは限らなかった学生諸君にこそ希望の息吹がある。

なぜか。

その争いでの最前列を集める例えば東大の生んだ官僚、京大の生んだ学者、早大の生んだジャーナリストや政治家、慶大の生んだ経済人が世のある部分を支配して、日本をどんな国と社会にしたか。すぐ眼の前の隣国に同胞を拉致されたまま取り返しに行くことすら三十年、四十年の長きにわたりできない、やろうともしないで平気な国と社会である。国民を護らないのなら、社会に共に生きると言えるのか、そもそも国家と言えるのか。

わたしたちは、それを覆す新しい力を、これまでの立場の違いを乗り越えて見つけなければならない。これだけを願って近大経済学部の客員教授を務めてきた。自分で決めて最前列ど真ん中に座った女子、その志を聴く父。祖国の春である。

東大で「知力の再構築」を講義

一方でわたしは西暦二〇一六年の四月、東京大学教養学部でも「知力の再構築」と題して講義を始めた。

東大駒場の新緑のなかに残る桜は初々しく、広い教室には「受験勉強の勝者であることに甘えたくない」という少数派の学生が集まっている（東大生の諸君、少数派と言うのは偏見だと考えるのなら授業に来い）。

なにせ講義そのものの始まりが、たった一人の東大生の志である。

この授業は東大の良き改革の一環として、学生自治会の決定で呼んだ講師に大学公認の授業を持たせる試みだ。当時の文科Ⅰ類一年生が、これを活用したいと申し出てきたから「東大駒場の自治会は、日本共産党の青年組織・民青の牙城じゃないか？　俺を呼ぶわけはないだろ」と応えた。しかし彼はこつこつと、かつ淡々とみずから努力し、とうとう実現した。自治会も今は誰にも開かれているそうだ。

この授業には副題が付いている。「――世界の現場から受験脳にやすりを掛ける」。これも、わたしの発信を彼が受け止め、一緒に考えた副題だ。

近畿大学と同じく、一回目の授業が終わるとEメールがやって来た。あまりに印象深くて、わたしは本人の許可を得てブログで全文を公開した。ここにもあえて再掲して、より広くの日本国民に見ていただきたい。

「こんばんは。本日、『知力の再構築』を最前列で受講したＲＩ（原文はきちんと実名）です。講義が終わってからも興奮が冷めず、メールさせていただきます。

国家に貢献したいという気持ちを持ち、日本最高峰である東大に一浪の末、希望と志を抱いて入学しました。授業を一週間受けただけですので、決めつけることはできないですが、東大での授業には『アカデミィック』という印象を受けました。

日本屈指の研究者が講義するだけあって、内容は興味深いのですが、何か物足りない気がしてました。

もちろん重要な気はするのですが、現実の社会に通用するものじゃないと。

以前から存じ上げてた青山先生の講義が東大であると知り、本日迷わず出席しましたが、今日の講義こそが僕の求めていた、考えたかった、学びたかったテーマだったのです。

国家がなぜ他国に奪われた国民を守れないのか。一度の敗戦で永遠に自虐しつづけなければならないのか。安全保障を論じることがタブーとなるのか。

僕の考えていた、疑問に思っていたテーマ、現実問題に真正面からぶつかっていく『知力の再構築』を受け、聞きながら『これだ！』と体が震えました。

大学の学問は社会科学であっても、やはり現実とずれてると思います。ですから第一線で生の現場を経験してきた先生の話はリアルで、非常に面白く、今までに経験した講義や人の話の中で一番心に突き刺さりました。

先生は少ない人数と仰ってましたが、単位を楽に取ろうとして授業を選ぶ同級生も目の当たりにする中、単位が出ない授業に出席し、本気でこのテーマを考えようとする仲間があれだけいることは僕は非常に心強く思い、大学の講義のような、まさに一方的な講義よりも濃密に双方向な対話ができるあの人数や雰囲気も気に入りました。

これからまだまだたっぷり残されている講義を受けて、夏にどのような自分になっているか非常に楽しみです。もっともっと先生と、講義に出席する仲間と考え抜きたいと思いました。

駄文ではありますが、非常に魂が揺さぶられた授業だったので思わずメールさせていただきました。短い期間ですが、よろしくお願いします。

東京大学教養学部文科三類一年　ＲＩ」

祖国の底力

ブログを見た大人の反応がまた素晴らしかった。「ブログを拝見し何だか厚かましくも東京大学を今とても身近に感じております。何とも言えない清らかな気持ちです」（女性）。「東大に限らず、無名の大学、高校でも、小学生でも『ど真ん中の事実』によって若い魂は揺さぶられるのではないでしょうか（事実、その現場をありのままに見たので、間違いないです）。祖国の底力を改めて実感しています。同時に、こう考える若い魂も、今この瞬間は少数派であることも、謙虚に自覚せねばならないのではないでしょうか。明日からの仕事に、新たな光が見えた気がします」（男性の英語教師）。文中の「現場を見た」とは、この人の教え子の高校生たちに、つたない講演をしたことがあるのを指しているようだ。

ことしも桜が咲き、散るなかで学舎（まなびや）に集うひとにも、それを見守るひとにも、これまでとはすこしばかり違う春が来ているかのように、わたしは胸の裡で感じている。授業や講義は、教える側より受け止める側がほんとうの主人公だ。変わらず、ささやかにだけ発信してきたわたしより、変わり始めたみんなの気配がたいせつだ。

そしてわたしは同じ春に、防衛省の「合同初任研修」で二時間半、講演して、真っさらな新人四百三十余人と一緒に考えた。

講演前に当局者に訊くと、この入省者数は過去最大規模だという。「それは防衛省が沢山、採ったということですか。それとも入省希望者数が過去最大だったから採用も多くなったのですか」と尋ねると、「希望者がかつてなく多かったからです」と即、明快な答えが返った。

あれだけ根拠なく「戦争法だ」と誹謗された安保法制が施行された春のことである。これから社会人になる若い人たちが、オールドメディアの刷り込みやプロパガンダ（政治的な宣伝工作）に、もはや左右されなくなっている気配が伝わってくる。

「みなさん、総合職（かつての上級職、1種採用。いわゆるキャリア）も一般職、専門職（ノンキャリア）も関係ない。安全保障、すなわち戦争が起きないように抑止して、国民を護り、護るからこそ拉致被害者もひとり残らず取り返すにはどうするかを一緒に考えるために、過去最大の仲間がここに集うているのです」

わたしが講演の冒頭でこの趣旨を述べると、熱い反応がじわっと迫ってきた。

不覚にも涙ぐんだ

この講演も、直後にEメールがやって来た。

「講演で感じたのは、主体的な改革者たれ、ということです。まずは自分の目で見て、話を聞いて、実際に足を運んで情報を得る。そこで満足せず問題意識を持って、それを行動に移していくという姿勢が、防衛省の職員には求められるのだと思います。講演では、硫黄島（いおうとう）の将兵が本土の市民を守るため、死がほぼ確定的な戦場においても安易な死を選ばず、苦しく長い死を選んだということをおっしゃられました。この無私の心で他人のために自己犠牲をいとわない姿勢こそ、国民の信頼を得て国防の任に就く防衛省職員が究極の鑑(かがみ)とすべきものであると感じました。（硫黄島のある）南の方角に一杯の冷たい水をささげるという儀式は、先人たちの御霊(みたま)を弔うことになるとともに、先人たちが示した、国を守るもののあるべき姿勢というものに改めて思いを致す作業にもなると思うので、ぜひ実践したいと思います。

青山様の講演は、私のような、まだ防衛省職員としてどのように生きてゆけば良いのかわからない新任事務官にとって一つの大きな指針を提供してくださるものだったと思います。私自身としては、もっともっと沢山のことを、実際に自分の足で行って、自分の目で見て、話を聞いて、考えていきたいとも思いました。

今回は、あの講演で感じた感激と感謝の気持ちをお伝えしたく、ご迷惑とは存じますが、メールをさせていただきました。

防衛省航空幕僚監部　防衛事務官」

（部分のみ。原文には実名をきちんと記載）

わたしは暮夜(ぼや)、ひとり不覚にも涙ぐんだ。

これであれば、硫黄島で戦い死した庶民、今は一括(くく)りに日本兵と呼ばれ悪者扱いもされるサラリーマン、教師、雑貨屋のご主人や住み込み従業員、役場の職員、工場の技師、そういった方々がようやく報われる。

硫黄島の戦いに続く沖縄戦で、まだ恋も知らず、そうした庶民の割れた頭蓋、はみ出た腸(はらわた)、千切れる手足を何とかしたいと看護してくださった少女たち、たとえば二高女（当時の沖縄県立第二高等女学校）の白梅(しらうめ)学徒隊の十五歳から十七歳ほどの乙女も、やっと報われる。

みな、繋がっている

わたしは前述の授業や、そして危機管理あるいは自前資源の実用化といった本職の合間に、この春も沖縄に出向き、社長を務める（当時）独研、独立総合研究所の会員制クラブ

「インディペンデント・クラブ」（ＩＤＣ）の志ある会員たちと共に、白梅の自決壕にお参りをした。そして生き残りのみなさんの白梅同窓会・中山きく会長らと意見交換会を開いた。

きくさんと副会長の武村豊（とよ）さんは、少女も少年もむごい戦闘に巻き込んだ沖縄戦の誤りを淡々としっかり語られた。同席した沖縄の八重山日報の通信員はＩＤＣの会員にインタビューをなさった。

会員がそれに応えたなかに、こういう言葉があったそうだ。

「戦争の悲惨な体験を聞けたのは、貴重なことです。ただ、その憎しみが、本土に生まれた我々に向けられているようにも感じて、とても辛かったです。私は沖縄や、沖縄の方々が大好きです。沖縄も本土も、まったく同じ日本ですよね」

この通信員の取材姿勢は沖縄の世論を長年、支配してきた「日本悪者論」ではなく客観的で公平だった。それでも、こうした答えを、生き残りの方々とＩＤＣ会員すなわち敗戦後に生まれた世代との間に「相容れないものがあった」と解釈なさった。

それは、違います。

まず意見が違うから、交換会をやるのであって、敗戦後の沖縄で繰り返されてきたように「本土は加害者、沖縄は被害者」という一つの視点でいるのなら、意見交換する意味がない。意見が違うとは、相容れないということでは全くない。

ＩＤＣ会員の沖縄への愛こそ、自決なさった少女も、生き残った少女も知りたいところではないだろうか。

拙著『ぼくらの哲学』に記したことを思い出される読者もいらっしゃるだろう。

静かな旭日（きょくじつ）の石垣の海に向かって立つ、特攻隊の慰霊碑の前のことだ。碑にある沖縄県石垣市（戦前は石垣町、大浜町）出身の伊舍堂用久（いしゃどうようきゅう）陸軍大尉、二十四歳、陸軍特攻隊の第一号隊長の凜々（りり）しい顔を見ながら中山義隆石垣市長の秘書係長（当時）大城智一朗さんが問わず語りにこう仰った。

「青山さん、石垣に生まれ育って、不思議だったんです。沖縄戦は、本土が沖縄を捨て石にした戦いだったと徹底的に教育されました。沖縄を捨て石にするのなら、なぜ本土から、こんなに沢山の若い人から中年の人まで沖縄へやって来て必死に戦ったのか。捨てるなら文字通り、捨て置けばいい。沖縄を愛してくれているから、ここへ来て、みんなたったひとつの命まで捧げてくれたのではないのですか」

全員戦死した三十一名の特攻隊員の名前を、白梅の少女の碑でそうするのと同じようにわたしは全員、指でなぞっていった。伊舎堂大尉のほかはみな本土の出身者だった。

この朝の出来事もまた、中山きくさんら白梅同窓会のみなさんを通じた沖縄とのご縁から、生まれたのである。みな、繋がっている。繋がっていれば、希望は潰(つい)えない。

F15戦闘機に搭乗

わたしとＩＤＣ会員は、この白梅へのお参りと意見交換会の翌日、自衛隊の那覇基地を訪ねた。

ＩＤＣの会員は、石垣市の尖閣諸島を望む海へ、海上自衛隊のＰ３Ｃ哨戒機(しょうかいき)に乗って向かい、わたしは、一定の訓練によって航空自衛隊・航空医学実験隊司令から与えられた資格と、それなりの鍛錬に基づいてＦ15戦闘機に搭乗した。

費用の無駄遣いになりかねない単なる体験搭乗ではなく、主要な二種類の訓練、領空侵犯機に立ち向かう訓練と戦闘機同士の戦技訓練に参加した。

後者の戦技訓練では、沈着そのものでありながら男気を内に秘めた飛行隊長の決断で、八・二Ｇの重力加速度が掛かるレベルまで引き上げて訓練をした。体重の八・二倍、この日のわたしの体重が六十八キロだったから、〇・五トンを大きく超える凄絶な圧迫が、高度八千メートル、速度およそ一千キロで空間を疾駆するＦ15戦闘機の烈しい旋回や宙返りで突如、額の前方からドッカーンと前触れなく襲いかかってくる。

戦闘機乗りと同じく耐Ｇスーツは着用しているが、いくらかは鍛えあげたはずの筋肉を突き抜けて、首と背骨と腰骨を同時にへし折られるかと正直、思った。胃の中身を全部、飛行マスクの中へぶちまけて窒息してもおかしくはなかった。

わたしは先に、青森県三沢基地でＦ２の戦技訓練に参加し、そのときは八Ｇちょうどだった。こうした苦しみに、理由もなく耐えるわけではない。わたしは共同通信の政治部で、防衛庁（当時）担当の記者だった時代から「アメリカに差配されない純国産の戦闘機を」と訴え続けてきた。主張するなら、先ほどEメールを紹介した防衛省の新人が理解してくれたように、みずから現場を踏んで主張の諾否（だくひ）を確認したり、おのれの考えについて正すべきは正したりせねばならない。

そう考えて実に二十年前後、許可願いを出し続けて、その間に訓練も重ね、ようやくに実現したことだった。

骨も折れず吐きもせず無事に終わったのはすべて、飛行隊長の技量、そして僚機、敵機の役割を務めてくれた他のF15戦闘機三機の男たちの技量のおかげだ。

春霞の沖縄の空で、不肖（ふしょう）わたしはこころと肉体のすべてを捧げて耐えながら、日本の空の護りを支える男、そしてまもなく登場する女性戦闘機乗りの柔らかく勁（つよ）い魂に、何とも言えない希望を感じ取っていた。

希望が輝くとき

それだけではない。日本の戦闘機には、花形のパイロットの名ではなく整備士の名が操縦席の真下の機体に明記されていることがある。米軍は、わたしが実際に目にした限りではすべてパイロットの名前だった。この精神、建国以来初めての敗戦と被占領を経ても、沖縄戦の無残があっても貫かれている謙虚さ、日本のこころがここにあることに、わたしは打たれる。

一方で、あろう事か、領空を侵犯されても先方が訳もなく聞き分けが良くなって、こちらの戦闘機が指定する空港が基地に着陸して下さるか、突然に引き返して下さるかに期待するという法体系になっている。独研で研修した航空自衛官のひとりは「いざとなれば自分が裁かれ死刑になることを覚悟で、国民を護るために必要なら撃墜します」と語った。

希望とは、絶望を内に秘めているときこそ、本物として輝くのだ。そう考えつつ春から初夏への移ろいを感じようとしたその矢先、熊本地震が起きた。今回もまた、被害のなかには学者、オールドメディアの引き起こした人災が含まれている。

そして意見がまさしく違う人としてもっとも尊敬した山岸章・連合初代会長の死の知らせも重なった。

そのためにわたしは、祖国の春の息吹を本稿で伝えることをやめようかといったん考えた。苦しみ抜いて筆が進まなくなった。

しかし、それも違いますよね、みなさん。

震災の犠牲者の魂魄と、避難生活に立派に耐えておられる同胞のためにも、哀悼と祈りを込めて春をこそ語り、一緒に日本の夏に繋げたいと願います。

二の章

わたしたちはもはや裸足ではない

この小文が載った「月刊Ｈａｎａｄａ」が書店に並ぶのは西暦二〇一六年の五月二十六日である。すなわち伊勢志摩サミットが開幕する日、そして現職のアメリカ合州国大統領が原爆投下から七十一年を経て初めて広島を訪ねる、その前日になる。

アメリカ政府は「謝罪はしない」と繰り返し表明している。

わたしはこの訪問に反対である。不肖わたしの意見がそうであっても訪問は確実に歴史に残る。被爆者の方々にとって画期的な訪問であることも間違いない。さらに安倍晋三総理みずから手を下して進めている積極外交の成果としても、客観的にみて大きな一つになる。

なにより、アメリカ合州国大統領が広島の原爆記念公園（正式には広島平和記念公園）に佇む、その僅かな時間は日本人のこころに永く刻まれるひとときになる。

それと知りつつ反対するのであれば「では、せめても、どうすればよいか」を提案すべきだ。実際、訪問の実現まえにいくつかのメディアでささやかに提起した。

それは端的に申せば、「オバマさんは就任まもない西暦二〇〇九年四月におこなったプラハ演説の一節を、広島でも被爆者の前で述べよ」ということだ。

もうあとは、訪問が行われたのちに、その実際の様子を踏まえて論じるのがむしろ常道だろう。

しかし敢（あ）えて、訪問がどう実行されるかが細部は分からない段階で、もう一度みなさんと一緒に熟考しておきたい。

本稿を執筆しているのは、訪問の十日前、五月十七日だ。

まずわたしの反対理由から明記しておきたい。それは合州国大統領が謝罪抜きで訪問すれば、記念公園の碑に「安らかに眠って下さい　過ちは　繰返しませぬから」と主語なく記載されている不可思議な現状が、永遠に固着することに繋がりかねないと考えるからだ。

明々白々にアメリカの犯した人類史上最悪の戦争犯罪であるにもかかわらず、「日本がそもそも間違った戦争を始めたからだ」という自称リベラルの俗論、あるいは中韓と北朝鮮だけが叫ぶ「日本はすべてにつき加害者だ」という奇怪な嘘、それらと「謝罪抜き訪問」が、アメリカ政府がそう意図せずとも共振してしまう。

だが「とにかく謝れ」という観念論を主張しているのではない。

たとえば中韓・北朝鮮は、立ち居振る舞いにおいては世界の孤児だ。その中韓・北朝鮮が執拗（しつよう）に日本に要求するような謝罪をアメリカに求めるのではない。

ぎりぎりの線で、被爆者とそのご家族、ご遺族、わたしたち日本国民のすべてにとっては謝罪に等しい意味を持つ行動を具体的に提示している。

難しいことを言ってはいない。オバマさん自身がチェコのプラハの民衆になさった演説を、それもあの長い演説を繰り返せというのではなく前述のように演説のうちただ一節だけを広島の被爆者にも仰ってください、ただそれだけだ。

同じ一節が、被爆者の眼と耳のまえでは、意義が格段に変わる。それは「核兵器を使用したことがある唯一の核保有国として、米国は行動する道義的な責任を負っています」というプラハでの一節だ。

もちろん、これは謝罪ではない。「核無き世界という未来に向けて行動する責任が道義的にもある」という趣旨であり、オバマさん一流のすり替えでもある。謝ることもせず、未来に向けて行動すればいいのさ、という話に変えてある。

オバマ大統領は偽善者

ひょっとして意外でしょうか……わたしは現実主義者でもある。日本と日本国民の新しい理念と哲学の構築を、命をかけて希求している。それは現実を忘れることをまったく意味しない。世界と日本のぐちゃらぐしゃらの現実のなかでこそ哲学を求めたい。そのためにもいつも、おのれ自身をも突き放して客観的でありたい。

オバマ大統領は、まさしく客観的に申して偽善者だ。

胸の奥では思いやりのある、真実を求める真面目な人だろうと確信する。ホワイトハウスのNSC（国家安全保障会議）の当局者はわたしに「誤解されやすい人物だが誠実さは本物だよ」と語ったことがある。これを嘘とは思わない。

しかし政治家として、合州国の最高指導者として実行してきたことは偽善の誹り（そし）りを免れない。

もはやアメリカの若者を戦地で死なせないとアメリカ国民に約束して大統領になり、無人機でアフガニスタンとパキスタンの国境付近（トライバルエリア、部族支配地域）の子供たちも女性も爆撃し殺害している。

リベラル派として当然、環境保護に力を入れているはずが、凄まじい新たな公害を生んでいるシェールオイルの採掘を加速させ、たとえばペンシルバニアの農家で真っ黒な水しか出なくなると、あろうことかＥＰＡ（環境保護局）から給水車を出して済ませている。採掘をやめるのではなく、恥ずべき弥縫策ぶりだ。

そして偽善の極みが、かのプラハ演説である。

まず場所と聴衆の選択が狡猾なのだ。

東ヨーロッパは今なお、西に比べれば素朴である。アメリカの大統領が来て演説するだけで喜んでくれる。たとえばロンドンやパリの、皮肉の針もたっぷり隠し持つような聴衆とは大違いだ。

さらにチェコは東西冷戦時代を含めて核の脅威に詳しくない。チェコが核保有国でないのは周知の事実だが、同じ非核保有国でもたとえばスウェーデンと比べると違いが分かる。ノーベル賞を通じて平和愛好国のイメージが強いスウェーデンは、東西の核戦争に巻き込まれることを冷戦時代に鋭敏に危惧（きぐ）して、平和を希求するからこそ核武装を準備した。

結局は核開発を断念したが、チェコとは核問題に対する敏感さが違う。スウェーデンは東西陣営の狭間（はざま）にいた。しかしチェコは旧チェコスロバキアとして共産圏のなかにいてソ連から不当な圧力は受けても核を撃ち込まれる心配はなく、アメリカがソ連に核攻撃を仕掛ける場合にも中核国ならざるチェコにわざわざ撃ち込むと想像する人は少なかった。

狙いは「核少なき世界」

もしも同じ演説をストックホルムでおこなっていたら、どうなるか。歓迎の声もあっただろう。しかし主として「アメリカが核を放棄するはずもないくせに何を言っている」、

「仮にアメリカが核を放棄したら、それは核無き世界とは逆に、アメリカ軍の支配を打ち破る好機到来とばかり、世界の核保有国がどっと増えるだろう」、「北朝鮮という小国一国に核開発をやめさせることすらできないアメリカに何ができる」、「国だけではなくテロリストが核を持つ懸念のある時代に、大国が仮に核を放棄すれば、テロリストが喜んで持つだけだ」という声がとめどなく噴出しただろう。

仮想して言っているのではない。不肖わたしが社長・兼・首席研究員を務める（当時）シンクタンクの独研（独立総合研究所）は核テロを防ぐためにスウェーデン政府のそうした部門と長年、連携している。

その内部から現に噴き出た声の数々である。

しかし純朴なチェコの民衆は、オバマ大統領が自信たっぷり、巧みに演説するのに聞き惚れ、歓喜に沸き立った。オバマさんいわく、「核無き世界と聞けば達成できない目標を決めることに対して疑念を持つ人もいるでしょう。しかし間違えないでください。私たちはその道がどこに導くかを知っています。国家と国民が違いによって決め付けられることを許してしまうとき、お互いの間にある裂け目は広くなります。平和を追求するのを怠れば、私たちの手には永遠に届かないでしょう」。万雷の拍手が広場に響きわたった。

ほんとうはオバマ大統領とアメリカは、この演説を「核無き世界」の端緒(たんしょ)にしようとしたのではない。狙ったのは「核少なき世界」に過ぎない。

なぜか。

日本も核保有国ではないから、核の専門家にしか客観的事実がなかなか把握できないが、核兵器とはもっとも劣化しやすい兵器であり、劣化したときのリスクが最も高まる兵器でもあり、その結果、使わなくても、また新規開発をしなくても、ただ維持するだけでその費用が極端に嵩(かさ)む困った兵器である。

したがってアメリカは、財政を改善するために核兵器の数を合理的に減らして、できれば米露が互いに一千五百発ぐらいにして費用対効果が見合うようにしたかった。

だが、これが実現しても、米露には都合よくても、全体の数が減ると現実には北朝鮮のような少数しか核を保有しない国の発言力を高めることになり、世界は余計に核の脅威に苦しむことになる。

しかもオバマ大統領が削減できた核の数は七百発程度であって、たとえばクリントン大統領が三千二百発を減らしたのと比べても大きく見劣りがする。

それにもかかわらず、オバマ大統領はただこのプラハ演説だけで、ノルウェーのノーベル委員会から平和賞の受賞者に推挙された（蛇足ながらノーベル賞は平和賞だけはスウェーデンでなくノルウェーの委員会が選ぶ）。

わたしは当時、ホワイトハウスのオバマさん側近に「賞を受けるべきではない。受けてしまうと、これから二期務めても偽善の大統領になってしまう」と述べて、大統領に辞退を勧めるよう一日本国民ながら申した。

返事は「いや、本人がその気になっているから」であった。

そしてその通り、世界が期待したオバマ政権は偽善とその場しのぎの八年になってしまった。

謝罪に等しい「道義的責任」

オバマ大統領には、自称イスラーム国（ＩＳ）と戦いたくない、ほんとうにアメリカの若者を死なせたくなかったという気持ちもあったと、これも確信する。しかし実際に行ったのは、水面下でイランの革命防衛隊にＩＳとの代理戦争を頼むことだった。したたかなイランは見返りに核合意を求めてこれが成立。「イランに核開発を放棄させた偉業」というオールドメディアの虚報とは裏腹に、イランは開発スケジュールをゆっくりにして核爆弾の量と質（破壊力）を落とせば核開発ができることになった。

このため北朝鮮はめでたくイランと共同の核開発が復活できることにもなった。するとイランの仇敵（きゅうてき）サウジアラビーアも北朝鮮の核が必要になるはずだから、北朝鮮は核実験をやり、しきりに各種ミサイルやロケットを打ち上げてビジネス・アピールを行っている。

だから金正恩第一書記（当時）は朝鮮労働党の大会で核開発と経済立て直しの並進路線

を打ち出した。こうして核ビジネスで外貨獲得の当てができた北朝鮮は、拉致被害者を人質に日本からカネを引き出すというカードは当分、仕舞い込むことにして、日本の拉致被害者を救出する交渉はストップしてしまった。

すべて淵源はオバマ政治である。

偉業かのようにこれも報じられたキューバとの国交回復にしても、キューバの人権問題に口先で触れるだけで、実質的には何も解決や前進を見ないで、ただレガシー（政治的遺産）づくりで国交を回復した。だから、キューバの独裁政権は余計に国内を引き締めて人権問題はむしろ悪化しつつある。

広島訪問もこれと同じ線上にあることは、疑いたくとも疑いようがない。

だが、幾ばくかでも期待されている被爆者のために、わたしはもう一度提案する、せめてプラハ演説のあの一節を再現してくださいませんか、と。

原爆投下に直接に関連して「道義的責任」、原文でも a moral responsibility となっている言葉を、被爆者に対して用いれば、それは限りなく謝罪に近づく。

アメリカ国内に対しては「謝罪はしていない」と言い、アメリカ国民が幼い頃から教育とメディアで刷り込まれている「原爆投下は正しかった」というパンドラの箱をひっくり返さずに済む。しかし被爆者と日本国民にとっては謝罪に等しい「道義的責任」を認めたことに通じる。

もちろん、原文で見れば a moral responsibility のあとに to act と付いていて、前述したように過去の戦争犯罪への道義的責任ではなくて「将来、核無き世界をつくるために行動する（act）責任」という、すり替えが行われている。それでも謝罪に繋がることは何ら無いままの広島訪問とは大きく、深く異なってくる。

これをぎりぎりまで、日本政府はアメリカとの水面下交渉で追求せねばならない。

祖国で新しい議論が起きる

オバマさんの広島訪問は「日本政府が希望したのではない」という報道がある。これも真逆であって、安倍総理自身の働きかけとその意をしっかり汲んだ佐々江賢一郎駐米大使（当時）の、外務官僚にしては運動神経のよい動きで実現した。

しかし訪問が実現して終わりではなく、最後の交渉で二つを入れ込むかどうかで歴史が変わる。

一つは、これまで述べた「プラハの一節を広島でも」である。

もう一つは被爆者と会い、言葉を交わすかどうかだ。

わたし自身も当初、大統領が広島に行く以上はまさか被爆者と会わないということはないだろうと甘く考えていた。

ところがワシントンＤＣの当局者は言った。

「あなたは自由な民間人だ。だからこちらも自由に、ありのままの懸念を言おう。大統領は長身だ（百八十八センチ）。日本の被爆者は高齢でもあり画像情報でみると小柄な人が多い。会えば大統領はどうしても屈む。日本式の謝罪をしたかに見える心配がある。しかも大統領は、あなたに言わせれば優柔不断となるが、それはつまり優しい性格だ。眼を合わせれば思わず、謝罪に近い言葉も出る恐れがある」

わたしは、この細かさに驚くより「なるほど」という言葉が思わず日本語で出た。アメリカは大統領選挙のさなかで、しかもオバマ大統領の民主党陣営のヒラリー・クリントン元国務長官が共和党のドナルド・トランプ候補より劣勢になるという見方が出ている。ここで強力な影響力をアメリカ社会で保持する「ヴェテランズ」(National Veterans Foundation 全米退役軍人協会)を敵に回すような事態は、どうしても避けたいのだろう。

そして「密室で会うのはどうか。衆人環視で会うのよりはリスクが減る」というアイデアも出されたが、わたしは真っ向、反対した。

大統領が献花をなさるとき、日本政府としては被爆者の方々に近くに居ていただくのは当然のことだ。そこに大統領が歩み寄るのが自然であって、それがあって「道義的責任」という言葉も生きてくる。そこには長崎の被爆者もいらっしゃるべきだ。

この二つがいずれも実現しなくても、まだ絶望ではない。わたしたちの祖国で新しい議論が起きる可能性があるからだ。

壊れる世界を立て直す

本稿の冒頭で触れた、記念公園の中心とも言うべき碑、原爆死没者慰霊碑（正式名称は広島平和都市記念碑）にある碑文をあらためて考えよう。

原爆で殺されたすべてのかたの名簿が納められた石棺の前に、この碑はある。

「安らかに眠って下さい　過ちは　繰返しませぬから」という碑文は、雑賀（さいか）忠義広島大学教授（当時）が市長の依頼で作成し、揮毫（きごう）した。被爆者でもある雑賀教授は、戦中は強固な戦争推進論者だった。

この碑文に対して、東京裁判で日本無罪を主張したパール判事が「原爆を投下したのは日本人ではない」と疑義を呈示すると、教授は「原爆投下は広島市民の過ちではないとは世界市民に通じない言葉だ」と烈（はげ）しく非難する抗議文を送った。この論争を含めて鋭い対立が繰り返されてきたが、今では「碑文には、世界市民、人類全体という主語がある」というのが事実上の広島市の公式見解になっている。だが素直な子供の心で碑を見れば、主語は無い。

主語が無い以上は、誰のどういう決定に責任があるかは考えないということであり、合州国大統領に謝罪を求められるはずはない。

これは「先の大戦の悲惨はすべて、日本が悪かった」という、ただの思い込みと根が通じている。

碑文をめぐる論争は、碑への破壊行為という犯罪も生んだからもはや不毛の争いとされ、棚上げになっている。

犯罪などに及ぶ必要はさらさらない。先の大戦だろうが、どんな歴史だろうが、日本は完全な悪者であったことはないし、ただの善人であったこともない。客観的な事実研究を積み重ねるだけだ。広島、長崎もその一つであり、大戦後に勝者が造った世界が壊れていくなか、わたしたちは何より次世代の教育のためにこそ、歴史の真実を掘り出していきたい。オバマ大統領の広島入りを、そのきっかけの一つにすることが大切だ。

広島を描いた漫画「はだしのゲン」では後半、日本軍がアジアで三千万人以上を殺したことになっている。そんなに武器弾薬と破壊力があったら戦争に勝っている。これほどの荒唐無稽がまかり通り、子供たちに読ませ、世界にも輸出されている。はだしのゲンの苦しみは、わたしも子供時代に読んで、おのれのことのように胸に刻んだ。しかし今のわたしたちは、もはや裸足ではない。はだしで焼け野が原を彷徨った時代から、ゲンも含めたみんなの努力で世界の責任を担うところまで来た。壊れる世界を立て直すための辛い先導役を務められるのは、敗者だった日本しかない。その奇蹟の時が到来している。

三の章

ああ脱藩

人間、この奇怪なるもの。

この一言(いちごん)にわたしは中学のときに出逢った。

書をもっとも読み漁(あさ)ったのは、中学卒業までである。何も分かってはいなかったが、古今東西の文学作品を読んで読み尽くした。正確には、読もうとした、ぐらいの読解力に過ぎなかったが範囲だけは広かった。そのなかで、もっともショックを受けて今も脳裏に残っている言葉のひとつがこれだ。

マスゾエ騒動によって、記憶の底からまた蘇ってしまった。

首都の知事だった男性をめぐる騒ぎを「考えてみれば小さなことでは」と問うEメールを、生放送に参加している「ザ・ボイス」というラジオ報道番組にいただいた。

その意味合いはたいへんよく理解できる。しかし小さくはない。

舛添都知事（当時）は四月一日に都庁で開いた定例会見で、香港の記者から豪奢(ごうしゃ)な海外出張について「批判が完全に消えたわけではない。どう受けとめるのか」と聞かれると「香港のトップが二流のビジネスホテルに泊まりますか。恥ずかしいでしょう、そういうことであれば」と笑うかのように歯を見せながら答えた。

　わたしは仰天した。

　このひとに投票した有権者の多く、そして都民の多くがビジネスホテルにも泊まるだろう。知事はその有権者と都民に一身を捧げる仕事なのに、有権者と都民が人生の一夜を過ごすこともある場所を「二流」、「恥ずかしい」と表現したのだった。

　どんな屁理屈を知事が言いたかったかは誰でも分かる。地位に相応しいうんぬん、もう書くのも嫌である。

　ここに露呈しているのは、おのれの公職を「地位」と考え、それは都民より上にある地位であり都民と同等の夜を過ごすなどあってはならないという、まるでフランス革命前の王族のような意識だ。差別なく有している選挙権を持つ民に選ばれて就く職が、知事や議員であるという仕組みをまるで誤認している。

　マスゾエ騒動は、あまりにけがらわしく、ラジオ番組にいただいた質問の通り「小さくて、セコい」から思わず、もう忘れたくなる。しかしそれが暴いた問題は軽くはない。

たとえば教育である。

一体どんな教育によって、人間はここまで卑しくなれるのか。

敗戦後の日本の模範解答

他にも、政治資金規正法を政治家が作るから「金魚と猫の餌も政治資金で買って良し」というマスゾエ流が出てくる問題もある。カネにまつわることと選挙制度は、有権者で構成する国会以外の第三者機関を創設して法整備すべきだ。憲法の大改正が必要になる。あるいは、わたしたちは知名度頼みで投票してきた有権者でいいのかという課題などなども浮かぶ。

だが、大切なこれらの問題提起よりさらに深く、人間性の問題が根っこにある。

なぜ、こんな人間が育つのか。

わたしは九州の別のラジオ番組で次のような趣旨を話した。

「舛添さんは周知のとおり東大法学部を優秀な成績で卒業し助教授も務めました。実はそれは受験勉強、試験勉強の覇者だというだけです。教育に競争は必ず必要です。しかし、こうした勉強が模範解答に上手く自分を合わせることだけに終わっています。敗戦後の日本の模範解答には、国家を背負うということがありません。欠落しています。『そんなのは右翼の話だから』で済まされています。国を背負うとは、ひとのためには、過剰な我欲を抑えられることでもあります。それが清々しい生き方だという教育がなくて、テレビに出て、その知名度のおかげで政治家になると、こうなるのではありませんか。決して舛添さん個人だけが悪いという問題ではありません」

わたしは今、東大教養学部と近畿大経済学部で教鞭を執っている。東大は、大学改革の一環として実現した「学生自身の要望による授業」だ。そこに集う、志ある東大生諸君に「知力の再構築」と題して講義している。受験脳にやすりを掛けて世界に通用する知力として再生することが学生とわたしの共有する願いだ。

そして近畿大経済学部での国際関係論の授業では、学生の眼を見ながらこう述べた。

「日本の教育では、まず周りに合わせることを求められる。ほんとうにまずやることは、自分を造ることだ。周りに合わない、受験勉強に馴染めなかったと悩む必要はもう無い。自分をしっかり造れば、周りは自然に合ってくる。合うべき部分だけ合えばいい」

そして知事は「せめてリオ五輪の閉会式にだけは行かせてくれ。そこまで知事をやらせてくれ」と公衆の面前であがき、「都議会が不信任案を決議してリオに行かせてくれないなら議会を解散せねばならなくなる」と仰った。

愚行である。

新聞は「都議会の自民党がリオに行かせると密約していたのに裏切った」と書いた。密約はあり得る。しかし舛添知事が都議会総務委員会が終わってから自ら手を挙げて発言機会を求め「解散」を口にしたから、密約が反故（ほご）になってしまったのだ。こんな局面で脅されて引っ込めば、都議会議員たちは自殺行為になる。

正義を論ずる以前に、リアルに愚かと言うほかない。いざとなると、これほどの愚者（ぐしゃ）になってしまう。まさしく、模範解答に摺（す）り合わせる勉強は人材を育てないという証左（しょうさ）である。

政治家という職業は何だろう

当然のごとく不信任案が全会派一致で可決される見通しとなり、知事は辞めるほかなくなって、世界に恥を晒した騒動はようやく一段落した。

その直後の今、わたしは仕事の合間にあらためて「政治家という職業は何だろう」と考えている。

考える手掛かりとして、不肖わたしのことを少しばかり語ることを許してほしい。

わたしがいちばん、やりたくない仕事は政治家である。

共同通信の政治部記者を務めていたから政治家の大切な役割と苦悩はそれなりに知っている。やりたくないというのは、それとは別の話だ。

わたしは、おのれを売り込まない。ささやかな生き方の根っこのひとつだ。しかし政治家は選挙に受かるために売り込まざるを得ないだろう。

そして現実の国政は、政党政治である。純然たる無所属でいれば国会で質問もできない。

わたしは特定の政党に縛られるわけには参りませぬ。

だからこれまで選挙への出馬要請は、こころのうちで光栄に存じつつ、すべて丁重にお断りしてきた。

要請は記者時代からあった。記者時代の三度目に、一応、母に意見を聴いてみたことがあった。わがたらちねの母は毅然と座り直し、「おまえな、政治家ごとき、けがらわしい者にするために育てたのやない、馬鹿たれ」とわたしを一喝した。

わたしはとっくに自立していて子供じゃないのだから馬鹿たれ呼ばわりされる所以（ゆえん）はない。しかし思わず手を叩いて喜んでしまった。母はそれでも憮然（ぶぜん）と畳に座っていたが、武家の娘の母らしいと思った。父は、元建設大臣の後援会長で政治に関心が強かったから出馬話を歓迎したかもしれないが、現役社長のまま既に医療ミスで不慮（ふりょ）の死を遂げていた。

要請してくださった大物政治家（故人）に母の言葉を和らげつつそれなりに伝えると、

不快な顔をなさった。

それはそうだろう。今でも申し訳なく思う。

母は、わたしが子供の頃、前述の元建設大臣の母堂（ぼどう）に触れ「曲がった背中をもっと曲げて、選挙のたびに近所の誰彼となく頭を下げてはった。哀れやなぁ」と言った。

当時から政治はカネに塗（まみ）れていたから母は、わたしに怒ってみせたのだろう。だが、それだけではなくこの記憶もあったのだろう。

『あんな風に自分を曲げて、相手構わず頭を下げるのは、いくら息子のためでも、嫌や！』

その本音があったのだろう。わたしがまさかそんなことを母にさせるわけも無かったが、もともと出馬はしないつもりだったから、それは母に言わずにおいた。

安倍総理からの出馬要請

時移り、やがて記者を辞し、三菱総研の研究員を経て現在の独研（独立総合研究所）を創立した。

出馬要請は何度かあり、それは断り続けたことは前述した。ただ、志ある人たちと「日本独立運動という新政党を創り、故郷が含まれる衆院兵庫4区（神戸の一部や西脇、加西市など）から出馬しようか」と語りあって、その選挙区をみんなで歩いてみたことがあった。

日本独立運動とは、日本国を真の独立に導くという意味である。

政治家がどれほど嫌でも、国益のためにはやらざるを得ないかと僭越ながら考えたからだった。

しかし仮に間違って当選しても、大政党と統一会派を組まないと、やはり国会で質問もできない。

日本独立運動の看板を掲げて選挙戦に臨みながら、当選後にそのようにするのは卑怯なやり方ではないかと考え直し、むしろ「これで政治家をやらなくて済む」と安堵して、以来、まったく考えたことがなかった。要請は続いたが、非礼を承知で申せば、一蹴した。

それが……この原稿を書いている西暦二〇一六年の六月後半、ちょっと困ったことになった。

ご本人に「公開してよし」という了解を得たので記述する。

予想外に安倍晋三総理から電話をもらい、「七月十日の参院選で全国比例から出て欲しい」と告げられた。

わたしは憲法改正が必須であることや、拉致被害者を最後の一人まで救出しないと拉致事件は終わらないこと、日本が建国以来初めて海で見つけた自前資源のメタンハイドレート、熱水鉱床（ねっすいこうしょう）、レアアースなどを実用化すべきであること、消費増税を優先すべきではないことなど安倍総理と一致する諸点がある。

しかし同時に安倍政権が進めてきた諸点に反対もしている。日韓合意に強く反対し、いわゆるヘイトスピーチ対処法の成立にも反対、この六月に鹿児島県は口之永良部島（くちのえらぶじま）沖の日本の領海に侵入した中国海軍の情報収集艦を無害通航と見なして「懸念表明」に留めたことにも反対し、「有害通航」として対処すべきだったとオールドメディアで述べた。

他にも反対する事柄が多く、一民間人として政権に申し入れたことも少なくなく、反対論はすべて公開の場でも述べてきた。

だから「まさか」の直接要請であった。それに六月二十二日の公示のあまりに直前であり、常識的には間に合うはずもない。

実はこの年の早々、一月四日に世耕弘成官房副長官（当時）から「夏の参院選にはどうしても出てほしい。全国比例の目玉候補になってもらう」、「これは安倍総理の強い意思です」と告げられていた。

これを真っ向から断り続けた。

世耕さんはタフなネゴシエイターでもある。全く諦める気配もなく肉迫してこられたり、あるいは逆に冷却期間を置いて上手に交渉してこられた。

だから正直、ふと考えることはあっても、やはり断り続けた。二月、三月、四月、五月とその意味では長い時間が経ち、ついに、公示日のある六月も半ばとなった。

だから「この話も最後まで断り通した。もう間に合うはずもない。ついに生涯、国会議員にはならなかった」と考えていた。

その矢先に、突然の総理からの電話だった。

わたしはその総理の電話にこう答えた。

「政権が長期化すればするほど、安倍総理にもの申す人は減っていきます。総理と国家観の一部は共通しつつも異なる考えを僭越ではありますが厳しく申しあげる存在は必要ではありませんか？　それが国益です。自民党の参院議員になってしまえば申しあげにくくなります」

ところが安倍総理は納得されなかった。

「しかし、青山さんが国会で質問されれば、外務省が変わるでしょう。経産省も変わるな。それから自民党の部会で発言されれば、自民党の議員にも変わる人が出てくるでしょう」

わたしは言葉に詰まった。

実際には、外交の最前線として高いプライドを持つ外務省も、輸入資源の安定確保を存在理由のひとつとしてきた経済産業省も、簡単に変わることなどあり得ない。

国会議員のみなさんもみな、一国一城の主（あるじ）である。一年生議員に変えられることなど、無い。

そう分かっていながら、わたしはおのれの胸に一度、問うてみなければならないと秘かに考えた。

坂本龍馬ならどうしていたか

わたしのほんらいの仕事は、まずひとりの物書きであること。そして独研（独立総合研究所）という日本初の独立系シンクタンクの代表取締役社長・兼・首席研究員であること。

……物書きとしては、ようやく筆が熟してきて、この八月の敗戦の日のまえに『平成紀』という小説を出す。これは十四年ほど前に『平成』という昭和天皇の崩御（ほうぎょ）と新元号「平成」の選定を扱った純文学の小説を単行本で文藝春秋から出版したのを改題し、さらに改稿して幻冬舎文庫としてあらためて世に問う。

このあとは『灰猫』という中編小説を世に問い、さらに、わたしが生まれてきた意義とも考えている長編小説を仕上げていく。

独研の社長としては、安全保障・外交、エネルギー安全保障、危機管理を軸にまさしく独立不羈（ふき）の立場から、そして官任せにしない民の立場から具体的な実務に取り組み続けていく。

いまだ不当な圧迫、外国からの工作も含んだ中傷、そしておなじ日本国民の中にある思い込みから来る大量の誹謗（ひぼう）などに直面しつつ、志あるひとびととの連携がようやく少しずつ実を結び始めている真っ最中だ。

だから安倍さんの言葉にいくぶん驚いたにしても、受諾することはあり得ない。

そのとき、ふと坂本龍馬さんのことが、龍馬さんとは比べるべくもない、この小さき魂に浮かんだ。

勝手に浮かんだのではない。

独研の総務部秘書室第二課、すなわち社長同行担当の若い清水（当時）麻未秘書は一方で龍馬さんの研究者でもあり、彼女から「社長、龍馬さんならどうしたでしょうか」という胸に迫る問いかけがあった。

あるいは、前述の近畿大の授業でたまたま龍馬さんに触れた。事が成る、明治新国家が誕生するその直前に暗殺されて葬られた墓の話をしたとき、わたしの周りに二、三人の人影があったと、これは社会人の正規受講生からEメールが届いたりもした。

わたしは高校生の時代から、京都の霊山(りょうぜん)に眠る龍馬さんのもとを訪ねている。共に暗殺された盟友、中岡慎太郎先生と一緒に眠る墓前への長い階段を初めて登っていくとき、まだ少年のわたしは「きっと怖い雰囲気だろうなぁ」と考えていた。

龍馬暗殺は、大政奉還と王政復古の大号令のその間である。

つまり、あの強大な幕府がついに倒れ、天皇陛下のもと新政府が登場する直前だ。龍馬さんは、司馬遼太郎さんの想像によれば新政府への参画を断り自由な大貿易商にでもなったのではないかとされている。不肖わたしは、やはり総理になっただろうと考えている。それも、明るい、国民に広く愛される総理ではないか。いや、いずれにしても空しい願いだ。現実には、長年の労苦が報われようとする、いわば報われざる恋の相手だった世の中とついに結婚を果たす、いちばん幸せな婚約期間に、それも大した敵でもない相手に偶発的に脳を割られ、味噌がはみ出て、死したのである。

どれぐらいの怨念が感じられるかと予想しつつ石の階段を登り切った。

すると墓前には、ただ爽やかな風が吹いている。

いさかかの悔いも無いきに。

飾らない自然な微笑とともに土佐弁でそう言って、ろくに洗ってもいない着物の懐に片手を入れている龍馬さんが眼前にあった。

国益に生きるとは

以来、長いあいだお訪ねてししているると、時には京都の町が風雨で荒れているときもあった。ところが、龍馬さんの墓前には爽やかな風が吹く。

このことを講演などでいくらか話したことがある。それを聴いて訪ねてくださったかたがたにも、同じ風が吹くことがある。

龍馬さんはきっと、地位のために闘ったのではない。職業として闘ったのでもない。ただ国益のために生きて死しただけなのだろう。

だから明治国家がアジアのなかで唯一、列強に侵されずに屹立している姿を龍馬さんが天から見れば、それでもういささかの悔いも恨みも無かったのではないだろうか。

龍馬さんをはじめ草莽の志士たちが「国事に奔走した」とされるのは、現代では、政治に従事することに他ならない。

そして龍馬さんの国事とは、青年龍馬の脱藩から始まった。

脱藩とは藩の許しなく、生まれ育った安住の地を抜け出し、すなわち安全な枠を飛び出して、秘かに峠を越えて海を渡り京都をはじめ全国で倒幕に奔走することであった。龍馬さんもこんな無茶をしなければ、明治の日本でどれほどに世界を回って、自在に生きられただろうか。

わたしの根っこのひとつは、世界の現場を回りに回ることである。龍馬さんも、どんなにか、そうしたかっただろうか。わたしだけが、それを続けるのみでいいのだろうか。

志を貫くとは、そして私利私益ではなく公益、国益に生きるとは、脱藩のような無茶もすることを含むのかも知れない。

さぁ、どうする。

四の章　一人の中の悪魔と天使

このささやかな原稿の前章タイトルは「あぁ脱藩」であった。そして、わたしも青年龍馬さんと同じく脱藩してしまった。

苦闘千里ではあってもものを書いてきた。日本初の独立系シンクタンクを経営して苦しみ抜いてきたが、独立不羈を貫きつつようやく経営が安定してきた。

そのおのれの環境から「脱藩」し、参院選の比例代表に出馬した。

脱藩するとき覚悟したこと、予期したことはやはり起きた。一方で、まったく予期していなかったことも起きた。

そのなかに不肖わたしは、悪魔と天使をみた。

誰かを悪魔とし、誰かを天使とはみない。ひとりの人間の中にいる悪魔と天使を直視し、にんげんの良きものを伸ばす手伝いをする。そのように参院議員としても作家としてもこれから六年間、責任を遂行していきたい。

シンクタンクの独研（独立総合研究所）の代表取締役社長・兼・首席研究員は、法的には参院議員と兼職できる。しかし、そうしない。社長を退任するだけではなく、完全に退社し、創業者株もすべて無償で手放す。そのうえで独研が遂行しているプロジェクト、すなわち自主開催の独立講演会であれ会員制レポートの東京コンフィデンシャル・レポート（ＴＣＲ）であれ調査研究であれ、わたししかできないものについては独研から個人として委託を受けて続行する。

独研という灯火（ともしび）は消してはいけない。掲げ続けられるように、これも手伝いをする。

参院選中の妨害、中傷誹謗

さて、覚悟し予期していたこととは参院選中の妨害、中傷誹謗（ひぼう）だった。これは選挙中だけではなく、もしも当選すれば任期中ずっと続くだろうと腹を決めていた。

最初は六月二十七日に起きた。参院選の公示から六日目のことだ。東京の丸の内界隈（かいわい）で、選挙カーから降りて歩いて有権者と対話していたとき『週刊文春』の記者、わりあい若い男女二人がアポイントメントなく現れた。

わたしは出馬に関していかなる取材も受けるつもりだったから、アポ無しを問わず、そのまま質問を聞いた。ところが選挙に関してはひとことの質問もない。すべて二十年近く前に共同通信を依願退社したときのことだった。

男性記者が「ペルー事件（一九九六年十二月〜九七年四月）で四百五十万円を私的に流用してクビになったのではないか」と言う。

わたしは驚いた。ペルー事件とは、テロリストが日本人らを人質に日本大使の公邸に立て籠もった国際テロ事件だ。先日、バングラデシュの首都ダッカで日本人が人質になった挙げ句に殺害された事件を、およそ五か月にわたって引き延ばしたような事件である。

わたしはずっとその現場の最前線にいた。事件発生とともに、共同通信政治部の外務省担当記者として池田行彦外相（当時）に同行してペルーの首都リマに入り、外相と他の同行記者が帰ってしまったあとも社命で特ダネを期待されて、現地にとどまった。事件が長引き、外信部や社会部の記者が大挙、日本と世界からやって来て適宜（てきぎ）、交代しつつチームワークで取材に当たったが、事件の最初から最後まですべてを見届けた日本人記者は、結果的にわたしひとりだった。そしてほぼ毎日、日本政府、ペルー政府、テロリスト三者の秘密交渉を探りに探って記事にしていった。わたしのリマ電が共同通信の加盟紙の朝夕刊とも一面トップとなったこともあり、大きな責任を感じて懸命に水面下の取材ルートを作っていった。その最中に一体どうやって四百五十万円もの大金を私的に流用できるのだろうか。ましてや当時のペルーは、日本よりはるかに物価が安い。何に使うのか。たとえばマンションを買うぐらいしかないか？　事件が終われば東京本社の政治部に戻る、まだ若い記者が、取材に苦悩するさなかに異国にマンションを買うのか。何のために？　わたしは事件後、一度もペルーに行ったこともない。地球の裏側だ。遠すぎる。

子どもが考えても、あり得ないと分かる。

ところが文春の男女の記者は「リマで乗馬クラブに入っていたじゃないか」と言う。

ストーリーをすでに勝手に作っていることが分かる質問、というよりは攻撃だったが、わたしは丁寧に回答した。

国民に伝えねばならぬ責任

当時のアルベルト・ケンヤ・フジモリ・ペルー大統領は日系人であったが、日系ペルー人社会が政権基盤だったのではない。スペイン人が中南米を侵略して以来、今も続く白人による根深い支配構造のままの政権だった。

現地で急遽（きゆうきょ）スペイン語を習いつつ、ペルー国家警察軍の端っこにどうにか食い込んで、その佐官から「白人の貴族社会でないと事件を最終的にどうするかは分からない」と聞いたわたしは、その上流階層が集まるという競馬場の貴賓室に入ろうとアタックした。しかし入れてくれない。何度か試みているうちに、衣服から出ている腕と顔を指差されて「その皮膚に色が付いているから入れない」と言われた。その発言に憤激したことが逆にきっかけとなって「この競馬場に付属している乗馬クラブで、うまい乗り手だと認められたら考えよう」という反応を引き出した。

その乗馬クラブに行ってみると、元はスペインの王族でオリンピック選手だったという高齢の女性監督が「どれぐらい乗れるのか」と聞く。わたしは、たどたどしいスペイン語で懸命に「馬の実物を見たことがない」とありのままに答えた。女性は呆れて、「ではロバに乗れ」と言った。実際、白い小さなロバに乗って長時間、砂の上をぐるぐると回った。すると突然、「筋が良い」と言われ、馬に乗ることができ、実物の馬の巨大なことと賢さに苦戦しながら、わたしは数日で初歩的な障害を飛ぶようになった。運動神経が良いのではない。ほんとうに必死だった。政治部の記者が全員、日本の外務省に戻っているのに、わたしがここにいるのは社命と、それから日本が直面しているテロ事件で何が起きているかを国民に伝えねばならない責任のためだと真正面から考えていた。障害物の上に馬と一緒に落ちたりしたが、厳しい女性監督は勇敢だと評価してくれた。

費用は意外に安かった。四百五十万円などとんでもない。日本円にして、その百分の一もしなかったと思う。

そして女性監督の推薦で入れた貴賓室で聞き出した証言は「日本政府は何もしない。ハシモトというプレジデンテ（大統領の意。正確にはもちろん大統領ではなく橋本龍太郎首相）は軍（正確には自衛隊）や警察の部隊を寄越すのか寄越さないのかも何も言わず、とにかく平和的に話し合ってくれとプレジデンテ・フジモリにひたすらお願いするだけだ。いったい日本はどうしたいのか」ということだった。禿げた頭を光らせて悠然と言い放ったスペイン系貴族の男性の息遣いを今も覚えている。

ぎりぎりの秘密交渉

この一方的な話をそのまま記事にするわけにいかない。日本政府に確認する必要がある。しかし日本政府の現地対策本部は、ホテルの屋上のジムを借り切ってそこに閉じ籠もっている。取材のしようがない。他の日本人記者も、さまざまに工夫をしていただろう。ただ、わたしの眼に映った限りで言えば、日本での記者クラブ制度をそのままペルーに持ち込んだかのように、ジムの中から外務省の担当官が出てきて定例会見をやってくれる。それだけを頼りに報じている記者も少なくないように見えた。秘密交渉の実態を国民に伝えられるはずもない。

ジムの中に閉じ籠もっている政府高官たちにどうやって取材するのか。共同通信がわたしに期待したのは、まさしくそこだった。ふだんから発表だけに頼らない記事を書いているわたしに何かの工夫をして欲しいのだ。具体的なアドバイスや指示は、当然ながら何もない。自分で考えるしかない。閉じ籠もっているということは、食事にも滅多に出ないということであり、逆に言えば、ホテルのボーイさんたちが食事やコーヒーを持ち込んでいるということだった。

わたしはボーイさんたちに交渉した。たとえばコーヒーカップとソーサーの間に、四角く小さく切った紙を挟み、そこに日本語で「サッカースタジアム。B入口。午前三時」と書いておき、ボーイさんに、こういう名前の人にこのコーヒーを渡してと頼む。当然、法外なチップを要求する。それを下手なスペイン語で値切り、持って行ってもらう。真夜中にそのB入口に行って待ち続けると、およそ三回に一回は、来てくれた。ひとりではない。

日本政府のいわば良心派が複数、来てくれた。

そこで確認できた交渉経過を、さらに電話で東京に裏付け取材し、ペルー側にも当て直し、間違いない情報だけを記事にしていった。橋本総理（当時）にとっては、極めて不快な記事が「リマ発〇〇日共同青山特派員」という、わたしの名も入ったクレジット付きで連日、世界に打電されることになった。

事件はフジモリ大統領に橋本総理が実際は裏切られる形で、国家警察軍の強行突入によって決着した。フジモリ大統領は交渉によって時間を稼ぎ、突入のための地下トンネルを掘っていた。フジモリ大統領は最初から突入と決めていたのではない。ぎりぎりの秘密交渉も実際、行われていた。キューバのカストロ国家評議会議長（当時）まで巻き込んでいた。しかし突入を見抜く記事を書けなかったのは、すべて、わたしの責任だ。

帰国したわたしを共同通信は「突入を事前に示唆した報道はどこの社にもない。途中経過の報道はよくやった」と評価して迎えてくれた。ただ、ボーイさんたちに支払ったチップ代は、五か月近くの間に相当な額に積み上がっていた。ボーイさんたちに無理をお願いする立場ながら値切りはしたが、一日に十回を超えた日もある。領収書は一枚もない。ボーイさんたちが出すはずもなかった。

共同通信の総務部門は「誰と会うための費用だったか」を社内限りで明らかにしないと精算はできないと強く求めてきた。

しかし複数の高官はみな取材の最中に毎回、必ず「青山さん、実は社内限りという条件でわたしの名前を喋っているのではないでしょうね」、「いつか共同通信を辞めたなら喋るのではありませんか」と尋ねた。わたしは「情報源の秘匿は記者の絶対のモラルです」といつも答えた。

共同通信との話し合いに長い時間が掛かったが、わたしはその過程で退社を決意した。共同通信は大好きだったが、記者職という、人を批判する仕事に疑問も降り積もっていた。これが潮時と考え、ジャーナリストから実務者にかかわろうと決め、配偶者にも話し、依願退社だから満額出る退職金の一部で精算は充分にできた。

わたしは共同通信を去った翌日に、三菱総合研究所の研究員に迎えられた。

もはや悪魔の所業

『週刊文春』の突然の「取材」に話を戻そう。二人の記者はわたしの説明を聞き流し、「乗馬が趣味と選挙ポスターにも書いてある」と女性記者が言った。わたしにとってペルー事件は記者時代の大切な記憶だ。せっかく知った乗馬も続けたいが実際はほとんど乗れていない。そう答えると今度は男性記者が突然、「会社のハイヤーで家族と旅行に行っていたでしょう」と言った。わたしは呆れた。共同通信のハイヤーは虎ノ門の本社（当時）と総理官邸や外務省の間などを回るだけだ。深夜になれば自宅送りもある。しかし、それでどうやって家族旅行ができるのか。それに配偶者は海洋音響学の科学者だ。会社のハイヤーで旅行など納得するはずもない。全く冗談にもあり得ない。わたしは下手なレーシングドライバーでもあり、車で旅行するなら常に自分で運転している。

ところが男性記者は「これじゃ舛添（前都知事）と同じだ」と言った。わたしは「失礼じゃないか」とだけ答えた。胸のなかで「これが狙いだ」と分かった。当時の日本のオールドメディアは舛添さんの報道一色だった。そこに乗っけて、わたしを推した安倍総理にも打撃を与えたいのだ。しかしまさか、これを記事にするとは思っていなかった。舛添事件と何の共通点もないことは余りにも明らかだ。

この「取材」を後に知った、『週刊文春』にも寄稿しているある良心的な書き手、つまり宮崎哲弥さんは笑い、「全然、舛添さんとは違う。舛添さんは政治資金という公的なお金、共同通信は私企業で、そのなかでの未精算金の処理の話だよ」と言った。あまりにも当たり前の反応である。

わたしは全部、説明し終えて、記事になるとは思わず選挙カーに戻った。ところが夜に男性記者による電話取材があった。話はさらに荒唐無稽（こうとうむけい）になり、「リマでゴーゴーバーに行っていたのではないか」、「三菱総研に入ったのは海部総理の口利きではないか」、「安倍総理から参院選に出馬を要請する電話があったのも嘘だという人がいる」と質問してくる。

わたしは芯から呆れた。「ゴーゴーバーって古い言葉だけど、リマにあるんですか。ぼくは知らない」、「海部総理と利害関係を持ったことなど全くない」、「安倍総理から電話がなかったと言うのなら、まず安倍総理と総理官邸に確認するのが記者なら当然やることでしょう」。

わたしは政治記者として、歴代の総理の何人かに食い込んでいた。サミットに出かける直前の現職総理から宣言案をもらって記事にしたこともある。「くれ」とは言っていない。そんな取材はしない。時の総理に公邸で秘かに「複数の高官の証言で今回の宣言案の概要を知りました。その内容は国益に反すると思います。サミット前に国民に問うべきです」と申しただけである。『週刊文春』の記者は、一人の記者の創意工夫をすべて何らの根拠もなくねじ曲げ、おそらくは嫉妬もあって嘘を吐く情報提供者の話はすべてそのまま真実とし、最低限の確認もせずに記事にしようとしている。ひとの努力を悪行かのように、意図的にすり替える。

海部総理うんぬんにしても、わたしが総理との信頼関係から多くの特ダネを取っていることが当時の共同通信社内では知られていた。それに嫉妬した内部の人間が「三菱総研に移れたのは海部総理のコネ」という話をでっち上げたことが想像できた。

これも週刊文春がかりそめにもジャーナリズムと言うのなら最低でも三菱総研と海部元総理に取材すべきだろう。一切ない。共同通信を去ろうと考えたとき、三菱総研にわたしはひとりで直当たりして入社したのである。

週刊文春も、それに嘘を提供する卑劣漢も、もはや悪魔の所業である。しかしわたしは本気で、この記者が心配になった。一人の人間のなかに良心もある、天使もいるはずだ。「きみも、この深夜の電話取材が終われば、家に帰って風呂に入るだろう。裸になった自分を見てみろ。恥ずかしくないか。人間のクズがそこに居るのに気づかないか」と言った。文春の社員という鎧（よろい）を脱いで、何のために記者になったのか、その志を思い出してほしいという気持ちだった。

『週刊文春』は、この部分の電話を「小誌記者を罵倒（ばとう）する青山氏」という見出しでそのまま記事にした。そこだけは、わたしが読んでも面白かった。ところが、そのほかの部分はわたしの反論を書かず、そのまま「舛添と同じ」として書き、見出しにした。記事をネットで読んだ人からは「ひどい記事だ」という反応しかなかったが、電車の中吊り広告で見出しだけを見る数千万人は、そのまま信じただろう。

東京地検特捜部に刑事告発

そしてこの週刊誌は六月三十日に駅にも書店にも並んだ。前述の取材は二十七日である。印刷や全国への搬入に要する時間を考えると、もともとわたしの反論や説明を確認することすら考えていなかったことが分かる。なぜこんなに急ぐのか。選挙期間中に出すことが目的だったと考えるほかない。

記事の中には、わたしが共同通信の退社から十四年後の二〇一一年四月二十二日に、専門家の端くれとして福島第一原発の事故現場に吉田昌郎所長（当時）の許可のもと作業員以外で初めて入り、これも吉田さんの許可によって撮影し、無償で全テレビ局で公開したことを「許可は無かった」と強調している部分もある。テレビ画像で残っている中に、わたしがビデオカメラを吉田所長の正面で構え、所長がカメラに向かって証言している場面もある。『週刊文春』もこの画像を見ていないはずはない。許可なくどうやって、その動画が撮れるのか。

もはや事実の報道ではなく、すべてが選挙妨害である。やむを得ず「新聞も雑誌も嘘によって表現の自由を濫用（らんよう）し選挙の公正を害してはならない」という趣旨を定めた公選法二百三十五条二に違反する犯罪、報道ではなく犯罪として東京地検特捜部に、まずこの部分の証拠映像を添えて刑事告発した。記事のすべてについて民事訴訟も検討する。わたしを公認した自由民主党に関係する選挙担当のひとりからは「腹が立つでしょうが、マスコミを敵に回すと困る。我慢を」という話も非公式に来たが、とんでもない、そういうことをしているから自由民主党もオールドメディアも腐るのだ。

記事の中に元共同通信社会部記者の青木理（おさむ）という人物が実名で登場し「青山が特ダネ記者という話を聞いたことがない」というように述べ、さらに『サンデー毎日』でも同じような話をして汚い言葉で中傷している。自分が虚偽を流したと告白しているに等しい。わたしはこんな社会部記者がいたことすら知らない。社会部にも社内の賞を取る特ダネ記者がいるが、彼の名は聞いたこともないからだ。記者としての存在感は全くなかった人だとしか言いようがない。わたしは昭和天皇の崩御をめぐる記事などで何回か受賞している、隠れもない事実がある。なぜ、こんな奇妙な中傷を、わたしへの取材や確認も一切ないまま繰り返すのか。彼は朝日新聞の慰安婦報道を擁護する本を出している。その立場で、慰安婦報道も強く批判しているわたしを貶めること、参院選に当選させないことが目的なのか。それでジャーナリストなのだろうか。

群衆のなかに天使を見た

それでも、こうした奇々怪々の妨害は、出たくなかった選挙に出ると決めたとき、予期し覚悟していた。

予期しなかったのは、膨大な人々ひとりひとりの眼の輝きである。わたしの選挙活動は、ボランティア一人とのただ二人の時もあった。そして遊説(ゆうぜい)だけがすべてだった。選挙の常(じょう)套(とう)手段の葉書すら一枚も出していない。

ところがその遊説先に、唯一人の動員もないまま、凄(すさ)まじい数の人が集まってくださる。選挙カーの上からも、下に降りてからも、そのひとりひとりの眼の光がわたしの胸に迫ってくる。握手するのも票を入れて欲しいからではなかった。たがいに手の温もりを感じ、短い時間であっても眼を見合って、共有する志、それまで感じたことがないほど強靭(きょうじん)な連帯が伝わってくる。

仕事や家庭がうまくいっている人も、そうでない人もいる。それなのに会ったこともない横田めぐみさんや有本恵子さんら拉致(らち)被害者を取り返せない祖国のままにしておいては次の世代に渡せないという気持ちが真っ直ぐに伝わってくる。

遊説では、中国や北朝鮮、アメリカへの発言力を高めるためにも日本経済にはできないと思い込んでいたことをやる、その問題提起も述べていった。

まずメタンハイドレート、熱水鉱床(ねっすいこうしょう)、レアアースといった日本の自前資源を活かした資源産業の勃興（ぼっこう）がある。メタンハイドレートが採れることをわたしたちが現場で確認している日本海側でこれが興（おこ）れば、日本海側が過疎に苦しんできたことが逆に成熟した日本経済の新しい伸びしろになる。

そして農家がご自分の力を信じて、たとえば小さな商社の営業マンと組み、世界がほんとうは待ち焦がれている安全で美味しい日本の農産物を世界に出せば、これまで農業の大規模化で零細農家が潰されアメリカと同じ土俵に乗せられてますます窮地に陥（おちい）ってきたことを大転換できる。日本の新しい誇りになる。

これらを通じて、資源と食料を争って戦争になる世界を変えられる。日本は本物の平和国家になる。

社会に共通の目標、理念、哲学が生まれれば、子供たちは何のために勉強するかの根っこが分かり、いじめが減る。大人は何のために働くかの志を共有できて、狭い人間関係に悩むことが減る。

こうした問題提起を、我がこととして考えてくれる有権者がこんなに自然発生で集まる。

わたしは群衆のなかに天使を見た。

そしてもう一度言う。ひとりのなかに悪魔も天使もいる。その天使の羽を伸ばしてもらうために、わたしは決意を持って人生を脱藩し、いったん壊した。人生は壊しても人間は壊れない。命も要らぬ、名も要らぬ、金も要らぬ、位も要らぬ国事奔走（ほんそう）が、ほんらいの日本の政、まつりごとである。

ものを書き続け、できれば発信も続け、専門家としての調査研究も続け、日本語の「まつりごと」、西洋の弱肉強食の政治ではない祖国の政治を打ち立てる最初のちいさき一石を投じていきたい。

わたしは一期六年しか参院議員をやらないと遊説で話した。おいしい仕事にせず、政治にも、みなの仕事と同じく納期をつくるためだ。しかし四十八万一千八百九十票の中からすでに「無限に期待する」という恐ろしい声も、有限のわたしに届いている。「二期目以降もやってください」という声も驚くほど多い。先に待つのは、ただ苦難のみである。

五の章

動乱の夏をまっすぐ生きよう

この西暦二〇一六年の夏は、ほんとうは動乱の夏ではないだろうか。

安倍晋三総理は二度の夏休みをとり、新聞には「崩壊した第一次政権当時の安倍総理は、ほとんど夏休みがとれなかった。今年は二度もとって余裕をみせた」と報じられている。

テレビではリオデジャネイロ五輪の日本選手のフェアな躍動が熱心に伝えられるのは当然だが、それ以外の大ニュースはポップグループ「スマップ」が年末の解散を決めたことである。

今上陛下が八月八日にビデオによる異例のお言葉（勅語）を発せられるという超弩級のニュースもあったが、それはすぐに表舞台から去り、テレビはポップグループ解散を待っていたネタのように微に入り細に入り大事件として報じ続けている。

国会も閉じていて議員たちは旧盆の地元をまわり、みずからの選挙対策に余念がない。

ところが、不肖わたしの地味なブログには、悲憤慷慨する声が溢れている。

中国の無法を打て、韓国の嘘を糺せ、それをしない安倍政権と自由民主党は地獄に墜ちよと憤怒の書き込みが押し寄せている。ポップグループ解散を大事件と思いつつ同時にこの「日本はこれでも国なのか」という怒りを共有する人もいるのだろう。
うわべでは、はるか地球の裏側の五輪だけが沸き、日本の夏は静かなお盆休み。しかし水面下では、幕末の攘夷倒幕を思わせる地熱のごとき時代的エネルギーが蓄積されているかにみえる。

現実は、どうだろう。

まず、日本国民のなかに憤激の声があるのは国際社会の常識、あるいは国際法に照らしてごく自然なこと、理のあることだ。

この夏は、参院選から始まった。選挙では、このわたしのまさかの出馬もあったが、全体としてはオールドメディアに悪魔のように扱われつつ政権与党が勝つという最近の傾向通りの結果になった。

これが意味するものは何か。

一つにはオールドメディアがその役割を終えているという事実に向き合っていない、自覚がないことがある。だから敗戦国日本のオールドメディアの寵児の一人が、この夏の珍事のひとつとして東京都知事選に出て、惨めに化けの皮を剝がされた。

しかしもっと重大なことは参院選の結果を受けて、政権与党が「当面はこれで良い」と思い込んだことであり、中国共産党が「日本が甦らないように封じ込めを続けるには、従来の工作、すなわちオールドメディアや教育、そして政界、官界、財界、ネット世論への浸透工作だけでは足りない。直接に手を下すことが必要だ」と考えた節のあることだ。

海上保安官が流した血の涙

参院選後に起きた、あるいは選挙前から続くか拡大したことを順不同で挙げてみると、凄まじいものがある。かつて夏枯れという言葉があり、夏にはニュースが少なくなったのだが、もはや死語である。

中華人民共和国という世界最大の独裁国家は、日本国沖縄県石垣市の領海や排他的経済水域に、武装船団を公然と大挙、侵入させている。

武装船団は国策によって組織化され、三つで構成されている。ひとつ、沿岸警備隊にあたる「中国海警局」の船団。機関砲を装備した戦闘艦の一種もいるが、日本では「公船」という曖昧（あいまい）で奇妙な造語をわざわざ使うから、国民に実態が分かりにくい。

ふたつ、漁民は漁民でも福建、浙江（せっこう）両省で軍事訓練を受け「南京大虐殺」といった虚偽の反日ビデオを繰り返し見せられ憎悪を増幅させた漁民、すなわち「海上民兵」なるものを乗せた偽装漁船。みっつ、カネと「好きなだけ魚を捕っていい」という甘言（かんげん）を与えられた貧しい漁民の船。これらが一体となって日本の海を実質、中国の海に変えようとしている。

言い過ぎではない。尖閣諸島周辺の好漁場で石垣市の日本国民、漁家の人々はまったく漁をできないのである。それどころか石垣市長をはじめ国民は自国の領土、領海に近づくこともできない。

しかも漁を阻（はば）み、国民を阻んでいるのは中国の武装船団ではなく日本国の海上保安庁の巡視船である。

わたしは何度も尖閣諸島を空から訪ねているが、この夏の事態が起きるその以前から、一見すると海保が中国の船を守っているかに見えることもある。

わたしは長年、海上保安庁の政策アドバイザーを務めてきた。これは無償の公職である。そして危機管理・安全保障の専門家の端くれとして、原発テロ、北朝鮮工作員の洋上からの侵入を防ぐために水面下で海保と無償で連携して十八年になる。それを通じて知る海上保安官たちは国民に見えないところで苦しみ抜き、血の涙を流して辞職を考える若い保安官もいる。責任は政府与党、なかでも安倍総理にある。

そして地元の翁長雄志沖縄県知事（当時※編集部注）は、中国の熱望するアメリカ軍の撤退には熱心な一方で、中国による侵入は実態として黙認している。この人は元自由民主党沖縄県連の幹事長だ。福岡の中国総領事を司令塔とした工作で中国に取り込まれた。訪中して李克強首相に拝謁し、福建省と那覇の直行便を開いて大量の中国人観光客を工作員と共に受け容れている。

これらを間近に見ている韓国は、日本の敗戦の日八月十五日に、国会議員が集団で島根県隠岐郡の竹島に侵入し、島を不法占拠している実質上の兵士たち（韓国は警察部隊の一種と主張）をねぎらった。

日韓合意に強く反対する

また北朝鮮は、秋田県沖で日本国民が漁をし船を動かしている排他的経済水域に、警告もなく中距離弾道弾ノドンを狙いすまして撃ち込んだ。わたしたちのはらから、同胞を拉致したままの北朝鮮が、である。

これら中韓と北朝鮮の非道に対して安倍政権は何をしたか。ただひたすら抗議、口頭で抗議するのみである。効果が無きに等しいのは、誰の目にも明らかだ。

竹島でいえば、韓国が実効支配しているのではない。紛争の発生後に自国を有利にしようとヘリポートなどを建設し兵を置いてもそれは認められず不法占拠になるのが国際法である。しかし安倍政権は、国際司法裁判所や、南シナ海問題で存在感の高まった常設仲裁裁判所に提訴する素振りすらない。

それどころか安倍政権はこのさなか、昨年十二月二十八日のいわゆる「慰安婦」問題をめぐる日韓合意に基づき、国民の税から十億円を韓国に渡す挙に出た。

わたしはこの日韓合意の二日前、出張先のアメリカから安倍総理に電話をして日韓合意に強く反対する考えを僭越ながら伝え、なかでも国費からお金を出すことは決して許されませんと反対した。

これに対し総理が何と答えられたか。公開を前提としない電話であるから具体的に記すことはできない。しかし考え方としては（1）村山政権が作った「アジア女性基金」も寄付金だけではなく政府予算からも拠出した（2）問題を終わりにするための最終的な一時金であり賠償金ではない、という反論をなさったとわたしは解釈した。総理がこう仰ったというのではなく、あくまでわたしの解釈である。

アジア女性基金の「償い事業」は寄付で賄われた。しかし元「慰安婦」、実際には自称の元「慰安婦」の女性たちへの医療・福祉支援に限っては、確かに税金から五億一千万円が拠出された。

だがこの夏、韓国政府から「この十億円で終わりです」という確約など何も取れてはいない。そもそも日韓合意は合意文書もない曖昧なものであり、残っているのは岸田文雄外務大臣（当時）が日韓外相会談後の共同記者会見という公式の場で述べた重大な言葉だけである。

日本国外務省の公式ホームページは外相発言を明記している。「慰安婦問題は、当時の軍の関与の下に、多数の女性の名誉と尊厳を深く傷つけた問題であり、かかる観点から、日本政府は責任を痛感している」

「軍の関与の下とは何事か。日本政府が韓国の嘘を補強してどうする」と強く反対するわたしに、政権の中枢は「いや、これは日本軍が慰安婦の衛生管理をちゃんとやるようにと業者に指示したことを指しているんだ」と答えた。

とんでもない。

前述のように当時、わたしはアメリカにいた。ふだん日本に無関心なマスメディアまでこぞって取りあげ、「あの右翼の安倍総理が遂に韓国の主張を認めた。日本軍が朝鮮女性二十万人を強制連行して性奴隷にし、そのあとに虐殺したことを認めたからこそ、国民の税金から大金を拠出する」と虚報を繰り返した。

わたしはアメリカの政府や軍の知友に「これが事実なら、妹や姉や奥さんを連れて行かれた韓国の男性が、たとえ少しでも抵抗した事例が溢れていなければならない。しかしそれは無い。この嘘は韓国男性の名誉も著しく毀損する。そして年収が今の貨幣価値で言えば二千万以上にもなった女性が奴隷ということはあるか。さらに大量虐殺したというのならその膨大な遺体を一体どうやって処理したのか」と懸命に問いかけたが、彼らは「確かにおかしいね」と、あらためて首をひねりながら「しかし安倍総理みずから認めて外相に発言させたんだから、アメリカの報道ぶりを誤報とまでは言えないのじゃないか」と逆に問いかけてきた。

まごうことなき誤報、虚報なのだが、アメリカの当局者が安倍総理に信を置くからこそ反論は簡単ではない。そしてアメリカの一般社会にはとっくに事実として浸透している。在米邦人、いや世界の邦人とその子供たちにとって悪夢そのものだ。

こうした無残な現実がこの夏、何も解決していないどころか悪化している。韓国は微妙に、この十億円について「これで終わりではない」と匂わせ始めている。

これで日本国民から何の声も出なければ、それこそ絶望である。この夏を動乱の夏と考えている国民がいるからこそ、まだ救いがある。

おのれの人生を壊してでも

日韓合意について安倍総理に反対の電話をかけた時のわたしは、もちろん一民間人だ。しかし国会議員となった今も、何も考えと発信は変わらない。わたしは変わらない。日韓合意に反対であり、中国や北朝鮮に対しても口頭の抗議で良いとは、ゆめ考えていない。

では、どうして現状を支えている与党の公認候補として参院選に出馬し、国会議員となったのか。

選挙にだけは出ないと決めていた。わたしは自分を売り込まないからだ。それは、不肖わたしの読者ならご存じだろう。

だが、おのれの人生を壊してでも国益のために国会議員となるなら、最も現実に政治を動かせる立場を選ばねばならない。無所属議員なら国会で質問する機会も時間も確保できない。もうひとつ、自由民主党にはほかの政党にない「部会」というものがあることを、共同通信政治部記者の時代によく知っていた。

その部会とは何かを含め、具体的にお話ししたい。

参院選の投開票日は七月十日だった。自由民主党からは、ある都議の分析として「青山さんは確実に見込める票が二万票程度しかない。十一日の未明四時になっても当選は決まらず、結局は落選するのじゃないか」と伝えられていた。

わたしはこの都議を知らない。しかし当然の言いぶりだと、淡々と考えていた。自由民主党の大幹部から「参院の比例代表とは組織、団体票で決まるもの。どれか組織を付けましょう」と言われたのを即、断り、他の自由民主党候補と相互の応援演説もすべて断り、大物の応援も拒み、そうした姿勢への牽制もあるだろうからだ。

おのれでは票読みというものを全くやっていなかった。選挙運動と言っても、ただ遊説しただけである。組織がないから動員もない。はがき一枚出していない。天と有権者に従うだけだった。

十日の午後八時に開票が始まってすぐテレビ各社から当確が出た。出口調査の結果だと聞いた。たとえばＴＢＳの記者は、当確を打つ前の電話取材で「全ての投票所の出口調査で青山さんが一位です。それもダントツです。いったい、どうしてですか」と心から不思議そうに聞いた。わたしは選挙事務所に出向いたが、あらかじめ「万歳はしません。祝電もお祝いの花もお祝いの訪問も一切、受け付けません。自分の当選がめでたいのではなく、国会を去るまでに憲法九条が正しく改正されて拉致被害者が帰り、メタンハイドレートをはじめとする自前資源によって資源産業が勃興し、農業が日本のお荷物ではなく世界の救いになっていたら初めて、めでたいのです」と伝えていたから、当選の記者会見は静まりかえっていた。わたしは思わず、「落選会見か、お通夜みたいですね」と記者たちに話しかけた。

拉致事件解決へ新提案

翌十一日の朝までに四十八万一千八百九十人のかたがたが投票してくださったと知った。わたしはその日のうちに、まず拉致事件の解決のために新提案を政権中枢に持ち込んだ。議員の任期が始まるのは七月下旬からだったが、一日もなおざりにできない。

政権中枢の反応は鈍い。わたしは「外務省を外すのではありません。しかし実質、拉致問題対策本部が機能していなくて、外務省の専権事項となっている現在までの交渉では、もう拉致被害者のご家族が健在のうちの解決はできない」と述べたうえで新提案を再び説いたが、「まぁ、そのうち考えましょう」という反応だ。

「そして、水面下では交渉を進めているから」という話もあった。

この中身も、わたしの新提案も交渉ごとをここに記すわけにはいかない。北朝鮮に手の内を見せることはしてはならないからだ。

ただこの新提案が、独裁者の金一族との一種の直接交渉であることだけは申しておく。

ただ安倍政権はオールドメディアの知らないところで、たとえば北朝鮮が裏貿易も含めて利益をあげている相手国と水面下で交渉し、その貿易を細らせる策に出ている。これは見かけだけの制裁よりも効果がある。そのために北朝鮮がいくらか拉致事件について交渉に応じる気配をちらつかせているようだ。

こうしたなか、政権の大幹部から「青山さんも今や、一年生議員。総理を含め政権の中枢に直接、働きかけるのは難しくなったと自覚してください」という話があった。

わたしは「ほら来た」と思い、同時に「それでは、わたしの場合、議員になった意味が無い」と考えた。

そして政権の中枢部に直に当たり、機会をつかまえて、日本国のリーダーにこう申し上げた。

「わたしは命も名も位も金も要らぬ議員です。一年生としての義務は、どんな小さなものでもすべて果たします。しかし保身のために政権中枢と距離を置くのでは五十万近い有権者に申し訳が立ちません。今後とも直言、諫言を致します」

一方で政権中枢とだけ交渉しているのでは、片手落ちである。自前資源による資源産業の勃興、日本にはこれだけは決してできないと思われてきたことを実現し、エネルギーの自律をてこに祖国の真の独立を勝ち取るために官僚機構との交渉も、直ちに始めた。

自由民主党だけの伝統

やがて議員の任期が正式に始まり、八月一日に臨時国会が開幕した。参院選を経て、新しい参院議長らを選ぶための三日間だけの国会だが、自由民主党本部で「部会」が開かれる。

部会とは、他党にありそうで無い、自由民主党だけの伝統だ。国会の開会中は毎朝、八時に党本部の各部屋でたとえば「外交部会」であったり、分野別、専門別に分かれた会合が開かれ、そこには各省庁からキャリアの課長や局長が必ずやって来て議員の問いかけに答えねばならない。

他党にも合同会議といったものがあるが、ここまで徹底したものはない。わたしは記者時代に、壁耳（かべみみ）、すなわち入れてはもらえない部屋の外でドアや送風口に張り付いて議論を聴くことを日課にしていた。かなり高度な専門性のある議論も珍しくない。朝ご飯が出るから、これが目当ての議員もいるが、それでも頭のうえを専門的議論が毎朝、通過するだけで積もれば相当な勉強になる。

そして肝心なことの一つは、自由民主党が与党であれば法案のこれが第一関門になることだ。この部会を通って法案は、政府提出の閣法であれ議員立法であれ自由民主党の政務調査会、そして総務会に上がり、そこから国会に上程される。

壁耳で聴くのではなく、この場で当事者として発言することが、意見も体質も合わない自由民主党をあえて選んだ大きな理由の一つだった。

わたしはまず、「日本の名誉と信頼を回復するための特命委員会」と「外交部会」の合同部会に出席した。

朝七時半過ぎに行くと、もう簡単な弁当が出てきた。それを見ていると、隣の知らない議員が「青山さん、これは青山さんも払っている党費から出ているので、食べても大丈夫ですよ」と言った。わたしは驚いて、その議員の顔を見た。議員は「青山さんの選挙演説もユーチューブで見ていましたよ」とすこし笑って言い、「だからね、どんな生き方をされているか、知っていますよ」と付け加えた。わたしが政治献金や寄付を一切、どこからも受け取らないことをはじめ、これまでと同じ生き方をしていることを知っているのだった。

そして議論が始まると、この朝のテーマは「日韓合意に従って十億円を拠出して良いか」、そしてアメリカのカリフォルニア州で学習指導要領に当たるものに「慰安婦」などについて虚偽があることへの対応だった。

わたしは何度も手を上げ、「十億円の拠出に反対する」という意見を述べ、「拠出自体は日韓合意に盛り込まれているのだから」とする党幹部にも反対した。偽の慰安婦像が撤去されないままの拠出に反対論が他の議員からも相次いだ。

わたしはまた、こう話した。「民間人の時代にカリフォルニア州の小学校で講演したとき、邦人の子弟が、日本人は人殺しだと言って苛められていることを知りました。それを関西のテレビ番組で話すと、一部の親から苛めはないと反発を受けました。それは理解できる。ご自分の子供が苛められていない親にとっては、そんな学校だと言われたくない。そして子供が苛めを受けている親からは『日本の領事館が苛めなど存在しないというので私たちも言えなくなる』という苦しい話も聞きました。日韓合意によって、この苦しみは余計に深まることを考えねばなりません」

これを話すとき、議員だけではなく外務省のアジア大洋州局長がじっと真摯な表情、作り物ではない顔で聞き入っていたのが印象的だった。

安倍総理は冷徹に見ている

そのあと自由民主党の中枢にある人から「一年生議員のくせに部会で何度も発言してけしからんから、注意してくださいと幹部から話があってね、注意したんだよ」と聞かされた。わたしのことではない。この人の派閥に属する一年生議員のことだ。わたしはいかなる派閥の誘いも断って、無派閥でいる。わたしは「へぇ、ぼくはすでに何度も発言していますよ」とありのままに話した。

前述の部会に続いて「経済産業部会」に出ると、資源エネルギー庁長官が来年度予算の骨格を語りながら、自前資源についてただの一言も触れなかったから、厳しく糾弾した。

これらのことが果たして実るのか。まったく楽観はしていない。

たとえば安倍総理とわたしは、世界観、政治観に違いもある。

総理にとっては、日韓合意は英霊の名誉を犠牲にしてでもやる意味があった。なぜか。

朝鮮半島有事に備えて日韓の亀裂を心配するオバマ米大統領と米軍に恩を売れるし、なにより朴槿恵（バククネ）韓国大統領がかつての告げ口外交、慰安婦をめぐる嘘を使って世界に日本の非を打ち鳴らして歩くということが実際、できなくなっているからだ。

中国の尖閣侵入にしても、総理はそうは言わずとも、憲法改正への動機を中国が作ってくれるようなものだと冷徹に見ている。

もうひとつある。

中国は西暦一九六〇年代の終わりに国連が尖閣諸島の海底に資源を見つけるまで、尖閣諸島を日本領として人民日報にも地図まで含めて記載していた弱みがある。だからどうでも紛争を起こして「過去はどうであれ現在は領土紛争の地だ」としたい。紛争を戦争で解決することはもはや無いから、外交交渉になる。外交交渉なら中国にも取り分が生まれる。

中国はそれを狙っていると安倍総理は読み切っているから何を犠牲にしてでも、自衛隊の出動を抑制する。

これらを知りつつ、わたしは考えが違う。

現実と理想が食い違うという薄っぺらな話ではない。人は何のために生きるかということと、国家が何のために存在するかということは繫がっている。子供が学び、大人が働く、その理由と哲学を共有できる国造りをいかなる時もせねばならない。

国民が国家を見失うような政治をおこなってはならない。

では、どうするのか。

言い訳ではなくとっくに字数が尽きている。次章で引き続き、みなさんと一緒に考える。

六の章

国会議員とは何者か

不肖わたしは、まさかの選挙出馬を経て国会議員となって二か月である。

高村正彦・自由民主党副総裁が、わたしにこう仰った。「言論自由の世界から、言論不自由の世界へようこそ。おめでとうじゃなくて、ご愁傷さま」。なるほど。

さらに「私は政治にロマンチシズムとリアリズムの両方を追求しているけれども、青山さんはロマンチシズムだけだ」と続けられた。

いずれの言葉も、わたしが予期していたままの言葉だった。

高村さんは、わたしが共同通信政治部の記者だったときから親しく致している。だから、青山という奴はいくら「選挙に出ろ」と提案されても出るはずはないと思っておられただろう。

そして『日中、日韓、日露、日米、何でも好きなことを言って、それで済む。俺は違う。言いたいことが言えない政治の世界に耐えながら、日本のためになることを現実に遂行してきたんだ。おまえとは違う』と内心でずっと考えておられることを、わたしは記者時代から今日に至るまで分かりやすく感じ取っていた。

だから、わたしの当選について語られる言葉はそうだろうと予想していたし、いくらかの棘（とげ）があっても全く腹も立たない。高村さんはむしろ他の政治家には言えない直言を吐露（とろ）されているのであって、僭越（せんえつ）な物言いながらわたしは内心で素晴らしいと感嘆している。高村さんは慎重居士（しんちょうこじ）のイメージが強い。実際に慎重ではいらっしゃるが、胸の奥に剛胆な古武士のごとき芯をお持ちだ。よくぞ仰ってくださったというのが、ありのままの感想である。

そのうえで、まさしく、まるで違う。

大物政治家である高村さんが『おまえとは違う』と仰った意味とは、違う意味で違うのだ。

まず、日本の言論空間は自由か。とんでもない、妙なタブーと圧力だらけである。だからテレビ、新聞に登場してくる大半の識者の話はいつも似ている。そのタブーや圧力と戦うことこそ言論だ。楽な話ではない。

逆に政界とは言論不自由なのか。とんでもない。そうであれば国会議員をやっている意味が無い。言論不自由に感じるのは、保身を図るからだ。命も要らず、名すなわち虚名も要らず、カネも要らず、位も要らずで議員をしていれば、言論の自由度は高い。

日本国の主人公

さらにロマンチシズムとは、リアリズムが欠如しているか、リアリズムと相反するのか。そうであれば、それはロマンチシズムではなくセンチメンタリズムである。ロマンとは志であり、志は現実から遊離してしまえば独善に堕する。ほんもののロマンチシズムを持つなら、必ず冷厳な現実に立脚している。

したがって『好きなことを言って、それで済む』ということはあり得ない。あり得ると思うのは実は、官尊民卑の思想に過ぎない。

「責任を持って政策を立案し遂行するのは内閣であり、国会であり、官庁であり、要は官であって、民間は言いっ放しか、あるいは上意下達、官の言うことを聞けばいい」という思い込みである。

代議制は、民間が責任を官に預けてしまうことを意味しない。

そもそも日本社会では、民の側がこれを誤解している傾向が強い。日本国の主人公は、ただただ民であり、最終遂行者も最高責任者も民のひとりひとりである。官は、内閣総理大臣以下すべて代理人に過ぎない。

だからわたしは不肖ながら、非力ながら、ひとりの民間人として日本の外交、安全保障、危機管理に責任を持って携わってきたし、たとえば拉致事件に関わろうとしてきた。メタンハイドレートや熱水鉱床、レアメタルをはじめとする日本の自前資源の正当な活用に私費を投じて利を一切、求めなかったのも、民の一員としてエネルギー安全保障に責任を感じていたからである。

閣僚、国会議員、官僚の「官」だけが責任ある公の仕事をし、民はあくまでも私利の追求だと官が思い込んでいるのは、思い上がりだ。

わたしは、おのれの人生をみずから壊して議員となった今、民の責任感を重んじ、民の力を引き出すことのできる国家公務員特別職であろうと、ささやかながらに努めている。

抗議だけでは全く足りない

さて、このちいさな原稿の前章は「この夏は、ほんとうは動乱の夏ではないだろうか」と書き起こした一文であった。

その通りだったとお考えの読者もいらっしゃるだろう。

その前章の最後のほうに記したことを、あえてもう一度、述べたい。ただし趣旨のみを短くまとめる。

「日韓も日中も、たとえば安倍総理と不肖わたしは、世界観、政治観に違いもある。わたしは日本国民の名誉を犠牲にする日韓合意は自由民主党の参院議員となった今も真っ向反対だ。しかし総理はオバマ米大統領に評価され、朴槿恵（パククネ）韓国大統領の告げ口外交を封じたこの合意を成功と考えているだろう。

中国の尖閣侵入についても、わたしは抗議だけでは全く足りないと考える。だが総理は、尖閣諸島に領土問題を作りたい中国の狙いを冷徹に見て、抗議のほかは選択肢に入れない」

そして、末尾に記した一文は、そのまま掲げたい。

「現実と理想が食い違うという薄っぺらな話ではない。人は何のために生きるかということと、国家が何のために存在するかということは繫がっている。子供が学び、大人が働く、その理由と哲学を共有できる国造りをいかなる時もせねばならない。

国民が国家を見失うような政治をおこなってはならない。

では、どうするのか」

本章は、ひとりの物書きとしても議員としても、この「では、どうする」を述べねばならない。

まず、尖閣諸島である。

安倍総理が、海上自衛隊などを出せば中国の思う壺であると判断しているらしいのは、まったく正しい。

議員となる少しまえ、わたしは独研（独立総合研究所）の会員制クラブ「インディペンデント・クラブ」の志ある会員たちと一緒に、海上自衛隊の最前線を訪ねた。

具体的な基地や部隊名は申せない。

海上自衛隊のみんなは、全員打ち揃ってただの民間人であるわたしたちに、しっかりと向き合ってくれた。

質疑応答の場でわたしは尋ねた。

「海の現場で、中国はやはり海自の出動を誘っていると実感しますか」

士官たちは明快に「そうです」と答えた。（ちなみに、自衛隊では士官のことを幹部自衛官と呼んでいる。奇妙な呼称は、国民・有権者と国会の連携でいい加減、やめるべきだ。防衛大学校も国際社会の真っ当な基準通りに士官学校と呼ぶべきである）

わたしは重ねて聞いた。

「しかし防衛出動を引き出すほどの軍事行動に、中国が踏み切る可能性は低いのではありませんか？　それをもしやれば日米安保条約に基づき米海軍、米空軍も出てきて、何でもやれる米軍と対峙(たいじ)すれば張り子の虎である中国空海軍の実態がばれてしまうから」

士官たちはこれも即、明快に「その通りです」と答えた。

「つまり中国が狙っているのは、海上警備行動の発令による自衛隊の出動ですね」とわたしが確認すると、答えぶりはまったく同じ、「まさしくそうです」だった。

中国の根本的な狙い

たとえば海上自衛隊が中国海軍に劣っているのではない。しかし海上警備行動が発令されれば、海上自衛隊だけではなく空と陸の自衛隊も出動はできるが、あくまでも「海の治安維持」のために限定されていて、武器使用もなかなかままならない実態がある。

日本国民がこうしたことを良く知らずとも、いや、知らないのではなく知らされていなくとも、中国も韓国も北朝鮮も日本の憲法から始まる法体系の異常さを実に良く知り抜いている。

そして中国の根本的な狙いを確認しておこう。「領土紛争を引き起こすこと」である。連載の前号の終わりでも触れたが、より丁寧に述べるべきだろう。

中国共産党政権には、根本的な弱みがある。尖閣諸島について、国連の専門機関ECAFE（アジア極東経済委員会）が西暦一九六〇年代の終わりに「尖閣諸島の海底に手つかずの油田、天然ガス田がありそうだ」という報告書を公表するまでは、ただの一度も領有を主張したことがないという事実がそれだ。

ふだんの中国であれば（そして韓国、北朝鮮、ロシアも）こんな「事実」などへいちゃらで吹き飛ばす、無視する。

だが、たとえば中国共産党の機関紙「人民日報」が一九六〇年代に「沖縄人民の反米闘争を支持する」という趣旨の記事を出し、その記事に地図をご丁寧に添付して、ちゃんと尖閣諸島の左、すなわち西側に国境線を引いて尖閣諸島も日本領であることを明示しているのだ。

現在の人民日報は、二百数十万部に落ちているとみられるが、当時は一千万部を超えていたという分析もある。これを全部、処分し切るのは不可能だ。したがって「尖閣は古来、中国のものだった」という現在の中国の主張は、致命的な欠陥を、みずから呈示した証拠付きで抱えている。

これを克服するには、ひとつしかない。現在進行形の深刻な紛争、なかでも軍事衝突を含む紛争を起こし、「過去はどうであれ、現在は領土をめぐって紛争状態にある」と国際社会にアピールすることだ。

敗戦後の日本は、こうして紛争となったとき外交交渉しかあり得ないことになっている。

那覇で開かれた秘密会議

外交交渉は戦争と違い、どちらかが総取り、完全勝利することはあり得ない。仮に交渉に負けても、取り分はある。

その外交交渉に備えて、中国はすでに尖閣諸島どころか石垣島、そして沖縄本島にまで食指(しょくし)を伸ばしている。

一切、誇張ではない。

現に、沖縄県知事は、安倍総理にはお辞儀をせず、中国の総理である李克強さんには最敬礼を尽くすところの翁長雄志(おながたけし)(当時※編集部注)さんである。

自由民主党沖縄県連の幹事長まで務めた翁長さんは、「自民党が国会議員にしてくれない」という強い不満を、福岡の中国総領事館のスパイ網にキャッチされた。そこから知事選当選に向けて中国の支援が始まった。

実はわたしは、極秘の議事録を持っている。何の議事録か。在福岡中国総領事館のトップ、総領事が那覇に入り、華僑(かきょう)の方々らを集めた秘密会議で「仲井眞知事(当時)は先祖が渡来人だから親中派にできると思ったが、違った。そこで翁長那覇市長(当時)を知事にする」と指令を飛ばした会議の議事録である。

中国はこの作戦下で翁長さんを「使える」と判断すると、総領事を中国共産党の高位の人物に差し替えて作戦を強化、日本国沖縄県の知事選に実質的に関わったのだった。公平のために記しておけば、「そんなことは与り知らぬ」という全面否定の声も、わたしは知事を支持する人から聞いている。

しかしこの情報は、前述の秘密会が何回も開かれたときの議事録が原点なのだ。選挙に憑きものの単なる噂、意図した噂というレベルではない。

実際、この秘密会自体を知らない人は知事の支持者や関係者に多いだろう。だから「与り知らぬ」という反応になるのは無理もない。

「中国人観光客頼み」という麻薬

そして中国はなぜ、ここまでやるのか。

秘密会議の議事録によれば、中国の総領事は「当面の最大目標は米軍の撤退だ」と明瞭に発言している。

翁長知事の実際の政治行動は、見事なまでにこの目標に沿っている。普天間のアメリカ海兵隊を辺野古に移駐させることを阻止するだけではない。米軍の全面撤退の要求へと世論を誘導している。

中国側からの見返りはすでに来ている。李克強総理が翁長知事に約束した「福建省と那覇の定期航空便の開設」はとっくに始まっていて、大量の中国人観光客が、おそらくは工作員ごと沖縄に運ばれて来ている。

沖縄経済はこうして「中国人観光客頼み」という麻薬をかがされ、日本国民から巨額の補助金を得つつ、沖縄の中国依存度は抵抗もなく深まっていく。

李克強総理はふだん、日本の知事には会わない。なにせ華夷(かい)秩序を実行なさっているのが、習近平体制だから。

しかし翁長さんには異例の扱いとして会い、翁長知事の方から定期便の開設を懇請し、李克強総理は「あなたの今後の努力、態度次第だ」と臣下(しんか)への指示のごとく仰ったのだった。

一方で中国は、尖閣諸島のある石垣市の中山義隆市長が翁長知事とは対照的に中国に厳しい姿勢であることも見逃してはいない。やはり福岡の総領事館を拠点に、失脚も視野にさまざまに工作を仕掛けていると思われる。

国際社会に工作活動が絶えることなど、無い。それに対応しない、できない日本の実情こそ問題なのだ。

こうして沖縄県のほぼ全域に中国の手が入っている。その情況で、もしも自衛隊が尖閣諸島に出動したらどうなるか。

海上警備行動の発令で動けるようになるどころか、逆に「あくまで治安維持の範囲内で」と手足を縛られつつ出動だけは命じられた自衛隊で、しかも米軍抜きの単独行動なら、中国が海軍を中心に挑発に出る恐れは強い。

じっと我慢する自衛隊であっても、さすがに「正当防衛の範囲内」、すなわちわたしたち市民、国民に認められているのと同様の極めて限定的な正当防衛であれば、遂行せざるを得ない可能性が高まる。

軍の火力というのは、どこの軍であれ、警察力とは比較にならない。中国軍の小火器の発砲など、わずかな軍事力の行使であっても放置すれば自衛官が無駄に死ぬことになる。それを見殺しにはできない。

しかし、ほんとうに小さな、かつ偶発的な軍事衝突であっても、日中の衝突は世界の大きな注目を集める。間違いなく集める。

すると日本政府も、中国の「外交交渉を」という求めに応じざるを得なくなる。中国は必ず、「過去の経緯はどうあれ、現在たった今、武力衝突が起きたのだから領土紛争となっているのであり、中国は平和的に、理性を持って外交交渉で解決したい。それも根本的に解決すべきだ」という趣旨を巧妙に主張するだろうからだ。

前述したように、外交交渉となるとたがいに話半分になり、中国は全域にすでに手を入れている沖縄県のかなりの部分を自国に呑み込むだろう。

沖縄は、一九四五年三月から六月の悲惨極まりない沖縄戦によってアメリカに奪われた。それを日本は、戦わずして取り戻すという人類史の奇蹟を成し遂げた。

ところが沖縄の祖国復帰と同じ年の一九七二年に国交を結んだ中国に、戦わずして半分奪われる。

こんな悲劇に繋がりかねない自衛隊出動を避けようとする安倍総理は、その意味において正しい。

人間の現実、世界の事実

しかし同時に、だからといって抗議だけで済ませている安倍政権は間違っている。

なぜか。

もはや思想の問題ではない。ましてやロマンチシズムかリアリズムかの問題ではない。抗議だけで済ませれば、それがどんなに強い抗議であっても中国の武装船団による尖閣諸島の領海や接続水域や排他的経済水域（ＥＥＺ）への侵入、侵略は止まらないからだ。

それが続いていくと、今度は「過去の経緯はどうあれ、今は中国が少なくとも沖縄県石垣市の尖閣諸島は実効支配している」という虚構に繋がっていく。

中国は、非常に長いスパンで考える能力には長けている。虚構は歳月の重みで次第に実像に変わっていくという、人間の現実、世界の事実も良く知っている。

さらに、日本がきちんと解決しきっていない重大問題も関わってくる。それは国連憲章の敵国条項である。

これは「相手が第二次世界大戦の敗戦国であれば、戦勝国側は安保理の許可などが無くても攻撃できる」という趣旨であり、日本国民がみな学校で教わりオールドメディアに刷り込まれる「第二次大戦後にもはや敵も味方もなく共に世界平和を目指す組織として創設されたのが国連だ」というお話が嘘であり、連合国側の戦勝利権を永遠に保証するための組織である証拠だ。

日本の努力で、西暦一九九五年の国連総会で削除決議を採択した。ところがその後に必要な国連憲章の改正は実現しないまま放置され、したがって敵国条項はそのまま生きているという解釈も可能だ。

中国はこれがあるからこそ、平然と、強気で日本の領海である尖閣諸島の海に武装船団を入れてくるのだ。

ところが日本では「国連は素晴らしい」と前述の通り、学校で教え続け、大人にはオールドメディアで刷り込み続け、しかも中国の不法な武装船団を「公船」という訳の分からない言葉で誤魔化している。

もう一度、言う。いくら抗議だけを重ね続けても、この恐るべき現実は変えられない。

では、どうするか。

ヒントは実はやっぱり、「民(みん)の力」なのだ。

現場の真実

尖閣諸島の国民には漁家(ぎょか)のかたがたが多い。すべてではないが多い。優秀な技量を持ち、漁獲量をしっかりと制御し、水産資源の維持や海の環境保全にも世界最高レベルの努力を払っている日本の誇りある漁家が、尖閣諸島では漁をするのが困難となっている。
石垣島の八重山漁協だけではない。鹿児島、宮崎両県の漁船団も地元の漁家ときちんと分け合って尖閣の豊かな海で操業していた。尖閣周辺はクロマグロが産卵する海だ。また黒潮が大量のプランクトンを運んでくれるから、それを食べようとハマダイ、スジアラといった高級魚が集まる好漁場である。

ところが現在では、漁場に近づけなかったり、あろうことか中国の武装巡視船に追いかけ回されたり、廃業に追い込まれる漁家まで出ている。

しかも中国の暴挙は武装巡視船だけではない。中国漁船は資源維持を無視して獲り尽くす漁法「虎網（とらあみ）」を使うから、資源枯渇の恐れも急速に強まり、日本の漁船が見つけた魚群を横取りされたり、中国漁船の狼藉（ろうぜき）で日本漁船の網や、錨（いかり）のロープなどにさまざまな被害が出る。

これに対して海上保安庁は実質、何もできないでいる。とにかく揉（も）めるな、中国を刺激するなの政府方針に縛られているから、日本の漁家の出漁を阻害しているのは海上保安庁の巡視船に見えてしまうのが、現場の真実だ。

わたしは何度か空から現場を訪ねているが、島に近接して中国の巡視船、機関砲で武装した巡視船、海上民兵を乗せていると思われる偽装漁船、そして中国政府が組織的に送り込んできた漁船が勝手に遊弋（ゆうよく）し、海保の巡視船は拡声器や中国語での警告表示などで懸命に対応しようとするが、実力行使はほぼゼロに等しい。まるで中国の無法集団を実質的には守っているように見えてしまう。

そして日本の漁船は近寄らせないのだ。

では、日本の水産庁はどうしているか。

水産庁は公式には「尖閣諸島周辺海域は日本の領海とEEZであるから、日本の漁業への妨害などが報告されれば、外交ルートを通じて直ちに中国側に抗議している」と言うだけだ。

また抗議である。それだけだ。

いや、それどころか、この現状をどうにかしようと民間の有志が漁船にちゃんと諒解を得て乗り込み、漁業活動をしようとすると水産庁の役人が繰り出し、水産庁が都道府県知事に通知した「漁業従事者以外を漁船に乗せないよう求める通知書」を盾に阻止する挙に出て「一体どこの国の水産庁なのか。中国なのか日本なのか」と猛反発を受けたりしている。

一方で水産庁は、外国船を含めた違法操業の取締船四十四隻を備え、海の治安秩序にそれなりの経験と実績を積んでいる。

国民にまったく知られていないが、この船に乗り組む水産庁職員は棍棒（こんぼう）を所持している。海上保安庁の巡視船のような武装ではないが、完全に非武装とは言えない、ある種の制止能力を持って訓練している。

そしてこの水産庁の漁業監督官らも海上保安庁の保安官たちも、志あるひとたちは切歯（せっし）扼腕（やくわん）している。長年、海上保安庁の政策アドバイザー（無報酬）を務めてきたわたしに「尖閣諸島の実情からして、もう辞めたいです」と訴えた保安官も複数いるが、それは現状を打破したいという志の表れだ。

発想の転換を

また水産庁は、この尖閣諸島周辺を含む東シナ海の自前資源メタンハイドレートの調査を、わたしが代表取締役社長・兼・首席研究員を務めていた独立総合研究所（参院選出馬に伴い退任）に打診してきたこともある。

「漁業資源ではないのに」と驚くわたしたちに「水産庁も国益のために何でも取り組むべきだと考えてのことです」と若い水産庁職員が答えて感激したのだった。

この志を活かす。

すなわち八重山漁協から鹿児島、宮崎まで、尖閣諸島の海で経験豊富な漁家を募（つの）って漁船団を組み、漁獲の計画も公表し、水産庁の船の保護のもと出漁してはどうだろうか。

中国の船団と紛糾しても、これは決して領土紛争にはならない。

海上保安庁の保護でも本来は何ら問題はないが、国際社会ではコーストガード（沿岸警備隊）であり、事実、海保の巡視船は船腹に英文でJAPAN COAST GUARDと明記している。日本の法律ではそうではないが、国際社会では海軍の一翼を担うと理解されることもある。

しかし水産庁では、そうはならない。棍棒で一定の制止力を訓練していても、あくまでも漁業だけの問題であり、仮に交渉を呼び起してもそれは漁業権の問題だけだ。

拉致事件を含めて自国民を護らないのが、憲法の定めから実際の施策まで敗戦後の日本の最大問題である。安倍政権ですら、その病に囚（とら）われている。

ここは発想を転換し、尖閣諸島の海で漁家の生活権、就労権を奪っていることを自省し、まずは漁船団で中国の無法に立ち向かうことをここに提案する。

今回もとっくに字数が尽きた。日韓の問題などは次章以降に譲る。

七の章　では次に、国会とは何か

国会議事堂のなかは不肖わたしにとって長いあいだ、戦場のひとつだ。

戦場でもあり荒野でもあり密林ともなり、たまには凪の吹き渡る洋上かのようでもある。

国会議員になったから、そうなのではない。政治記者の時代から胸の裡で感じていた。取れない情報を取るとき、あるいは紛糾する国会で夜を徹するとき、議事堂のかすかに湿った内部は戦場だった。人の世が空しくなるほど無意味な対立をみるときは荒野であり、人心の複雑怪奇をみると密林になり、たまには、日本国が一隻の巨大な船となって海を進むさまを感じ取ったりしてきた。

単なる石の壁の建物ではない。さまざまに、豊かに相貌を変える。これだけ世界を歩いてきて、似た空間はどこにも無い。

「諸国の議会と大して違わないのでは」と考える人もいるだろう。たとえばワシントンDCの丘の上に立ち、白く輝く合州国議会議事堂。あるいは冷戦の記憶を遺すベルリンに立ち、ガラス張りのモダンなドームが陽を照り返すドイツ連邦議会議事堂。

それらのいずれの内部とも、われら日本国民の国会議事堂の内側はまるで違うのだ。

議事堂の内部には、その国の政（まつりごと）や人心、文化のあり方の違いが映し出される。

一例を挙げれば、参議院の本会議場は、日本の国会の開会式を執り行う場だ。国会の開会式は衆議院ではなく元は貴族院の参議院で行う。その参院本会議場の真正面には大きな菊のご紋章、しかしいささかも押しつけがましくなく鎮（しず）まっているご紋章、その下に天皇陛下をお迎えする玉座（ぎょくざ）がある。

わたしは参院議員となってこの開会式に臨み、壇上の向かって左の扉から陛下のお姿を最初に仰いだとき、見えざるものに打たれた。威厳という言葉だけでは到底、語れない。他の議員とともに直ちに頭（こうべ）を垂れたから、何もふだんのように見ることはできない。しかし確かなご存在を深々と実感できる。ごく自然な、いかなる気負いもお持ちでない、あるがままの透徹（とうてつ）した尊厳が広い本会議場に満ちるのを拝受した。

おひとりで成されることが可能なものではない。膨大な国民と共にあるご存在でいらっしゃるからこその尊厳であることも、ありありと実感した。

議場に、動かぬ証拠がある

わたしは同時に、民間人のときから重ねてきた小さな行事を頭の隅で思い起こしていた。独立総合研究所の会員制クラブ「インディペンデント・クラブ」の会員と毎年、国会の見学会を開き、衛視の案内で院内を回る。この参院本会議場では衛視の説明を聴く。

現在の議事堂のデザインが公募で決まったのは大正八年、着工は翌年だ。そして廣田弘毅（ひろたこうき）総理のもと竣工（しゅんこう）式を開いたのは昭和十一年、西暦一九三六年十一月だったことも語られ、何より強調されるのが、建築素材はすべて国産であることだ。この巨大な議事堂がステンドグラス、郵便ポスト、ドアの鍵以外はすべて国産品を使っている。外装の花崗岩（かこうがん）も内装の大理石もみな国産だ。

こうして衛視さんの説明が終わると、わたしは会員に問う。「今の丁寧な説明を聴き、この本会議場を見て、何か分かることがありませんか。もっと言えば、わたしたちが思い込まされてきたことは間違いだと分かることがありませんか」

しばらく答えを待ってから、ひとつの問題提起をする。

「この本会議場には、間違いなく民主主義がありますね。選挙で選ばれた議員が立法をおこない、国策を決して行く。西洋の議場と違うのは、天皇陛下の玉座があることです。つまり、わたしたちは敗戦によってアメリカに民主主義を教えていただいたのではなく、もともとジャパン・オリジナルの民主主義を持っている。議事堂の建設が始まったのが大正年間、完成も、敗戦の九年も前です。戦前の祖国がただ軍国主義であり、民主主義が始まったのはアメリカのおかげという思考習慣をやめませんか。この議場に、動かぬ証拠があります」

衛視さんは見学者に日々、定められた説明をしている。その衛視さんも一緒に、わたしの話を熱心に聴いてくれる。

日本の国会議事堂がオリジナルなのは、建築の素材だけではない。理念から運用まですべて日本固有なのだ。

これを起点に考えれば、たとえば現在とこれからの日韓関係をどうするかの答えもみえてくる。

人間の生き方として間違っている

「月刊Ｈａｎａｄａ」の連載「澄哲録片片」で繰り返し述べてきたように、わたしは日韓合意に反対だ。自由民主党の国会議員になってからも、まったく変わらない。

安倍総理は西暦二〇一五年の十二月二十八日に朴槿恵大統領とのあいだで日韓合意を成立させた。合意といいながら合意文書すらない奇怪なものであるが、岸田外相が日韓外相会談のあとの記者会見で「慰安婦問題は、当時の軍の関与の下に」と述べたうえで、多くの女性を傷つけたから日本政府は責任を痛感していると発言した。

政権中枢は「軍の関与の下とは、衛生管理などを民間業者にちゃんとさせたということだ」とわたしに弁明したが、とんでもない。それならそう言うべきであって、言わなかったのは、「日本軍が女性を強制連行して慰安婦にしたことを日本政府が事実上、ついに認めた」と韓国が国内、それから国際社会に喧伝することをあらかじめ承知して、まさしく合意したからだ。

相手が嘘を重ねることに実質的に協力するのでは、外交上の誤りだけではなく、人間の生き方として間違っている。

この過誤による悪しき影響は百年に及ぶだろう。

日韓合意のあと朴槿惠大統領は「日本は悪者」と世界に言い回る「告げ口外交」をぴたり止めている。だから安倍総理をはじめ政権は日韓合意を大成功と考えている。

しかしソウルの日本大使館前の偽の少女像は撤去の気配も無いし、むしろ世界のあちこちに建てようという動きは強まっている。

アメリカ、オーストラリア、カナダなど、韓国による嘘の反日運動が盛んな諸国では「韓国の主張が事実だと日本政府が認めたからこそ、十億円を国民の税金から韓国に支払った」という誤った認識が一瀉千里で広まっている。

さらに「日本軍は二十万人の朝鮮女性を性の奴隷とした上で殺害した」と開いた口が塞がらない虚偽まで浸透し、マスメディアを通じて諸国民に刷り込み、教育現場では子供たちに堂々と刷り込んでいる。

わたしがアメリカをはじめこれらの国の政府当局者や軍人に「では、その二十万人もの遺体を一体どうやって秘密裏に処理できたのですか」と指摘すると、「あ、そうか」と悪夢から覚めたような顔をする人もいる。

だが、わたし一人が会える相手などごくごく限られているから、わずか七十余年まえに人のため、公のために命を捧げてくださった先輩方の名誉をこれ以上ないほど破壊的に穢し、この英霊とわたしたちが護ろうとしている祖国の名誉を日々、穢している。

問題の再燃を狙う韓国

それでも韓国の政府も議会も満足しない。なぜか。自分たちが営々と続けてきた反日教育によって、ありとあらゆる韓国民が「日本は暴力で韓国を奪い尽くし、苦しめ抜いた」という捏造の歴史を信じ切っている。憎悪を植え付けられる韓国民も不幸だが、その国民が「十億円で終わりか」と不満を噴出させ、ブーメランのごとく韓国の政治家たちに炎が降りかかってくる。

そこで安倍総理に「お詫びの手紙を書け」という新たな要求を突きつけた。韓国はさっそく本性を現した。「これで完全解決。ゲームセット」と合意しても必ず、ゴールポストを動かして「まだ点が入っていない」とやる。

安倍総理がこの手紙なるものについて即座に「毛頭、考えていない」と明言したのはまったく正しい。

しかしそれで終わるのではない。韓国政府はこの総理発言を「韓国民の心を傷つけた」と言っている。つまり、当然の拒絶をむしろ利用して問題の再燃を狙っている。

こんなことは日本国民の多くが先刻承知で予想していた。この体たらくの原因は、安倍総理の政治決断にある。

自由民主党の部会で強く反対

しかも問題はこれだけではない。お手紙騒動だけならまだしも、より深刻な伏線が敷かれている。日本国外務省は、十億円について自称慰安婦のひとびとに一律、「およそ一千万円以上」、自称慰安婦が亡くなっているときは遺族に一律、「およそ二百万円以上」を振り分けることで韓国と合意した。

わたしは自由民主党の部会で「これでは個人保障とされてしまう」と強く反対した。部会のあと、外務官僚が「ご説明したい」とやって来たが、こう反論した。

「そもそも今回の日韓合意に韓国が同意したのは、これがあるからだ。やがて韓国民に、日本政府に個人保障をやらせることに成功したと宣伝し、一九六五年の日韓請求権協定で個人保障は行わないと合意したことを覆す意図がある」

わたしは日本のためだけに、このように異見を述べているのではない。

韓国は、こうして国家間の合意を反故にすることによって国際社会の深い部分で信頼を喪い、国益を損ねている。

隣国への憎しみや不信を国民のあいだに増幅させるのも、韓国民の幸福に繋がるだろうか。自国への誇りは、良いことも悪いことも公平に受け止める歴史観によって培われれば本物である。しかし大韓帝国の政党が望み、米英も賛成し清国なども一切反対せず日韓両国の条約締結によって日韓併合の時代が開かれたことを、あたかも日韓で戦争があってのことかのように装い、偽の歴史を作って次世代の国民を育てようとすれば、いつか破綻する。

現に、韓国経済は破綻に直面している。ウォンは世界の信任をまったく失い、日本企業を凌駕していたはずのサムスンのスマホは火を吐き出して、世界の航空会社から機内持ち込みを拒否されている。

そこで韓国は日本にすがりつき、かつて自ら拒んだはずの通貨スワップ協定を結んでもらった。これはスワップ（交換）とは呼べない。世界で最も信任されている円が、ウォンが致命的に没落するときに備えて一方的に助ける協定だ。

韓国はこんな崖っぷちをいつまで続けるつもりなのか。

この日韓関係の異常な現状の根っこを、わたしは日本の国会に見ている。

この秋、臨時国会の予算委員会に、わたしは予算委員のひとりとして参加している。朝から夕刻まで七時間の審議をずっと集中心を保って聴き続ける。充実した時間だと申したい。ところが、こころ冷えることが少なくない。

国会審議の深い闇

野党の質問には三大柱がある。言いがかり、デマゴーグ、言論封殺である。これに付録も二つ付いていて、ひとつは情緒論、もうひとつは「そんなことどっちでもいいでしょ。もっと大切なことを話しませんか」と言いたくなる重箱の隅型の議論である。

まさか自由民主党議員だからそう言うのではない。自由民主党のために国会議員を務めているのではない。ただ国益のためである。

この三大柱には、共同通信政治部の記者だった当時から慣れてはいる。政治記者には「予算委員会番」を務める時期がある。全員ではない。指名されれば、それは勉強になる機会であり、たいへんな時でもある。長時間審議のあいだトイレにも行かず予算委員会室の記者席に座り続けて、総理や閣僚の答弁の一言一言すべてに集中し、朝夕刊に間に合うように記事をどんどん作成していくだけではなく、通信社であるから、重大な答弁があれば速報も打たねばならない。答弁の聞き漏らし、聞き間違いは絶対に許されない。誤報が世界に打電されれば国益を損ねる。

これに対して議員は、質問に立たなければただ聴くだけである。予算委の理事になれば調整に飛び回るが、一年生議員にその役はない。だから少なくとも記者時代よりは困難の少ない時間かと予想していた。

これが正反対だった。

当事者になるという意味を、あらためて痛感している。予算委への出席も国民の付託によるから緊張感の次元が違う。終わったあとの疲労もケタが違う。予算委の審議をどのように咀嚼（そしゃく）するかが、その後の議員活動を左右する要素のひとつになると自覚している。

その考えは変わらない。変わらないが、前述の三大柱の空しさも、記者時代とは比較にならない。記者時代は、記事にならないところは素っ飛ばして聞き流していれば良かった。現在は、すべて真正面から受け止める。

すると日本国の国会審議全体の深い闇がのし掛かってくる。野党が本質から外れた質問をすると、与党は躱（かわ）すだけである。

たとえば日韓の問題についても「フェアな歴史事実を日本国内でも教えず、韓国内では虚偽が教えられ、それこそが日韓関係をおかしくしているのではないか」といった審議はない。

それが無いから、今回の日韓合意のような嘘を嘘と知りつつ認める……のではなくて嘘と知りつつ嘘とは知らない振りをして、嘘をついている相手に反論はしないという人間のモラルに反する外交合意を作ることになる。

国会議員は評論家なのか？

臨時国会での予算委員会を例にとろう。

稲田防衛大臣が野党の標的になった。

野党幹部がこう問うた。「稲田大臣が（一議員の時代に）雑誌のなかで『若い人は全員、教育体験のような形で一度は自衛隊に触れてもらう制度はどうか』と言っている。これは憲法の禁ずる『意に反する苦役（くえき）』に当たる。徴兵制と紙一重の発言だ。撤回せよ」

自衛隊はそもそも志願制である。そこに体験入隊するというのは、志願すれば体験できる制度ということであって、苦役に当たるはずがない。徴兵制とはもちろん、ほど遠い。

稲田案への賛否は関係ない。明らかな言いがかり質問だ。この質問は「現職の防衛大臣が実は徴兵制を企図している」というデマゴーグも兼ねている。

デマゴーグといえば、質問で数字が持ち出される時は、その多くがデマゴーグだ。これは与野党を問わず起きている。数字のマジックと昔から言われるように、統計数字は志が低ければいちばんデマに使い易い。

代表例は国の借金の話だ。与野党問わず、国会議員は「国の借金が一千兆円を大きく超えてしまっているから」という話が大好きだ。しかし借金というなら必ず、資産を入れ込んで考えねばならない。いかほど入れ込むかは立場によって意見が違うが、中立的に言えば国の資産のうち換金性のある分は少なくとも入れるべきだ。それはおよそ五百兆円近くある（異説あり）。

するといちばん大事な議論は、この差し引き、つまり純債務がこれから増えるのか、減らせるのかという問題だが、借金が一千兆円を大きく超えてしまって大変だという話にいつも数字が使われるから、そこへ議論が行くことはほとんど無い。

日本は異様な社会である。「国の借金が一千兆円をはるかに超えてしまい、年金も健康保険も不安で、消費税は今度こそ二〇一九年十月に必ずついに一割に上がります」と言われ続けて、国民が物を買うだろうか。

しかも、これまで買った物は日本の第一級の技術力のおかげで壊れず、買い換えがどうしても必要なわけじゃない。

こうやってデフレを自分で加速しておいて、国会に日銀総裁を呼んで追及するのである。

国会議員は評論家なのか？

膨大な国費、税金の無駄遣い

三本柱の最後は、言論封殺である。

ターゲットにされている稲田防衛大臣がやはり一議員のときに雑誌の対談で「長期的には日本独自の核保有を（中略）検討すべきではないでしょうか」と発言しているのを、野党が「撤回しろ」と迫った。

しかし国会議員も民間人も内閣の一員になればその内閣の方針に従うのが当然だ。むしろ基本中の基本である。

そのときいちいち、以前の発言や考えを撤回せねばならないのなら、国会議員に自由な意見はあってはならないことになり、そもそも国会議員など要らない。独裁者一人が居ればいい。

前述の「自衛隊体験入隊」もこれも、とにかく「撤回しろ」である。いずれも護憲派とされる野党議員からの質問だが、憲法十九条の「思想及び良心の自由は、これを侵してはならない」という民主主義の根幹の定めは、国家議員には適用されないとでも言うのだろうか。ではあなたも黙りなさい、ということになる。

同じ予算委で稲田さんが追及を受けた白紙領収書、そして全国戦没者追悼式の欠席、これは稲田さんが悪い。

国会議員が白紙領収書を大量にもらって秘書に金額を書き込ませるなど、話にもならない。絶対にいけません。（ただし一方で、白紙領収書を追及した共産党で大阪府議がそれをやっていたことが明るみに出た。これも話にならない）

また中韓の非難を怖れて靖國参拝を見送り、その理由にするためにジブチの自衛隊視察に飛んで、同日の追悼式を欠席することになるなど、あってはならない。英霊にも遺族にも、ご臨席の両陛下にもまったく申し訳が立たない。

しかし防衛大臣になったら言いがかりにもデマゴーグにも言論封殺にも国会審議で真顔で応対せねばならない現状は、明らかに膨大な国費、税金の無駄遣いだ。

稲田さんも動揺しないで「内閣の方針に従うのみであります」と毅然と答えるべきだが、そう答えてもなお、不毛の質問は続く。

そこに前述の付録ふたつも加わる。

安倍総理が稲田防衛大臣より答弁ぶりがしたたかとみると今度は本会議場で「総理は日本のお父さんですから」と切り出して、情緒論で攻める。わたしは野次りませぬが、思わず「安倍さんは別に俺やあなたのお父さんじゃないよ」と口の中で呟いた。

ある野党議員は予算委員会で「戦闘と戦闘行為の違い」について目を吊り上げて稲田大臣を追及する。法的解釈をはっきりさせたい真意があるんだろうと善意をもって聴いているうち突如、内心で馬鹿馬鹿しくなり、そして悲痛な気持ちも湧く。ＰＫＯの最前線にいる自衛官を、こんな論議で差配しようとしているのだ、国会は。

なぜ国会審議がこの体たらくなのか。

ハングルの資料を配る野党議員

本稿の冒頭で記した、日本の国会議事堂の姿を思い起こしていただきたい。日本も諸国も議事堂とは、脚下照顧の場所である。良きも悪しきも、おのれを見つめる、祖の国を見つめ直す場である。

ところが日本の国会では、あろうことか予算委員会でハングルの資料を配る野党議員もいる。日本語はない。政府側の答弁が気に入らないと、予算委の野党側の理事は頻繁に委員長席に詰め寄って、短時間であっても議事を止める。しかし韓国国防省発行の資料がハングルのまま配られても看過される。与党側も問題にしない。

実は、日本国の国会という意識が弱い。諸国に比べて極めて薄い。

七十四年前の敗戦から今日まで、そして放っておけば明日も、日本社会は国家意識を無くすことに努めてきた。国会議員といえども、それが正しいと思い込まされてきたからだ。誰が悪いという話をしていない。わたし自身を含めた日本国民全体の問題、たいせつな課題である。

だから野党議員の名をどなたも記していない。悪者をつくるのではなく、みなで共有できる課題をこそ掘り起こしたい。

日韓合意も日本の無国家意識からすれば、当面の朴槿恵大統領の無法を阻止するには有効な手立てということになる。

それは日本が常に「その場シノギ主義」であるということでもある。だから国会質疑での総理答弁、閣僚答弁もその場凌（しの）ぎになる。

日韓合意はすでに成された。世界に誤解をどんどん、たった今も広めつつある。

だが同時に、韓国の宿痾（しゅくあ）のために日韓合意を韓国自身が歪（ゆが）めつつある。場合によっては骨抜きになる可能性も、特に新大統領になると濃厚である。つまりは、やり直せる。

そのときに韓国との交渉からやり直すと考えてはいけない。日本の国会審議の現場から、そして学校と家庭の教育の現場から根っこの議論をやり直すのだ。

国民の議事堂に、石造りの四角い中庭がある。

雨の日と、夜がことに美しい。欧州の街灯のような明かりが四隅からぼんやり照らしている。日本の伝統と西洋の技術、合理主義、法体系を組み合わせようと苦闘した明治以降の日本人の生きざまを、わたしは記者時代も議員としての今も、その中庭に感じる。

ご維新は、世界の歴史に輝く奇蹟である。しかし間違いも犯した。人の生き方を考える、日本語の「憲法」と、西洋の王権抑制、利害調整のための〝Constitution〟を混同したことが、その重大なひとつだ。

日韓併合の歴史も、日本とアジアの近代化の歩みのなかにもう一度置き直して、おのれの立脚点を正(ただ)しつつ、韓国とも真っ当な外交を行いたい。

八の章　知られざる日々

意外なことを書こう。

議員の任期が始まって三か月半、国会議員が礼儀正しいこと、時間に徹底的に厳格であること、そして国益のために見えない努力をしていることにいささか驚いている。

吃驚しますよね、みなさん。

政治家のイメージというのは、とにかく尊大で、人には厳しく自分には甘くいい加減で、選挙向けに見せかけのいい格好はしても祖国のために見えない努力などしない……ということになっているから。

イメージと相反する、良き側面にびっくりだ。ただし手放しで驚いているのではありませぬ。

まず議員同士では、まるで失われた世界が復活しているかのように挨拶も物腰も礼儀正しくて、肝心の有権者・国民からは不遜、傲慢な態度の議員が多いとみられているというのは一体どういうことか。

つまりは仲間内だけで議員は生きているのではないか、その疑念を考えねばならない。

わたしはかつて共同通信の政治部記者を務めた。短い日々ではない。そして数多くの国会議員に毎日、接していた。特段、ぞんざいに扱われた記憶はない。それどころか政治家は選挙を考えて記者には気を遣う。そして記者の本分を全うできるよう、わたしなりに議員や閣僚たちと利害なき信頼関係を築くよう努力していた。だから政治家を間近に、客観的に良く知ってもいた。しかし礼儀正しい人々とは感じなかった。

それが議員になって国会の内側に入ると、たかが一年生議員に過ぎないわたしにも、みなさん礼儀正しい。

もちろんオールドメディアが「政治家は悪者だ」と常に国民に刷り込むし、一部の実際に不遜な議員の振るまいが全体であるかのように報じるのもオールドメディアの宿痾(しゅくあ)であるし、結果として国民は政治家への憎悪をこころの底に積み重ねてしまう。こうした事実はある。

それにしても外と内の落差が大きすぎる。

やはり国会議員は無意識に、仲間意識を強く持ちすぎているのではないか。互いに選挙を勝ち抜いてきたという気持ちが根っこにあるのだろう。

憚（はばか）りながら、わたしは選挙に「勝った」という意識は皆無である。誰かと「争った」のではないし、おのれのために、あるいは党のために「戦った」のでもない。日本の唯一の主人公である国民と選挙を通じて対話しただけだ。

だから当選のとき、万歳もせず、目を入れるダルマは用意せず、花も祝電も辞退した。祝うのは拉致（らち）被害者が帰ったときであり、メタンハイドレートが実用化されたときだ。

国会議員の仲間意識が強すぎることが、例の白紙領収書の問題をも生んだのではないか。

わたしは今、参議院予算委員会の委員を務めている。共産党の質問によって、委員会室での眼前に、同じ筆跡で金額の書かれた大量の領収書のコピーが出てきたときにはショックを受けた。菅義偉（すがよしひで）官房長官、高市早苗総務大臣、稲田朋美防衛大臣ら閣僚をはじめ自由民主党議員が、他の議員が開く政治資金集めのパーティで会費を払う、ないしは会費に上乗せしたお祝い金を贈るとき、白紙の領収書をもらって、あとで秘書が金額を書き込んでいた。閣僚を含め、こうした自由民主党議員が実際に払った金額より多く書き込んだ悪質な例は今のところ無いようだが、それで全てが許されるわけではない。

しかし、どうも野党の追及が弱いと思っていたら、何のことはない、共産党の大阪府議も同じことをやり、民進党に至っては前総理の野田佳彦幹事長まで同じことをやっていた。

政治資金集めに苦労をし、選挙にもお金がかかり、その仲間同士だからということで許し合っていた慣習なのだろう。

ちなみに、わたしは政治資金集めのパーティを一切やらない。いかなる人からも一円も政治献金、寄付を受け取らないから当たり前である。したがって「お互いさまでパーティに出席し、お金を贈り合う」ということも起きない。そもそも領収書が発生しない。誇って言うのではありませぬ。政治資金集めは法で認められている。これから選挙に出ようかという人に、こういう選択肢もあると知ってほしいと頭（こうべ）を垂れて願う。

午前四時五分から準備を始める

さて、国会が時間に極めて厳しいということ、これは記者時代から知っていた。しかし今、当事者になってみると、これも想像を超えていた。

本会議は言うに及ばず、委員会への出席、新人議員の務めである国会対策委員会への集合などすべて一分の遅れも許されない。理由は関係ない。渋滞うんぬんが通用しないのは常識だが、他の委員会が長引いたといった理由も考慮されない。

そして朝が早い。これも記者時代に熟知していた。夜討ち朝駆けの取材をしていたからだ。

深更（しんこう）まで議員宿舎で閣僚や与党幹部と一対一で議論をし、翌朝、というよりその日の夜明け頃に別の閣僚や党幹部の部屋のドアをノックし、秘書さんに入れてもらい、政治家が起き出してくると質素な朝食を共にしながら新しい議論をする。これを繰り返していた。

今は、朝八時から党本部で開かれる「部会」に参加するために午前四時五分から準備を始める。部会に出席するだけではなく、毎回、発言するからだ。

根拠の乏しい発言をしたり、うろ覚えの思い込みで発言しないために、先方は午後の時間帯であるワシントンＤＣの知友と電話やメールで情報交換をしたり、資料の読み込みをやり、唯一の健康法？の朝風呂に入ってから冷水を浴び全身に血をめぐらせて、党本部へ向かう。

この部会の存在こそ、わたしが無所属ではなく自由民主党を選んだ主要な理由の一つだ。「部会」は、外交・安全保障から農業、資源エネルギー、福祉、人権までありとあらゆる分野別に各省庁の局長やキャリア課長がどっと出席し、議員は自由自在に異見を言い、質問をし、それが議員の蓄積になるとともに法案の土台になる。

すべての法案は、この部会で了承を得てから政調（政務調査会）、そして総務会と上がっていかねばならない。

と言うことは部会がガス抜きになっている側面は否定しがたい。反対論を言うだけ言わせて、結局は総理官邸や各省庁の狙い通りの法案を通していく面は確かにある。

それでも部会は貴重である。法案を変えることもゼロではないし、各省庁には大きなプレッシャーになっている。

記者時代、この部会を「壁耳（かべみみ）」で必死で聞いていた。ごく稀に公開の部会もあるが、それはどうでも良い内容だ。老朽化しているビルの自由民主党本部でも、会議室の壁に耳では実は何も聞こえないのでドアの隙間に記者の耳がひしめくことになる。断片的に聞こえる内容だけでも重大に感じるものが多々あった。

当事者になってあらためて実感したのは、その議論の真剣さである。ところが一方で、二か月、三か月経つうちに分かってしまった事実もある。

それは参加する議員がいつも同じような顔ぶれということだ。

批判者ではなく当事者

前述したように、部会はほぼ全分野にわたって存在し、開かれる。だが、尖閣諸島をはじめ領土を護り、竹島と北方の領土を取り返すための部会や特命委員会など安全保障、外交をめぐるものは、参加人数が少ない上に、ほぼ同じような出席者ばかりになる。

一方で農業や工業分野などについての部会は出席者がたいへんに多い。

つまりは票に結びつく部会は参加者多数、日本社会では票にあまりならないような部会は少数の限定参加なのだ。

そして票に結びつくというのは、その議員の支持団体、支持組織に関わりある部会である。選挙のときに入れてくれるだけではなく資金も支え、家族票などの取りまとめもやってくれて、その代わりにもちろん団体、組織のために議員は国会で動く。

それだけではないだろうが、そのためにも懸命に動く。

わたしがこの夏の参院選に出馬を公示直前にようやく決意したとき、自由民主党本部の側から「何かの団体、組織を付けます。そうでないと、出馬表明がこんなに出遅れていて、当選はおぼつかない」という話があった。即座に、丁重にお断りした。

ただただ祖国のために国会に行くのだから特定の団体、組織の支援を頂くわけにいかない。それを頂けば、既得権益に挑戦することが難しくなることもあり得る。

他の人の批判をするのではない。批判者ではなく当事者となり、おのれのささやかな動き、生きざまだけで、わずかなりに貢献をする。

だからこそ毎朝のように四時から準備して部会に参加するのだが、ふと気づいて、議員会館のエレベーターのなかで政策秘書（公設）に聞いた。「これって、何もしないでいようと思えば出来るよね」

かつてベテラン議員の私設秘書を務めたことのある政策秘書は「そうですよ。楽をしようと思えば楽できるのが国会議員です」と答えた。「特に参議院は、一度、当選すると六年間選挙が無いですから、前半の三年ぐらいはゆっくりしようという議員も出てきます」

わたしは、ある内閣の官房副長官（当時）から聞いた話を思い出した。

「テレビに出ていた知名度で初当選した、全国比例の参院議員（実際は実名）が、二回目の選挙の直前にやって来て『頼むから、何でもいいから、団体か組織を付けてくれ、そうでないと、もうテレビに出ていないから忘れられて当選しない』って言うんですよ。答えを渋っていたら、土下座まがいの懇願をなさいましたね」

報いなき献身

しかし一方で、票に結びつきにくい、参加者の少ない部会などで、単に参加するだけではなく役員あるいは首脳陣を務めているベテラン議員もいる。それも沢山の役職の兼任であるから、その負担はどれほど重いか。

たとえば「領土に関する特命委員会」というものがある。国防部会、外交部会のように部会という名を冠してはいないが、自由民主党政務調査会（政調）に属する部会の一種である。

この領土特命委の委員長は、帝国陸軍の硫黄島（いおうとう）守備隊最高指揮官だった栗林忠道（くりばやしただみち）中将のお孫さんである新藤義孝（しんどうよしたか）・前総務大臣だ。

新藤さんは、同じ特命委で事務総長の佐藤正久参院議員、そして現在は防衛大臣の稲田さんと三人で韓国の（竹島ではなくその隣の韓国領の）鬱陵島に渡ろうとして空港で理不尽に阻まれた。そのうちの二人までが領土特命委の首脳陣を務めているわけである。

稲田さんは閣僚当時はこうした部会の首脳陣に入ることができなかっただけだ。お二人は、ここでも他でもとにかく国家主権のあり方や安全保障・外交がテーマの部会はほとんど支えているのではないかと思うほどに、雛壇でお顔をよく見る。

政界でヒナ壇といえばふつうは本会議場の閣僚席をさすが、この場合は、部会などの会場でいちばん奥の首脳陣の席のことだ。

これらは事実上、報いなき献身である。

新藤さんは、安倍晋三総理がアメリカの上下両院合同会議で「先の大戦で交戦した日米の完全な和解」をうたう歴史的演説をしたとき、硫黄島の海兵隊の元将軍と共に、栗林中将の孫として傍聴席に並び、安倍総理から全議員に紹介され、アメリカで知られることになった。しかし日本では、総務大臣の時にその仕事ぶりがいくらか報道されたが、「領土に関する特命委員長」としての献身が報道されることは無い。

まさしく見えない努力をなさっている。

議員本人の志だけ

わたしはこの新藤委員長とも佐藤事務総長とも、利害関係が一切無いのはもちろんのこと、ふだんのお付き合いもほとんど無い。

それなのに突然、わたしは領土特命委員会の「幹事」に指名されて、いささか驚いた。ただの一年生議員である上に、そもそもこの委員会に毎回、出席はしていても正式に属した覚えがない。属したくないのではなく、所属するための手続きが何も無いのである。

それは国防部会や外交部会をはじめ、いかなる部会も、あるいは部会に関連した会も、入会したり所属したりする手続きが（部会長、副部会長以外は）無い。

国会での委員会は厳しい定数の制限があり、所属手続きが必要なのはもちろん、希望の委員会に行けないこともある。特にわたしのように無派閥では、それが起きる。参議院の外交防衛委員会、経済産業委員会といった「常任委員会」はひとつ、また「北朝鮮による拉致問題等に関する特別委員会」といった「特別委員会」もひとつ、さらに資源エネルギー調査会など「調査会」もそれぞれひとつしか所属できない。

ところが自由民主党の部会は、朝早くに開かれる会合に、おのれの意志で出るか出ないか、それだけだ。入会も退会もない。

当選回数を重ねて部会長になったりすれば選挙でもアピールできるのだろうが、それが無いあいだは議員本人の志だけである。

わたしは、いつも冷静な政策秘書に聞いた。「国家主権や領土、安全保障といった部会では、同期の新人議員の顔を滅多に見ないよね」。わたしがそう感じているだけでは、思い違いもあり得るからだ。

彼は即座に「そうです。ほとんどお出でになりません」と答えた。同期の新人議員たちは、いつもの通り社交辞令は一切抜きで申してフレッシュな志の塊である。おそらくは支持母体の関連の部会、あるいは派閥の会合などで多忙を極めておられるのだろう。

そうと知りつつわたしは、同期だからこそみなさんの前で思い切って申しあげた。

「国家の基本に取り組む部会にも、もっと出て頂けないでしょうか」

「いや、一回、出ましたよ」という答えが複数あって、わたしは、同期の議員たちの忙しさをあらためて思った。しかし一回では、一回出てみてそこまでだったということに、むしろなりかねない。

有権者の課題

それにしても、こうしたありのままの議員活動がほとんど何も国民に知られていないのは一体どうしたことだろうか。

官房副長官（当時）の言葉に表れているように、積極的に国益のために一身を削るようなことは何もしないで、再選を果たすことをはじめ、おのれの利益に繋がることだけをやり任期を消化していく議員もいる。一方では、閣僚まで務めたベテラン議員でも、国民にも選挙民にも知られずとも黙々と国益のために献身している議員もいる。

これらが本来、有権者がいちばん知りたい情報のひとつなのではないのか。

それを有権者が把握できないのは、まずもってオールドメディアの責任だ。政治記者をかつて務めたわたしにも消えない責任がある。

議員自身の責任も、もちろんある。わたしは二重責任である。

そしてさらに有権者の課題でもある。

国会に出てみて、選挙民に利益誘導を求められている議員がいかに多いか、与野党を問わずにそうであることを、これもあらためて痛感している。それなら、国益にはなっても地元利益に繋がらない活動については議員は言いたがらないだろう。

いちばん根の深い問題は、利益誘導を要求しているのに、それと気付かない場合も少なくないということだ。利益誘導とは、地元に高速道路を引いてくれ、新幹線の駅を造ってくれというようなお馴染みの話とは全く限らない。自分の好みの議員になってくれというのも、一種の私利への誘導である。これは日本に限らない。世界共通の民主主義のコストだ。

このことは実は、西暦二〇一六年のアメリカの大統領選挙と深く繋がっている。

まずトランプさんがどういう人物かを考えるのは、そう難しくない。

自分、エゴの利益になることは何でもするし、そうならないことは決してしない。すべて自分が基準である。

これはアメリカの実業人のなかの一つのタイプだし、日本にも居る。居るが、アメリカの方がはるかに多い。日本では、会社の利益になることは何でもするし、そうならないことは決して、とはまでは言わないが出来るだけしたくない……という実業人が多数派だ。

しかしアメリカの経営者には、会社も従業員も自分のため、という人が少なくない。

アメリカは必ず、甦る

トランプさんが選挙中に吐いた暴言と言われる言葉の数々は、この人とビジネスで付き合ってきた日米の実業人がふだんの彼から聞いていた言葉のまんまである。

アメリカは、経済界をはじめエゴの社会だと思われがちだが、実は政治の世界は違う。たとえば南北戦争を指導したリンカーン大統領は、いわゆるインディアン（もともとアメリカに住んでいた民）へのあまり知られていない虐殺命令も含めて、公益のためと信じたことはおのれの不利になることでも遂行した。

そのリンカーン大統領が西暦一八六五年春、観劇中に撃たれ暗殺されて、むしろそれによって永遠の英雄、指導者となってからまだ百五十一年しか経っていない。日本ではちょうど明治維新の頃である。

だからまだアメリカ政治には「公のためにこそ」が残っていて、ヒラリー・クリントン候補もそれを掲げつつ、チャイナマネーを含め巨額の不明朗なカネを夫婦の財団を通じて受け取った疑惑、国務長官の時代にカネを持ってきた相手に便宜を図った疑惑、その疑惑を隠すためなのか長官時代にEメールを私的なサーバーを通してやり取りした疑惑、これらを抱えていたから「偽善はもういい」と有権者が離れた。

エゴはエゴと偽善抜きに、はっきり言って、それによって「ほんとうはあなたの給料が高すぎて移民に仕事を取られていても、ほんとうはあなたの働きが悪すぎて移民に仕事を取られていても、とにかく移民をメキシコなどに追い返して、あなたの仕事を取り戻す」と、みんなのエゴを満たしてくれそうなトランプ候補に期待したのである。

トランプ当選は、実はアメリカ政治の百五十年ぶりのリンカーン離れ、原点の喪失である。

日本は平成三十年、西暦二〇一八年に明治維新から百五十年を迎える。

そこから仁徳（にんとく）天皇の故事が静かに、雄弁に語る、日本の原点へ戻ることも目指したい。

日本の原点とは何か。仁徳天皇はご自分の食事が粗末になることよりも宮殿の雨漏りよりも、民の竈から夕餉の煙が上がらないことを心配されて税を取るのをおやめになったという。それは「公のため、人のために生きる」という哲学、国家理念である。

復古主義では全くない。アジア・オリジナルの民主主義に基づく国の創建という、もっとも新しい試みに繋がる。

アメリカは建国の精神をいったん捨ててエゴの泥に墜ちて、壊れる。それは、アメリカが造った戦後世界の解体である。

しかしアメリカは必ず、甦る。

さぁ、日本の民の出番

アメリカ大統領選挙の直後、日本の財界人に聞かれた。「トランプは泡沫じゃない、ヒラリーはとことん弱い、アメリカは大統領選で壊れるとあなたは言った。その通りになった。これからどうなるんだ」

わたしは「最終盤ではヒラリーの票がわずかに多いのだろうとぼくも内心では思いましたよ。実際、総得票数と得票率はヒラリーさんが上だった（ヒラリー約六千五百八十四万票、得票率四八・二％、トランプ約六千二百九十八万票、四六・一％。実にヒラリーさんがおよそ二百八十六万票も多い）。各州で選挙人を決めるというアメリカの連邦制のおかげでトランプ大統領になっただけです」とまず述べてから、「アメリカはいったん壊れても立ち直ります」と断言した。「ほお、なぜ」と聞く財界人に「日本はあなたのいらっしゃる民間の経済界ですら、官主導です。ほんとうは官主導と言うより民が官に甘えて、縋って、もちつもたれつです。しかしアメリカは、見事に民の主導です。政治が危機なら、民の力で国全体を立て直そうとする。アメリカが立ち直ってきたときに、日本がどうなっているか。それが焦点です。アメリカより日本です」と答えた。

私事ながら、身近な具体例をひとつ挙げたい。

アメリカが毎年十二月にサンフランシスコで開く世界最大の地球物理学会「ＡＧＵ」（American Geophysical Union アメリカ地球物理学連合）は、わたしを海洋科学分野の招待講演者に指名して、日本の自前資源メタンハイドレートについて講演させた。慶大文学部、早大政経学部に学んだわたしは、日本社会の分類では文系であり、大学院に行っていないから博士号も無い。それが理系の最高権威の学会で発表することなどあり得ない。

しかしアメリカでは、そんな分類など意に介さず、ただわたしのドラフト（発表の概要）を見て、その中身（サブスタンス）だけを客観的に判断する。

これが民（みん）の自在な発想である。

日本は国会議員の活動もなぜ、真っ直ぐに有権者に伝わらないか。ふだん、お上に支配され、実は依存しているから、こころの奥では公職への憎悪めいた感情も膨らむ。それが目を曇らせる側面もあるのではないだろうか。

さぁ、日本の民（みん）の出番だ。

これから国会議事堂まえの銀杏（いちょう）が美しい色合いの季節になる。議事堂あたりを散策し、国会審議も傍聴し、祖国を考えませんか？

不肖（ふしょう）わたしは先日、経済産業委員会で初質問を終えた。この話はまたいずれ。

九の章

初陣は朗らかに

今回は、すこし悩んだ。書くべきか、書かざるべきかである。

と申すと、国家の重大な機密を国民にお伝えすべきかどうかの問題だと即、お考えになる読者もあるだろう。それは実は、さほど悩みません。

いち民間人の時代から、インテリジェンスや、歴代の総理を含めた指導者たちとの議論を通じて機密事項に触れる機会もあった。

だからこそ、ささやかな発信に盛り込むか、棺桶の中に持っていくか、きっちり捌くルールをおのれのなかで克明に練り上げてきた。わたしごときの発信でも、これは大切だ。

今回の悩みは、はるかに次元の低いことである。

前章の末尾にこう記した。

『さぁ、日本の民の出番だ。

これから国会議事堂まえの銀杏が美しく輝く季節になる。議事堂あたりを散歩し、国会審議も傍聴し、祖国を考えませんか？　わたしは先日、経済産業委員会で初質問を終えた。

この話はまたいずれ。』

「またいずれ」と書いているが、国会審議は生ものである。時を置かず鮮度が落ちていく。

だからわたしは当初、今回の原稿でそれを全公開すると内心で意気込んでいた。

ところが、いまや議事録はすべてネットで参院事務局がさっさと公開なさる。「澄哲録片片」の読者には若い人も多く、同じものを記したのでは、その人々には読むところが無くなる。と、記したがとんでもない。高齢者もどれほど見事にネットをフル活用されるようになっているか。

不肖わたしの初質問は、多くの読者にとって、もうとっくに全容をご存じのことなのだ。

それでも、ご存じないかたも居る。やはり本章で書くべきではないか。さぁ、どうする。

わたしは院内（国会内）でせっせと各種の常任委員会、特別委員会に出て、国対（院内の一角に置かれた自由民主党の国会対策委員会）には早朝、一番乗りし、党本部で朝八時に開かれる部会についても必ず毎回、未明四時五分から自宅でアメリカの当局者らと議論するなど準備したうえで参加して発言し、同僚議員と官僚群に向けて僭越ながら問題提起を致し……このようにしながら頭の隅で、今回の原稿をどうするかを考えていた。

加速する世界の自壊

一方、院外（国会の外）では世界の自壊がどんどん加速する。

たとえばアメリカには天皇陛下がいらっしゃらない。だから大統領選は為政者だけではなく、国民と国家を象徴する元首も兼ねて選ぶお祭りだ。その大統領選がただの傷つけ合いに堕し、アメリカ社会の公序良俗の根っこを壊した。

その暗い穴に付け込んだのはロシアの諜報機関だ。そのメール・ハッキングによるヒラリー攻撃もトランプさんに有利に働いた。（ただし、ロシアの助けでトランプ次期大統領が誕生したとするのは嘘だ。もはや破壊を望む広範なアメリカ国民が生んだ）

そのトランプさんは、天才的破壊者である。

オバマ大統領が八年かけて財政を改善したのを一瞬にして打ち壊しかねない超大型減税を約束した。自分のことしか考えないマーケットは狂喜して株価を吊り上げ、まさかのドル高も招き、日本はおこぼれの円安で一息ついた。トランプ効果は凄まじく、いつか来るその反動と代償も大きいだろう。

この稀代のデストロイヤーは、外交でも、米中が互いに細心の注意を払ってきた関係に実に効果的なフックの一撃を繰り出した。

習近平国家主席がいまや殺しても飽き足らない蔡英文・中華民国総統と、電撃の電話会談をやらかした。

西暦一九七九年の米中国交正常化と米台の断交以来、初めてである。ただし、電話をしてもその会話のなかで「経済と安全保障の両面でアメリカにとって台湾は大切」と言うだけなら実はこれまでとアメリカの姿勢は変わらない。

トランプさんはさらりと「政治」のひとことを差し挟んだ。「経済、政治、安全保障において台湾はアメリカにとって重要」。これで米台関係は通常の国交と見かけは変わらなくなる。

習主席の打撃は計り知れない。中国共産党の言うことを聞かない蔡総統が台湾民衆の支持を喪うよう、智略を尽くして工作している。共産党・人民解放軍が胸張って自慢する三戦、すなわち世論戦、心理戦、法律戦に取り組む最中に、蔡総統に反撃の契機をやすやすと与えてしまった。

しかし、いちばん大きな打撃は、これだけ影響のある動きを中国が事前にまったく察知できなかったことだ。

恐怖の宣言

中国は、即座に蔡総統だけを悪者にして烈しい非難をぶつけた。トランプさんに対しては沈黙を守り、出方をじっくり窺っている。そこはさすがだ。狼狽しているのに腰は浮かせない。

だが中国は情報工作が生命線だ。たとえば今わたしの属する自由民主党にも徹底的に三戦の手を入れようとする。ところがアメリカの次期政権には手出しできていないと露見した。

なぜ、できていないのか。トランプ流を把握できていないからだ。

トランプさんは今、新体制の人事に忙しい。しかし外交を担う国務長官はなかなか決めないでいた。対照的に国防長官はさっさと「狂犬」ことジェームズ・マティス海兵隊退役大将に決めた。マティスさんはアフガン戦争をめぐって「誰かを銃の標的にするのは愉しい」と発言し大問題になったが、わたしの乏しい体験でも海兵隊には上から下までこんな人は山のようにいる。それが海兵隊の根幹だ。トランプさんはそれをよく知りつつ海兵隊から初の国防長官を指名し、「俺はマッド・ドッグを選んだぜ」と殊更に強調した。

つまりオバマ政権とはまるで逆に、トランプ政権下では地上戦でもためらわず、米軍を大規模派遣するという恐怖の宣言に等しい。

国務長官決定の遅さも、この国防長官人事を際立たせる作戦にみえる。

総じて軍事・安全保障の布陣は名だたる強硬派を選んだ。軍の存在感もぐっと増した。

これは喧嘩の重視を意味しない。交渉のためにこそ力、暴力をも平然と用いることを意味する。

この手法は、中国にとって手強い。無残なまでに多い実戦経験とハイテクで涵養した米軍の実力に比べると、中国軍はまだ張り子の虎に近い。貿易交渉で中国は一気に軟化するだろう。

日本も他人事ではない。

経済産業委員会での初質問

さて、話を戻していこう。

いま述べたのは、アメリカをめぐる破壊と創造への道程の始まりだ。

世界が準備している破壊はアメリカに限らず、数多い。たとえばもしもフランスでマリーヌ・ルペン大統領が誕生すれば、フランス史上初のこの女性大統領はEUからの離脱を図る。イギリスに続きフランスが抜ければEUは終わりだ。EUではなく、ドイツがユーロ安と東欧の労働者を利用し尽くす、歪んだ新ゲルマン帝国の現出となる。

敗戦国ドイツをめぐるこの情況は、大戦後の体制の終焉を欧州において告げている。

院外がこの様子のなか、いやこうだからこそ、わたしはやはり院内の初陣、経済産業委員会での初質問を記しておきたい。

質問と答弁の全文は、前述のようにネットで分かるから記さない。述べたいのは、背景である。

参議院議員は、参院に置かれている常任委、特別委、そして調査会、それぞれひとつだけしか所属できない。もちろんすべて傍聴はできるし、代理で審議に参加することもある。だが正規の所属はひとつだ。

参院議員の任期が西暦二〇一六年七月下旬に始まるとき、希望を聞かれたので「常任委は経済産業委、特別委は拉致問題特別委、調査会は資源エネルギー調査会」と答えた。わたしは信念をもっていかなる派閥にも属さないので、この希望が無視される怖れを考え、実現するよう努力はした。

蓋を開けてみると、特別委、調査会はいずれも実現した。わたしの希望したのが不人気の会、早い話が票に繋がらない会だからだ。一方で、票に繋がる分野もあるから大人気の経産委からは、外されていた。

わたしが経産委を希望した理由のなかに、次の選挙の票狙いは皆無だ。わたしは後援会も作らず、次の選挙の準備はしない。政治献金、寄附を一円たりとも受け取らないのと表裏一体である。命もカネも虚名も位も要らないのが、ほんらいの国会議員だと考えている。人には決して押しつけない。おのれは実行する。

日本が建国以来初めて本格的に抱擁する自前資源であるメタンハイドレートを発見し、それを国際常識のとおりに実用化しようとしてきた。「資源は海外から買えばいい。それで万事うまく収まってきたんだ」という既得権益に対峙し、民間の専門家として戦いに戦ってきた。

したがって経産委でメタハイ、熱水鉱床、レアメタルなど自前資源をめぐって必ず質問せねばならない。

漠然と議員になったのではない。

まずは拉致被害者を祖国へ取り戻し、硫黄島（いおうとう）をはじめ英霊を内外の各地から故郷に取り戻し、脱・資源小国を達成し、日本農業をもはやお荷物にせず輸出力の豊かな成長産業にし、沖縄のように日本国民が分断されていることを超克（ちょうこく）し……今すべてを挙げきれないが、こういった具体的な目標があってこそ、これまでの人生を壊してぎーん（議員）となった。

だが党は、わたしを経産委には入れず、これもわたしの専門分野として多少は知られている外交と安全保障に関連して、参院外交防衛委員会の所属とした。

「外防」もほんとうはやりたい。しかし、ひとつだけという決まりである。

祖国の画期的な新しい挑戦

本格的な国会審議が始まるまえに内定を覆（くつがえ）さねばならない。無派閥のぎーんには、縋（すが）る親分衆がいない。そこで一年生議員には敷居の高い幹事長室を直撃することにした。誰を訪ねてよいか分からないので、政府内の良心派と協議して、志ある参院幹部を紹介してもらった。

初対面のこの議員は、日本海沿岸の地元紙の記者出身だ。

わたしたちが私財を投じて、といっても財産は無いから借金を重ねて、日本海から表層型メタンハイドレートという新資源を実際に採りだし、過疎に苦しむ日本海側に資源産業を勃興（ぼっこう）させようと悪戦苦闘してきた客観事実を話せば、分かってもらえるのではないかと思った。

そして、この参院幹部のひとりは経産委に属する議員、それも同期当選の若い議員を紹介してくれた。彼が外交防衛委に転じてくれたおかげで、わたしは遂に経産委で質問する権限を得た。そして議員の任期の開始から三か月半で思いがけず、早い初陣（ういじん）がやって来た。

十一月十日木曜の朝、委員長の「質問を許します」の声に「委員長！」と手を挙げて応え、「青山繁晴君」と指名されて、こう切り出した。

「みなさま、おはようございます。自由民主党の青山繁晴です。

　わたしは、これが国会での初質問となります。党利党略のためでなく、ただ国益のためにこそ不肖ながら質問いたしますので、どうぞよろしくお願い申しあげます」

　質問時間はたった二十分しか無い。それも政府側の答弁時間も入れての二十分だ。冒頭のこの言葉を入れるかどうか、かなり考えた。しかし、わたしなりの国会活動すべての原則を宣（せん）するのと同じだから、入れた。対面している共産党の議員たちが、ちょっとポカンとした表情で聴いているのが印象に残った。

　質問を続けた。

「わたしは、今回のＪＯＧＭＥＣ（ジョグメック）法の改正、すなわち独立行政法人石油天然ガス・金属鉱物資源機構をめぐる法改正について、祖国の画期的な新しい挑戦として断固支持いたします。しかし、それはわたしが与党議員だから申し上げるのではありません。一つには、国会に出るまで、専門家の端くれとして、例えば地球物理学の国際学会でエネルギーに関して学会発表を行ってきた、そういう知見に基づく、あえて申せば客観的な支持であります。

もう一つには、昨日のアメリカ大統領選挙の結果は、先の大戦後につくられてきた世界の終わりを意味するからです。大戦の真の勝者はアメリカのみであり、敗者はわたしたちでありました。以来、七十一年余りにわたって、わたしたちは戦争に負けて、しかも資源のない国、その国民に甘んじてきました。資源エネルギーで申せば、戦勝国アメリカの支配する国際メジャーの言うがままに高値で主として中東から買い付けてきました。次期大統領に就任されるトランプさんにおかれては、中東政策についても、選挙中に自らを支援してくれたロシアのプーチン大統領に接近し、中東政策を変えてくる可能性も十分にあると思います。そうした中ですから、日本はこれから自前の資源エネルギー政策を持ち、自前の中東政策も持たねばなりません。

そこで、世耕（せこう）大臣にお尋ねします。

ＪＯＧＭＥＣが（これまでの役割を拡大して）実質的に国民の税も投じて（中略）資源のいわゆる上流に位置する日本企業を育てられるよう法改正するということは、分かりやすく言えば、和製メジャーを育てることを目指すということなのでしょうか。

もしもそうであるなら、どのような新しい国家戦略、いや、むしろ戦略論だけではなくて、どんな新しい国家の哲学を構築されつつ和製メジャーを目指していかれるのか、それを大臣にお聞きします」

世耕弘成経産大臣は、「欧米メジャーと対等に競争していける中核的企業を形成をしなければいけない」と強調し、「今、油価が下がっています。下がっている今こそ権益を獲得するチャンスだと、この差を埋めて権益を獲得していくために差を埋めていくチャンスだというふうに思っておりまして、まさに青山先生ご指摘の中核的企業、和製メジャーの育成支援も今回の法改正の大きな狙いの一つであります」と答弁した。

和製メジャーへの挑戦

わたしは再び立って、問うた。

「出るのかな出ないのかなと思ってお聞きしていたら、最後に和製メジャーという言葉が大臣の口から出まして、非常に勇気付けられました。

次は井原巧政務官にお聞きします。

実は、この和製メジャーへの挑戦というのは、本当は初めてじゃないと思います。JOGMECの前身であります石油公団が行き詰まって解体されるとき、平成十五年に総合資源エネルギー調査会が打ち出した方針を改めて見てみますと、この石油公団も、ばらばらな資産ですけれども集めれば準メジャーに相当するぐらいはあると。それを解体するに当たって、新しくナショナル・フラッグ・カンパニー、国力を集中的に注入するエネルギー企業をつくるんだということが盛り込まれていますね。

その後、JOGMECが創立されてもう十二年になるわけですけど、では、その十二年の間、なぜこの和製メジャーへの挑戦ということが達成できなかったのか。できなかったのは事実ですから、この十二年の間からどんな教訓を酌み取られて、何を変えて見果てぬ夢でありました和製メジャーに挑戦されるのか」

井原政務官は石油公団の時代、それを解体したあとの反省点を挙げ、改善策を述べたが、いずれも常識的な範囲にとどまっていた。わたしは一例として、官民のフェアな連携による業界再編を強く促した。

政務官からは「業界再編が国際競争力強化につながる」という答弁が出てきた。

わたしは壁の時計を見ながら、メインイベントに最後、踏み込んだ。

既に確認された自前資源

「資源エネルギーは必ずベストミックスを目指さないといけないと思います。そこで、日本の自前資源の開発についても大臣にお願い、いや、お尋ねしたいと思います。お願いではありません、お尋ねしたいと思います。思わず本音が出ました。

わたしたちは長年資源のない国だと思い込まされてきましたが、実際には、凍った天然ガスでありますメタンハイドレート、あるいは熱水鉱床、レアアースを含むレアメタルといった自前資源の存在が既に確認されています。中でも、燃える氷と呼ばれるメタンハイドレートは、アメリカ、中国、インド、ロシアを始め世界が注目する新資源となりました。これを実用化することは、JOGMEC法改正で取り組むところの在来型の資源エネルギーをめぐる新しい取引においても交渉力を日本が持つことにつながります。

このメタンハイドレートには二種類あります。主に太平洋側に賦存する砂層型のメタンハイドレート、つまりこれは砂と混じり合ったタイプですね。それから、主に日本海側の表層型メタンハイドレート、これは海底の表面に白い塊が露出していたりする純度の高いものです。

政府はこれまで主として太平洋側の砂層型に注力してきましたが、表層型メタンハイドレートは日本海側に多く存在しますから、過疎に苦しむ日本海側に、日本には決してあり得ないはずの資源産業を勃興させる可能性があります。そのために、青森から山口まで日本海側の十二府県による日本海連合も結成されて、地元の期待も大変高まっています。

この表層型は、先ほど述べましたとおり日本海の海底の表面に露出しているものもあって、砂と混じらず純度が極めて高い特徴があります。この特徴のために、日本海の海底からは、すみません、委員長、ちょっとぼくの手元を見ていただきたいんですけど、これが海底だとしますと、こういうような形の柱がたくさん実は立ち上がっています。これは平均でスカイツリーぐらいの高さがある、つまり六百五十メートル前後の平均の高さがあって、ちっちゃいものでも東京タワーぐらいあります。この巨大な柱というのは、実は全部メタンハイドレートの粒々（と気泡）です。したがって、これが海面近くで溶けてなくなってしまう前にそれを採取すればかなりの量が、実は近未来の技術じゃなくて現在の技術でも採取が可能だと思われます。

　そうやって採取したメタンハイドレートから天然ガスを取り出して（中略）例えば象徴的な小さな発電システムを作って、地域で灯火（ともしび）をともす。あるいは天然ガスでバスを走らせることもできます、既に天然ガスで走るバスはありますから。このバスを、例えば先ほどの日本海連合の十二府県の県庁所在地、青森、秋田、山形、新潟、そして富山、金沢、そして福井、そして京都、神戸、さらに鳥取、松江、山口、こういう県庁所在地の公営バスとして走らせたり、あるいは先ほど言いました（中略）メタンハイドレートで電気がついている（小型発電所）、それを過疎に、過疎というか人口崩壊に苦しんでいる町や村にセットアップすれば観光資源にもなります。（中略）一つの具体的な提案として、できれば、世耕大臣、お答え願えますか」

世耕大臣は「このメタンハイドレートについては、青山委員は大変専門家でいらっしゃって、独立総合研究所社長として、わたしも一議員として何回も青山委員からレクチャーを受けて勉強をさせていただいています」と答えたうえで「表層型メタンハイドレートについては、少しスタートは遅れましたけれども、平成二十五年度から二十七年度の三か年で資源量の把握のための調査が実施をされました。その結果、表層型メタンハイドレートが存在する可能性のある、今おっしゃっていた煙突状になっているガスチムニー構造と呼ばれる海底の地形を千七百四十二か所確認をしたところです」と述べ、「ただどうしても、この表層型の場合、ガスチムニーごとにメタンハイドレートの分布が異なるとか、あるいはどうやって回収するかという手法がまだまだ確立をされていないとか、いろいろまだ問題点がありまして、エネルギー資源としての有用性を何か方向性を持って今決めていくのはまだちょっと早いかなというふうに思っております」と答弁した。

闇に光が射した一瞬

この答弁にたった今、直面している課題が露呈した。

わたしは立ち、こう述べた。

「質問の予定項目にないんですけれども、今大臣がガスチムニーということを仰って（中略）実は、そのガスチムニーというものと、さっき申しましたメタンプルームは別物です。ガスチムニーというのは、チムニーという言葉を使うから、煙突です、煙突という言葉になっちゃうので、柱のように立ち上がっていると誤解されるんですけど、この場合のチムニーというのは（地層の中で）もわもわと広がって出ているようなものをいうのであって、ガスチムニーの場合（中略）掘削しないといけないんです。海底下の掘削技術というのはこれからですから、仰ったとおり、まだ時間が掛かると思います。

わたしが今、問題提起というか提案しましたメタンプルームというのはそのチムニーとは別物で、さっき申しましたとおり、粒々が海底から立ち上がっている柱状のものですから（中略）粒々が上がってくるので、これを捕集すれば、海底を掘削するような困難な技術を使わずとも一定量は実際に捕集できます。

実は、捕集実験もいたしました。もちろん、利害関係、関係なくいたしまして、国立大学と連携してそれを進めてきたわけですけれども、その量は、試しに取っただけですからもちろん大したことはありませんけれど、その量だけで実はバスを走らせたり、小さなミニ発電所を作ったりすることができるという問題提起でありますので、最後、これは突然のお尋ねですけれども、僅（わず）かなものを使って国民の意識を変えていただく、資源がないんだという思い込みを取りあえずみんなで卒業していく、そのことについて最後、お答え願えますでしょうか」

大臣はこう答えた。

「このプルームも非常に可能性がある。もう既にぷくぷく泡が出ているわけですね、ガスが出ているわけですから、（中略）しっかり実用化へ向けて研究開発を進めてまいりたい」

経産省が特定の学者に依存し、その学者は自分の特許ではないメタンプルームの存在を根拠なく全否定して、「チムニー」だけを強調するという挙に出たことが背景にある。多くの研究者、学者がこれに苦しんできた。その闇に光が射した一瞬だった。

十の章

打ち破って、護る

窓の外の古戦場、関ヶ原はすべてが雪である。雪はひとびとに災害ももたらしつつ、今はあふれる陽を浴びて輝いている。これが世界だ。光と闇はいつも隣り合わせである。

この原稿を、一月半ばの新幹線の車中で認めている。長丁場の通常国会の幕開きまで、あと数日だ。京都へ向かっている。初めて開いた個展に顔を出すためだ。

「現代アートに挑戦する青山繁晴展」と題したこの個展は、恐縮至極にも、たくさんの方々を驚かせた。

わたしは去年夏の選挙で、まさかの出馬に踏み切り参議院議員となったあとに、FMラジオでまさかの音楽番組を始めた。大まさかに小まさかである。そして今度は初めて美術でも世に問うた。

国会議員の公務のほかに、作家、東京大学と近畿大学での教鞭、それから外交、安全保障、危機管理、資源エネルギーの各分野での専門家の端くれという、ささやかなりに幾つかの職務があることを知る人は居らっしゃるだろう。しかし音楽と美術でも仕事をすると予測なさったひとは居ないと思う。

それも音楽、美術、いずれも幼い頃から文学とともに触ってはいても、仕事の一つとしたのは議員になってからである。

選挙のためではない。わたしは後援会すら作っていない。

では一体、何のためか。

一年生議員となって半年、国会では毎朝、与党の誰よりも早く登院し、朝八時からの自由民主党本部の部会もどれほど多忙でも全参加することを続けてきた。これからも議員の任期ある限り、続ける。内閣や与党のあり方についても厳しく直言する以上は、おのれに厳しくあるのが自然な義務だ。

自由民主党の古参議員に、「青山さんは専門家だから党の部会など馬鹿にして来ない、国会も合理的に、上手に来るだけだろうと実はみんなで、こっそり言ってたんですよ。まるで逆なので吃驚（びっくり）した」と言われ、わたしが黙って微笑していると「まるで一年生議員みたいだよね」と仰った。

わたしはまさしく、その一回生議員だった。しかし古参議員は皮肉を仰ったのではない。

思わず口を突いて出た言葉だということが伝わり、ほんとうに可笑しかった。

また、政治献金も寄附も一切、受け取らない。まったく合法であってもすべて辞退している。わたしに相続遺産は無い。なぜそうするか。活動に必要なお金は、世の普通のひとびとと同じように自ら働いて得る。

「戦う画廊」

政治は、狂気も交錯する世界である。そのなかで強大無比の官僚機構に対峙し、不動の指導力も発揮せねばならない。放っておけば、本来の自分とも、国民ともかけ離れた怪物、異物にもなりかねない。

それは、共同通信政治部の記者だった時代に、取材を通じて知っているつもりだった。ところが思いがけず当事者になってみると、いやいや、桁が違う。政の世界で正気を保つのは簡単ではない。宮澤賢治が冬の田畑を歩いて土を人知れず調べたような隠れた、地味な努力が、正気でいるには不可欠なのだ。

そのうえで、ひとつ、ごくごくささやかな問題提起がある。

政治と選挙しか分からない国会議員で、よいのだろうか。

ぼくらの祖国、日本は、深い文化の邦である。

たとえば宗教文化は、インドや中国から朝鮮半島を渡って伝わり来て、日本で太平洋にぶつかった。もはや伝来していくより、ここで深掘りするしかない。わたしは欧米の政府当局者と軍人らに「digging」と説明してきた。dig、ディグ、掘る。中国の寺を訪ねると、乾いている。朝鮮もそうだ。しかし京都の詩仙堂を訪れると、ありのままに潤っている。深掘りした思念の井戸から、光も闇も淡く、濃く立ち昇るからだ。

この文化をめぐってもプロの域に居ようとしなければ、ほんとうの日本の議員になり切れないかも、と勝手に考えている。他の議員がどう考え、どうなさるかは干渉しない。ただ、わたしは誠に不肖（ふしょう）ながら、こう致します。

個展を開いた京都祇園（ぎおん）の画廊、大雅堂（たいがどう）を、これも勝手に「戦う画廊」と呼んでいる。

ご主人の庄司惠一さんは竹林の賢人のような雰囲気を持つお人で、「東京藝術大学をはじめ日本の美術界はケシカラン」と仰る。その主張を読み解けば、こうだ。

師範と同じような絵を描くことを教え込むばかりで破壊が無い。破壊が無ければ、前進は無い。前進が絶えれば芸術は死ぬ。

そう解釈して、わたしは強く共感し、現代アートを積極的に展示する大雅堂を称賛していると庄司さんは突如、「では、青山さんもやりなはれ」。京都の人は大胆なことを言う。わたしも受けて立ってしまって、かねて秘かに考えていたことを実行した。それは、言霊（ことだま）が動き出してモノに取り憑（つ）くとどうなるかという実験である。

そしていざ、個展を開いてみると意外な展開となった。

現代アートとは、十人が見てくれると九人が怒り、批判し、呆れて、残り一人が「うーん、よく分からないけど、なぜか面白い」と言ってくれて、そこから創造が始まるものだと考えていた。ところが目を疑うほど沢山のひと、そして作品の前にずっと佇（たたず）んで涙しているひと、わたしの下手くそな作品にすら豊かに反応なさるみんなの心の秘めた熱さに感嘆した。

しかし、本稿ではこれ以上、述べない。美術は直に触れてほしい。仕事の一つとする以上は、次回も開く。

ここまで述べたのは、ひとつには日本国の議員とはどんな存在であるべきかを一緒に考えたかった。

そしてここからは、古きを護るためには何をすべきかということを一緒に考えたい。

日本でいちばん短い法律

元号がいずれ変わる。

それも、一年前までは想像も付かなかった形で変わる。

日本でいちばん短い法律は何か。それが元号法だ。

1　元号は、政令で定める。

2　元号は、皇位の継承があつた場合に限り改める。

これだけである。第2項の「皇位の継承」とは基本的に天皇陛下の崩御を想定していた。

ところが今、今上陛下がご譲位なさり、太上天皇、通称で申せば上皇となられる可能性が生まれ、それに伴って皇太子殿下が第百二十六代天皇陛下に即位されるときに新しい元号が政令で定められる方向が強まりつつある。

これは実は、元号の決め方について想像以上に大切な変化をもたらす可能性がある。

崩御に伴う新元号の制定であれば、制定の準備を公開して進めることは、できない。

法律には、そんなことは書いていない。この短さであるから。

しかし公開で準備すれば、国民の悲しみの日を迎えることを前提にするという、日本文化の根幹を傷つけることになってしまう。

一方で、その日を迎えてから制定を準備するのでは、まったく間に合わない。

したがって昭和から平成への移行は、すべて国民に隠して準備された。

元号法が初めて制定されたのは昭和五十四年、西暦で言えば一九七九年である。では、それからちょうど十年後の西暦一九八九年に昭和天皇の崩御という歴史の転換が起きるまでに水面下で何が行われていたのか。その経緯はいまだ、隠されたままなのである。

ここで、言ってはならないことを断言する。

わたしは、この隠された経緯のことごとくを知っている。知悉（ちしつ）している。

それなりの証拠はある。昭和天皇の崩御をめぐる隠された事実を『平成紀』という純文学分野の小説に記した。この小説を読まれた少なからぬ当局者や関係者から、どんな細部に至る部分についても真実だという告白をいただいた。

このひとびとが、当時のわたしの地を這（は）う取材を身近に知っているからこその証言であり、あれから四半世紀を超えて時が過ぎ、命が尽きていくことを深く自覚された人もいるための遺言でもある。

本稿ではここから、その隠された事実の一部をまずは記す。しかし、それだけではない。

事実を国民に明示することに基づいて、たった今の提案がふたつある。その提案こそを、どうぞじっくり考えていただきたい。

なぜ、元号法だったのか

提案を示すのは後にして、まず真実の経過である。

日本が元号という文化、すなわち政と徳を合体させようとする文化を持ったのは、飛鳥時代が最初だ。孝徳天皇が改新の詔を発せられ、政治の大改革が断行された。このとき「大化」という元号が初めて定められ、時代を画した。大化の改新である。

以来、二百数十回の改元を重ねてきた。天皇陛下が崩御されたとき、あるいは皇位継承があったときだけではなく、たとえば大災害を乗り越えたいとき、陛下と国民の慶事があったとき、自在に元号は改められ、ルールも法も無かった。

その歩みを最初に変えたのは、明治政府だ。明治に改元すると同時に「一世一元の詔」を発した。皇位継承と共に改元し、崩御されると新元号へ改める。

これを法律にしたのが、前述の元号法だ。法によってのみ改元できることにした。

郵 便 は が き

62円切手を
お貼り
ください

101-0003

東京都千代田区一ツ橋2-4-3
光文恒産ビル2F

(株)飛鳥新社　出版部

『ぼくらの哲学2 不安ノ解体』
読者カード係行

フリガナ	性別　男・女 年齢　　　歳
ご氏名	
フリガナ	
ご住所〒 TEL　　（　　　）	
ご職業　1.会社員　2.公務員　3.学生　4.自営業　5.教員　6.自由業 7.主婦　8.その他（　　　　　）	
お買い上げのショップ名　　所在地	

★ご記入いただいた個人情報は、弊社出版物の資料目的以外で使用することはありません。

このたびは飛鳥新社の本をご購入いただきありがとうございます。

今後の出版物の参考にさせていただきますので、以下の質問にお答えください。ご協力よろしくお願いいたします。

■この本を最初に何でお知りになりましたか

1.新聞広告（　　　　　新聞）
2.webサイトやSNSを見て（サイト名　　　　　　　　　　　　）
3.新聞・雑誌の紹介記事を読んで（紙・誌名　　　　　　　　　　）
4.TV・ラジオで　5.書店で実物を見て　6.知人にすすめられて
7.その他（　　　　　　　　　　　　　　　　　　　　　　　）

■この本をお買い求めになった動機は何ですか

1.テーマに興味があったので　2.タイトルに惹かれて
3.装丁・帯に惹かれて　4.著者に惹かれて
5.広告・書評に惹かれて　6.その他（　　　　　　　　　　　）

■本書へのご意見・ご感想をお聞かせください

■いまあなたが興味を持たれているテーマや人物をお教えください

※あなたのご意見・ご感想を新聞・雑誌広告や小社ホームページ上で
1.掲載してもよい　2.掲載しては困る　3.匿名ならよい

そのとき、すでに昭和天皇のご健康に不安が生じていたのではない。ではなぜ、元号法だったか。

やがて必ず来る皇位継承について、日本の悠久の歴史に無かったことがひとつだけ、あった。それは神道を全否定する憲法の下にあるということだ。

本来は、崩御に伴う大喪(たいそう)の礼も即位の礼も、そして改元もすべて、神道とともにある天皇陛下のご存在に発し、そして帰するものだ。それを外国軍の占領下で定められた憲法に合わせねばならない。

ほんとうは真逆だ。国を憲法に合わせるのではなく、尊い伝統に立つ国に憲法を合わせねばならない。

それはウヨク？

わはは。

地球上のすべての国の、もっとも普遍的な大原則だ。右も左もない。

ところが当時の自由民主党政権は、あろうことか憲法に伝統を合わせてしまおうとした。

崩御を悲しむ葬列が大鳥居をくぐるまでは神道色を排除して国家の行事とし、大鳥居をくぐったあとは天皇家の「私的行事」として伝統のままの行事に戻すといった「工夫」を重ねた。一連の祭事、行事の分断である。

わたしは政府高官らの懐深くに食い込んだ記者として、その苦悩の歩みを間近に見て、見るだけではなく共に考え抜いた。

憲法改正を願っても、とても昭和の終わりに間に合わないと考えたのは、よく分かる。

しかし、これからもそれでいいか。そこが肝心だ。

根本の問い

日本国憲法によって持ち出された「象徴天皇制」は極めて安定している制度だと、わたしたちは教育とオールドメディアによって刷り込まれてきた。

では、今上陛下がビデオメッセージの形を借りられた勅語（ちょくご）によって、政府が置くことのできるはずの摂政（せっしょう）を退けられ、行政によるご公務の削減も退けられたのは、単なる象徴としてのことに留まるだろうか。明らかに政治・行政に影響を与える。

陛下におかれては、まったくその意図はお持ちではない。

問題は、象徴天皇といいつつ象徴とは何なのか、憲法第一条にある「（天皇陛下の）地位は、主権の存する国民の総意に基く」の「総意」とは何か、どうやってその総意をまとめ、あるいは民の総意であるといかにして確認するのか、何も定めが無いことだ。すなわち象徴天皇とは、中身を詰めずに空洞にされたままの不安定な制度に過ぎない。

陛下の異例のビデオメッセージによって、その実態がわれら日本の民、主人公の前に晒（さら）されたことを、しっかりと活かすのが大御心（おおみごころ）に沿うことではないだろうか。

平成という現在の元号が定められていくとき、そのような根本の問いはまったくなされなかった。だから時の自由民主党政権、具体的には大平内閣、鈴木内閣、中曽根内閣のやったことは、こっそりと官僚を学者のところへ派遣し、元号案の考案を依頼する隠密行動だった。

その学者たちは原則すべて漢籍に通じた学者、すなわち中国の古典が専門の人ばかりであり、日本の新時代の元号なのに中国の古典から採った案のみとなった。

これは、先例に倣うだけとなったからだ。すなわち、現在の仮憲法ではなく正憲法の制定を促すような国家の哲学、理念を樹立しようとしなかったからだ。

中曽根内閣の末期に、昭和天皇が難しい癌を病まれていると分かった。中曽根康弘総理に後継だと指名された竹下登総理は、中曽根さんの言いつけ通りに改元の仕上げに入った。

「次の元号は何か、それを抜いてくれ」。特ダネとして新元号案を把握せよという無茶な特命を受けた記者だったわたしは、元号の考案を委嘱された学者を次々に特定していった。

そのうちのひとり、京大名誉教授の貝塚茂樹さんは、今上陛下の皇太子殿下だった当時に身近な家庭教師を務め、もっとも有力な考案者の一角だった。

「平成」に決まった背景

わたしは秘された記録から、貝塚先生が内閣に「文思」、「天章」、「光昭」の三案を提出したこと、そのなかで「文思」をもっとも推したことを把握した。

ところが貝塚さんは亡くなった。亡くなると、その人の案は縁起が悪いとして使えない。そんなことは元号法に書いてない。しかし実際には暗黙のルールが厳然と存在していた。

一方で、中曽根さんを含め歴代の総理にはひとつの欲があった。それは陽明学者の安岡正篤さんの案を使いたい欲だった。安岡さんは、戦前の軍人らに心酔者を抱え、昭和天皇がラジオで放送された終戦の詔書（玉音放送）の原稿を仕上げた学者だが、敗戦後は保守の大物政治家たちの背後にいる思想家となった。安岡さんも秘かに「平成」を元号案として内閣に提出したが、昭和五十八年に貝塚さんに先んじて亡くなった。

すると中曽根さんと、その命を受けた竹下さんは信じがたい挙に出た。山本達郎東大名誉教授に「平成」をご自分の案として出してくれるよう頼み込んで、これが実行された。

山本さんが名指しされたのには、これも現在でも伏せられている理由があった。実は安岡案の「平成」には、中国の古典を出典として引き出した二文字として学問上の疑義が秘かに指摘されていた。

その異説が正しいかどうかは別にして、政府は「かりそめにも疑義がのちに出されることがあってはならない。確信を持って二文字の正統性を主張してくれる学者が平成を提出して欲しい」と考えた。

山本先生は、政府との距離が近かった。実父が貴族院議員、敗戦後は参議院議員であり、祖父は日銀総裁だった。それだけではなく、専門が正確には漢籍ではなく越、ベトナムの古典だったから、中国の古典についてさほどうるさいことを言わないという事情があったのだった。

そして昭和天皇の崩御の際の有識者会議には、この平成と、それからいずれも当時、健在だった学者の考案した「修文」と「正化」の二案も並べ、公平な審議を装った。昭和と区別が付かないところが、この会議には「修文も正化もアルファベットがSになる。昭和と区別が付かない。平成はHで混乱がない」と発言するよう政権に言い含められていた有識者が居た。

この発言で流れを作り、あっという間に「平成」が決まり、閣議決定に持ち込まれ、小渕官房長官（当時）が記者会見し、官僚の手で美しく墨書された二文字を掲げたのだった。

元号は、国民生活に直接、深く関わる。それだけではなく日本の伝統をこれからどうやって維持するかにも強く絡む。

その新元号が、次回もこうやって主権者、国民の与り知らぬまま決められていっていいのだろうか。

昭和から平成への移行は、昭和天皇のご病気から崩御の予測という、公開情報としては語るわけにいかない事態の進行とともに準備せねばならない、その事情はあった。

だが今回は、陛下の崩御ではない。ご健在のまま、大御心としてのご譲位に基づく、改元である。

したがって元号案を広く国民から公募すべきと考える。

これが提案のひとつだ。

その際、中国の古典を出典とすることへのこだわりを捨てることを明言すべきだ。

日本には、古事記、日本書紀から万葉集、枕草子、源氏物語と広く柔らかく、世界最高水準の古典が溢れるばかりに存在する。

ブリテン島にノルマン人が野蛮な武器で侵入し、現在のイギリスの歴史がようやく始まる同時代に、日本では源氏の優美な世界が展開していた。

そこから、まさしく新時代の元号案を得てはどうだろうか。

しかも漢字二文字でなくても、まったく良い。ひらがなという雅(みやび)の文字を採用することもあっていい。

こうした発想の転換は、学者が暮夜(ぼや)、漢籍を紐解きながら孤独に考案するより国民から募(つの)る方が、ずっと豊かに行われるだろう。

もちろん最後は、政府が責任を持って閣議決定で改元する。しかし原案は、百花繚乱(ひゃっかりょうらん)でいかがか。これをやれば、次の時代、そして現在のご譲位をめぐる議論が明るくなる。

守りのない御所

もうひとつ、重大な提案がある。

今上陛下がご譲位なさって太上天皇、いわゆる上皇になられたときは、京都にお戻りいただきたいと、いち国民として、あるいは責任ある参議院議員として伏してお願い奉りたい。

明治維新に伴って、京都から江戸・東京にお移りになったのは、もちろん明治天皇である。時代の要請に即しておられたかにみえる。しかし「お戻りになる」という表現がふさわしいのではないだろうか。

京都の御所から東京の皇居へお移りになったとき、法的根拠は皆無であった。ただ政治的判断として、明治新政府のお願いを、まだ十代でいらっしゃった明治天皇がお聞き入れになっただけである。ちなみに、東京が首都であるという法的根拠はいまだに存在しない。

ほんとうは陛下のお住まい、御所は京都にしかない。皇居は周知のごとく徳川将軍家という武士の城だ。武士の政権拠点だから、城壁はあくまで高く、中は窺(うかが)い知れない。堀はあくまで深く、民を寄せつけない。

ところが京都の御所は、城壁などそもそも存在せず、塀も低すぎて中が見えてしまう。堀も一切、掘られていない。民の棲む外と、唯一のご存在である天皇陛下の内が、平らに繋がっている。

これこそが日本の天皇陛下のご存在だ。

象徴天皇などという、外国の占領下に作られた言葉では言い表せない。

古代の天皇陛下である仁徳天皇は宮殿から民の暮らしをご覧になり、夕餉の煙が上がっていないことに御自らお気づきになって税を止められた。そのために帝のお食事は粗末になり、宮殿の屋根の葺き替えもままならず雨漏りがするようになったが意に介されず、民の竈から再び煙が上がるようになるのを御自ら確かめられてようやく税を元に戻された。

現代の消費増税と話が逆である。

古代のエンペラーやキングでこのように民が主、いわば本物の民主主義を遂行された人物は、ほぼ類例がない。

日本の学者や評論家のなかに、仁徳天皇の存在を疑い、この逸話も作り話だとする人がいるが、それならもっと尊いことに気づきませんか。

もしも架空の存在に託して、このようなお話を作ったのだったら、それは神話と同じく民族と国の理念、哲学を顕（あらわ）しているのだから。

これが日本の天皇陛下であるから、お住まいは民と平らに続き、守りのない御所こそが本物である。

守りがないのは危ない？

西洋から持ち込まれた視点だけで日本を読み解くのを、そろそろ脱しませんか。

なぜ守りがないのか。それは民に襲われない唯一のエンペラーが、日本の天皇陛下だからだ。

そして日本では、武を持って政権を奪取する武士集団といえども、正統性が何より大事になる。天皇陛下に命じられて征夷大将軍となり、政権を握るのであるから。

したがって民の襲わない御所を、武士が襲っては政権の正統性が喪（うしな）われる。それも、帝（みかど）に手を掛けるといった恐ろしい目的では、御所の襲撃など、基本的に起きない。

次の成長に繫がる

わたしは長年、このように主張し、陛下に京都にお戻りいただいて、京都を日本の文化首都とし、政治・財政・金融の首都東京と、民間経済の首都大阪の三都構想をずっと唱えてきた。

国会議員となった今も変わらない。

しかし、まずは上皇に京都にお移りいただき、じっくりと天皇陛下や上皇、皇族のご存在の意義を主権者、国民が一緒に考える機会をお与えいただきたいと考えている。

京都には、大宮御所がある。

もともとは後水尾（ごみずのお）天皇が造営された女院御所であるが、大正の時代にすでに洋室の採用など現代の生活様式にふさわしく改装されているため、今、天皇皇后両陛下や皇太子殿下、皇太子妃殿下の京都行幸啓（ぎょうこうけい）のときにご宿泊に用いられている。

隣接して、京都迎賓館も備わり、上皇としてもしも長年の友情をあたためてこられた海外の王族らをはじめ国賓が訪ねてこられても、万全である。

わたしは責任ある参院議員として、すでにこの大宮御所の再改装、改築について関係者の一部、ただし枢要な関係者と話し合った。

関係者のひとりからは、費用の国民公募も提案された。財界らの拠出も含めて、それもあり得ると考える。

またご譲位に伴って、皇太子殿下が第百二十六代天皇陛下に即位された場合、まったくのお隣に上皇がいらっしゃるよりも、今は新幹線でわずか二時間半の距離となった京都にいらっしゃる方が、お気遣い少なく過ごされ、場合によっては上皇が助言をなさることもむしろ容易(たやす)くなるのかも知れないと、これは小賢(こざか)しい愚考であることを畏(おそ)れつつ、考えている。

そしてもしも上皇が京都にお戻りいただければ、京都人も、全国民も実は百五十年のあいだ京都御所ががらんどうであったこと、もぬけの殻であったことに初めてほんとうに気づき、ついに恢復（かいふく）、再生、新生の秋（とき）が来たことを卒然（そつぜん）として悟（さと）るだろう。

これは古都、京都を新しい活気で間違いなく蘇らせる。

それは関西経済全体に新鮮な息吹（いぶき）を吹き込む。二千万人という巨大な人口を誇る関西広域連合は、これを契機にまとまりを強め、誇りを回復し、ひいては必ず、日本経済全体の底上げ、次の成長に繋がる。

ただし、ただし、あくまで天皇皇后両陛下のお気持ち、陛下の大御心が第一である。

では誰が最初のお話を差しあげるのか。

安倍晋三内閣総理大臣の新しい、根源的な使命ではないだろうか。

十一の章

社会には治すべき「癖」がある

お相撲の話をするのを許してもらえるだろうか。

相撲の場所は今や、ほぼ通年で開かれる。素人ながら多すぎないかと心配している。ただでさえ、無理にでも軀（からだ）を大きくしないと勝てないのが相撲である。関取衆の心臓の負担は大丈夫なのだろうか。

ようやくにして日本人横綱を甦らせてくれた稀勢（きせ）の里（さと）関にしても、横綱になれば余計に苦闘となる。四人横綱が揃えば必ず、食い合いだ。場所前は祝賀が続き、ということは新横綱にとってはお礼またお礼に明け暮れる日々だったろう。稽古は充分なのだろうか。これも思わず本気で心配してしまう。

しかし、稀勢の里関が横綱昇進を決めた初場所（東京）の千秋楽結びの一番を思い出すと、この先、横綱としての成績がどうあれ、すでにして稀勢の里関は永遠の存在だと感じてしまう。

わたしは今、いちばん言ってはいけないことを言っている。だってみな、そして何より新横綱ご本人が、春場所（大阪）をはじめ、これからの活躍こそを願っているのだから。

わたし自身も、それを祈っている。それでもなお、あの一番は永遠だと思う。

ちなみに、わたしは特に相撲ファンというわけではない。スポーツは死ぬほど好きだ。

ただし、それは「やるスポーツ」だ。なかでも、素っ飛んでいくようなスピードを伴う種目が好きで、したがってたいへんに下手くそながら、アルペン競技スキーのなかの高速系、ダウンヒル（滑降）とジャイアント・スラローム（大回転）にかつて挑戦し、たった今も急斜面を選んでスキーを滑る。それから、まさかの選挙出馬に踏み切る直前まで、よせばいいのに自動車レース（富士スピードウェイの公式戦）に参戦し、サーキットで自損の大事故も起こしながら何とか生き残っていた。

格闘技でも、囓ったのは、いわば空中戦のある空手であり、相撲は友だちとでもほとんど取ったことがない。仕事をしつつテレビが付いていれば、横目で相撲を眺めるだけの、ふつうの日本人である。

それでも稀勢の里関は、こころに残る関取だった。期待を裏切り、こころの弱さを晒し、ここ一番が勝てない。それをあれほどまでに繰り返し、親方衆にもオールドメディアにもぼろくそに言われつつ、じっと耐え続ける巨人だったからだ。

ことしの初場所の十四日目で、ついに優勝を決め、そして迎えた白鵬(はくほう)戦が千秋楽だったのは、まだ多くの人の記憶に新しいだろう。

白鵬関は、例によっていきなり張り手をかました。顔の左をまず殴られたに等しい大関を、横綱は鬼の表情で押しに押して、大関は土俵際で大きく反り返った。あぁ、またしても、ここ一番で負けるのか。そう思ったのはわたしだけだろうか。

次の瞬間、いや瞬間と言える時間もないほどのきらめきで、大関は、勝つためには何でもやるらしい横綱を閃光のような、零式戦闘機の宙返りのような、掬(すく)い投げで土俵の下へとでんぐり返した。

そして、あの謙虚な、寡黙な巨人がちらりと、まさしくちらりとだけ、惨めに転がった横綱を振り返った。

「どうだっ」

かくも短い、無言のその一言が、長きも長い苦闘の日々をまさしく掬い投げて、あぁ、これほどまでに胸のすくときがあるだろうか。

敗れた大横綱、白鵬関が、からりと納得した表情で去っていく姿もまた素晴らしかった。

医師の宣告

わたしがこの一番を見て、思い出したのはスキージャンプの髙梨沙羅（たかなしさら）選手である。

空前絶後の天才女子ジャンパーだ。あまりにも小柄な体軀（たいく）の、素朴な何気ない少女が、日本の女子選手として初めてワールドカップで優勝しただけでも信じがたい快挙なのに、その後に連戦連勝、勝ちまくる姿は、夢かと思うほどの偉業だった。男女を問わず日本選手史上初のＦＩＳ（国際スキー連盟）ワールドカップ個人総合優勝を遂げ、十六歳四か月でのそれは世界の最年少記録でもあった。

まさか、それに刺激されたわけではないが、わたしはジャンプを試みて墜落し、左腰の腰椎横突起（ようついおうとっき）という大事な骨を五本、すべて根元から引きちぎるように折って、一時期は医師に「生涯、自力ではトイレに行けないと思います」と宣告された。……ほんとうは髙梨選手の超絶の活躍に刺激されての愚挙だったのかな？　タカナシ効果で、前述の通りアルペン・スキーヤーのわたしが思わず、知らないはずのジャンプに無茶な挑戦をするほどの奇蹟（きせき）だった。特定の種目に関心が集まりがちの日本社会だから、髙梨さんの快挙がさほどには騒がれなかっただけである。

この髙梨選手だから、ソチ五輪が近づいたとき、わたしも金メダルを当然視していた。ところが少女は、「金メダルを取って、みなさんに恩返ししなければと思います」と強張（こわば）った表情でテレビカメラに向かって話したのだった。逃れようのない悪い予感がした。結果は四位。図ったがごとくメダルだけは外して、まさかの無冠となった。しかも、そのあとのワールドカップではまた、連戦連勝である。

日本社会でウィンタースポーツのワールドカップに高い関心を持ち続ける人がどれほどいらっしゃるだろう。オリンピックだけは例外だ。突如として、凄（すさ）まじく期待される。敗北はもちろん、第一線選手としての髙梨さんの問題だ。風向きの不運もあった。社会のせいじゃないといえば、その通りである。稀勢の里関と同じく謙虚な髙梨選手は、一切の責任を自分ひとりで引き受けた。

しかし少女がどれだけ強い圧力、圧迫を受けていたかは、やっぱり胸に迫る。

メディアという無法の権力

稀勢の里関は、かってはご自分の弱さで負けていた。その通りだ。だが、あの結びの一番で打ち克ったのは、おのれに対してだけか。何より社会がまるで丸ごと、のし掛かるかのような圧迫に対してではなかったか。

わたしは愛国者だ。

これも敗戦後の日本社会では、愛国者ですとは言いにくい姿なき圧力、世界の諸国のなかでは誠に奇妙な圧迫がずっと続いてきた。

肝心なことは、日本が良い社会だから愛しているのではないということだ。おのれに都合がいいから愛するのではない。それは人に対しても同じだ。愛することに条件は無い。
祖国はわたしに生を与え、育(はぐく)んでくれた。だから命をかけて、死の刻(とき)まで愛し抜く。

愛国者なら、社会の問題は剔抉(てっけつ)せねばならない。抉(えぐ)り出さねばならない。
ところが、それが「問題」ならまだ良い。治すべき病だと認識しやすいからだ。
これが、病ではなく癖だとどうなるか。人なら癖は必ずしも直さずとも良い。病とは違う。しかしそれが社会の場合、癖によっては国力を奪い、公正を剝奪(はくだつ)し、人々に絶望を与えることがある。

われらの社会の癖とは何だろう。

一つには過剰な同調圧力だ。何もかも横並びにさせようとする。
これが、思い込まされやすい、刷り込まれやすいという癖と合わさると、たとえばオールドメディアにその恐ろしい害がもっとも端的に表れる。過(あやま)てる思い込みを「世論」と称して、ほぼ全メディア一致して押し付けてくる。

選挙に神経が占領されがちな国会議員に、それは必ず伝染する。なぜならメディアという無法の権力に抗って当選できる候補者は、例外中の例外だからだ。

この癖が、極めて深刻に表れているひとつが、福島原子力災害だ。「チェルノブイリ事故と同じだと思え、疑うな」と強要してくる。

国会質問の大きな意義

何があっても出たくなかった選挙に出た理由のなかに「国会質問」がある。テレビ・ラジオ・ネット、そして本職の文章の中でいくら問うても、なかなか答えは返ってこない。しかし国会で質問すれば、政府は必ず答えねばならない。

と言っても有権者がよくご存じのように世の中は、これは日本に限らず、それほど簡単ではない。どの政権においても、総理も閣僚も官僚も答えているけど全く答えてはいないということを平然と繰り返してきた。わたしは共同通信の政治部記者の時代に、それを職業として眼前に見て、深更や早朝にその背後を探り、非力ながら報じてきた。

だが肝心なことを避ける答弁は非常に多くても、虚偽答弁は、諸国に比して日本は多くはない。国会質問にはやはり大きな意義がある。

議員になってみると、委員会などへの所属には厳しい制限がある。国会法の定めと参議院規則によれば、常任委員会が一つ、特別委員会が一つ、調査会が一つ。それで全てだ。ただし予算委員会や決算委員会などはこれとは別途、所属できる。

わたしは専門分野が幾つかある。世界を歩いてみても、少ない方ではないと思う。早い話が数多い。だから選択が難しい。しかも無派閥だから「どの委員会、調査会に行きたい」という希望を聞いてくれるところが、まるで無い。

しかし現状は、ほぼ希望通りに予算委、経済産業委員会、拉致問題特別委員会、そして資源エネルギー資源調査会に属している。

苦労と言うほどのことではないが幹事長室に乗り込んで直接、交渉する他ない。そして、わたしの拙いコラムを連載中の北國新聞（石川県）の記者出身である岡田直樹・参院自由民主党幹事長代行らの利害なき理解のおかげだ。

経産委では、昨年の臨時国会ですでに質問に立つことができた。日本海のメタンハイドレートの実用化については、ここでまず質問した。次は、ずっと後になれば、ひょっとしたら予算委で機会があるかなぁ、無いかなぁと考えていた。こういう質問の機会づくりも無派閥議員には働きかける先が無い。

特定の派閥に属さないことによって自由を確保し、権益に染まらないことが、不肖(ふしょう)青山繁晴という議員の場合は国益と国民のためになると信じて、おのれで生き方を選択している。だから、この困難は甘受せねばならない。

すると、資源エネルギー調査会の理事である長峯(ながみね)誠参議院議員から前触れなく、「来週の調査会で質問に立ちませんか」というひとことがあった。文字通りのひとことだけだ。

党の既決の方針にすら反対

長峯さんは自由民主党の細田派に属し、前々回の参院選で初当選、つまりわたしよりも三年、先輩だ。もちろん利害関係などは一切ない。だからこの予想外の打診も、無条件の、真っ直ぐな打診である。

わたしは内心で『毎朝八時から自由民主党本部で開かれる部会への出席と発言内容をみて、専門家としての役割を期待してくださったのかなぁ』と、ちらり思ったが、それは言わず「分かりました。ありがとうございます」とだけお答えした。

こうした委員会などでの質問機会は、国会内で開かれる自由民主党の国対、つまり国会対策委員会で漏(も)らさず紹介される。

長峯さんは、この資源エネルギー調査会が開かれる日の朝の国対で、「われらが青山繁晴議員が質問に立ちます」と紹介された。片言隻句(へんげんせっく)にあまり意味を見出すべきではない。それに実は国対で質問者をこのように紹介するのはごく当たり前のことだ。それでもわたしは勝手に、これも内心で責任を感じた。

わたしは部会をはじめ、あらゆる場で自由民主党の既決の方針にすら反対し、これからの政策についてはどんどん異見も述べてきた。

たとえば日韓合意には強く反対し、外国人労働者の受け入れ拡大にも反対、「高度技能を持つ外国人労働者にわずか一年で永住権を与える」という愚かな新政策には、強硬に反対している。部会などで逆らうだけではなく、法務官僚や政権中枢とも烈しく対論している。

当然、反対だけではない。

自由民主党が既得権益と結託して進めずにいる政策、たとえば前述の自前資源の実用化、それによって過疎に苦しむ日本海側に建国以来初の資源産業を勃興（ぼっこう）させることから、いわゆる慰安婦問題の根幹となっている河野談話の実質的な見直し、小中高の歴史教育の根本的な見直しなど、党内の圧倒的な多数意見に逆らってでも、あるいは少数意見と裏なく利害なく連携して提起する政策も数多い。

脱私即的、緊張は去った

民主主義下の政党政治における政党というのは、法的にも同調圧力は極めて強い。法案の賛否を揃える、すなわち党議拘束は無所属議員でない限り、基本的な義務のひとつだ。国会での質問機会を模索し、強大な官庁群を動かせる公正な影響力の確保も模索し、政策変更を実現しようとするのなら、無所属議員でいてはならない。無所属なら党の縛りもなく楽なだけに、自己満足に終わりかねない。

自由民主党という与党をおのれが選んだ以上は、この強烈な同調圧力は覚悟の上だ。そこに日本社会の過剰な同調圧力まで加わるから、わたしは党内で孤立し、質問機会もなく居たとしても、むしろ当たり前だ。

党にも政策にも文句を言うなら、基本動作は徹底的にきちんとやろうと、わたしは仮に午前三時過ぎに寝床に入っても毎朝、四時には目を覚まし、現地時間が午後のワシントトンDCとささやかな議論を致して最新のインテリジェンス（機密情報）などを得たうえで、誰よりも早く国会に出るよう務めている。

しかしそれは天が見ているだけであって、誰よりも早いなら、誰も見てはいないわけだ。こんなことが簡単に報われたりはしない。

だからこそ、長峯理事の「われらが」という何気ない片言（へんげん）に、かすかな期待の気配を感じて、責任を強く感じた。

正直、思わず、緊張しそうになった。

この時点で、午後一番の調査会の開会まで三時間半ほどである。その間に、本会議などがあるから、質問内容の再確認などもままならない。もともと予行演習の繰り返しといったことは苦手だ。その現場で、臨機応変にやりたい。すると『上手くできるかなぁ』と考えそうになる。

さらに、議員の務めとして、わたしの地味なブログで国民の傍聴も募集致した。あっという間に受け入れ限度を超える応募が殺到した。

すると、傍聴人の前で格好良く質問したいと思い……いえ、さすがにそれは思いませぬ。

そうではないが、交通費も時間も費やして傍聴に来てくださるみなさんの前で、成果を出せる質問をしなきゃと、これも緊張しそうになった。

このときに、役に立ったのはいつもの自作の銘だ。

脱私即的、だっしそくてき。わたくし心を脱し、本来の目的に即く。

この場合の本来の目的とは何か。

福島原子力災害という、地域の人々と日本国民を苦しめ抜いている未曾有の人災をめぐって、安倍政権と自由民主党に政策変更を促すことだ。

なぜなら現在の資源エネルギー調査会とは、福島原子力災害と原子力政策を審議する、参議院では唯一の場となっているからだ。

何でも議論できることになっている予算委員会を別にすれば、ここでしか議論できない！

傍聴される国民への責任、ネットなどを通じて議論に接する有権者への責任、野党を含め同じ調査会に属する議員たちへの責任、さらには原子力規制委員会をはじめ答弁者の側への責任、いずれも重い。

しかし、本来の目的は、政策変更だ。

だから上手に質問しようとするな。あくまでも中身が問題だ。

脱私即的、わたしはすとんと落ち着いた。緊張は去った。

そして、国会質問に至るまでの細事を、ここまでお伝えする意味はきっと読者に分かっていただける。

異業種のひとよ出（いで）よ。選挙に出て国会議員になろう。

なったら何が起きるか。それをお伝えするのも、わたしの義務の一つだと考えている。

たとえば自由民主党の部会にしても、わたしが国会に出るまではほとんど実態が国民に伝わっていなかった。なぜなら、記者も冒頭の挨拶取材が終われば、閉め出されてしまうからだ。これを、毎週一回の朝八時から十時までたっぷりの二時間の生放送に参加している「虎ノ門ニュース」（ＣＳ放送、ネットＴＶ）でお話しするようになって、その反響の鋭さ、大きさに驚いた。

テロリズムのリスク

さて、国会質問である。

西暦で言えば二〇一七年の二月十五日水曜の参議院資源エネルギー調査会は午後一時に開会した。

トップバッターは不肖わたしで、質問時間は四十分ある。他の議員はみな二十五分以下であって、最長だ。やはり責任重大である。

ただし政府側などの答弁時間も入れての四十分ジャストだ。国会は時間が非常に厳しいところで、特に与党議員が一分でも遅刻したら委員会も調査会も開かれないことがある。ましてや無断欠席は絶対に許されない。届け出ても、欠席するのならその委員が正式手続きを経ていったん辞任をし、他の与党議員が就任をしないといけない。だからドタキャンは何があってもできない。

話を戻すと、四十分の質問時間は一分たりとも延長はできない。そして答弁者は一体どれぐらいの時間を使って答弁するか、これは全く分からない。

ひょっとしたら議員の中には事前に、官僚を含めた政府側に言い含めて、答弁時間を把握している人も居るのかもしれない。しかし、わたしはそれはしない。答弁側に借りを作っては、しかも国民・有権者・傍聴者が知らないところで作っては、絶対にいけません。

だからこそ臨機応変にやりたいし、やらねばならない。

それでも、さすがに質問の骨子はつくり、それを手にしての質問となった。

開会し、まずは原子力規制委員会の田中俊一委員長（当時）が、「世界でいちばん厳しい基準を作って、それに適合するかどうか原発を検査する」はずの規制委の現況について、七分間の報告・説明を行った。

田中委員長は、もともとは原子炉の壁の専門家である。つまり包括的な原子力を担っていた人ではない。と言うより、原子力技術の大きな課題のひとつは、縦割りが非常に激しい技術世界だということだ。包括的な原子力が分かる人は、学者にはほとんど居ないと言わざるを得ない。むしろ電力会社の方にいくらか居る。

だが、福島原子力災害を受けて、新しく原子力規制委員会をつくるとき、専門家はことごとく排除された。「原子力村」という癒着グループの存在が世にばれたためである。原子力村は確かに存在した。今も存在する。わたしは危機管理から、原子力の問題に入った。すなわち「リスクが無いから原発を造って良い」と地元に説明してきたのは嘘だという立場である。

リスクが無いエネルギー施設、社会インフラストラクチャ（基盤設備）など存在しない。特に原発は、ヒューマンエラー、自然災害による事故のほかにテロリズムのリスクが厳然と存在する。それを推測で申してきたのではない。いつも通り、現場主義であるから北京で中国人民解放軍の将軍と長時間、議論したときに、将軍が「北朝鮮は日本で原発テロを遂行する準備をしている。原発労働者に紛れ込ませた工作員らの情報を元に、日本のある地域（実際は実名）の原発の構造を平壌近郊に造り、そこで訓練もしている」と述べたことを根拠のひとつにしている。

そして民間人ながら、電力会社にも政府にも対策を訴え続けた。すると特に電力会社の原子力担当部門は猛烈に警戒し、わたしを拒もうとし、日本初の独立系シンクタンクである独研（独立総合研究所）を創立して代表取締役・兼・首席研究員になったあとも、どうにか排除しようとした。

驚くべき事実を知った

社会のどこにも良心派がいるのが日本社会の最大の美点であるから、電力会社と官庁内の良心派に支えられて、テロ対策の前進を図った。たとえば現在の全原発の武装機動隊による二十四時間警備は、わたしたちの仕事が出発点となった。一方で、電力会社の社内でも原発担当グループは特別扱いされ、ほとんど神聖不可侵に近いという驚くべき事実を知った。

そのグループは、大きな社内予算、つまり国民から頂いた電気料金も使って、学者やジャーナリストらの取り込みも図っていたから、もう一度言う、確かに原子力村は存在した。お金も動く汚ない癒着があった。

しかし、それを排除すればこと足れりなのか。原子力規制委員会には、たとえば元の国連大使、つまり外務官僚まで入れられて、本人たちの責任では無いが専門性は大きく損なわれた。

規制委の場所も、殊更(ことさら)に霞ヶ関から離れた六本木のビルに置いたが、笑止千万である。不便になって、国会からも遠くなり交通費も掛かるだけの話だ。

こうやって形を繕(つくろ)って、中身の不公正は残すというのが日本の政治・行政の深刻な問題の一つである。田中委員長はその規制委のなかで、珍しく専門家であるが、地味な存在で癒着が少ないと判断されて任命された。前述したように本来は限定的な技術の専門家だが、就任後に謙虚な努力を重ねられ、包括的な課題を把握されようとしてきたのは事実だ。わたしは一度も話したことがない。

田中委員長の冒頭発言が予定通りにきっちり七分間で終わって、金子原二郎調査会長が「それでは委員の発言を認めます」と発言したとき、わたしは「委員長」と声をあげて、左腕を高く上げた。

これは実は、いきなり間違っている。わたしは調査会でまだ質問したことがなく、（経産）委員会で初質問しただけだったから、思わず会長ではなく「委員長」と呼んでしまった。

しかし金子会長は「青山繁晴君」と発言を許してくれた。

わたしは立ち上がった。背後には、超満員の傍聴人がいらっしゃる。田中委員長は、わたしの印象だけで申せば、警戒心いっぱいの表情でわたしを凝視されている。「与党だが、一般的な与党質問ではないだろう」とおそらくは官僚が耳に入れているのだろう。

ここで本章は、紙数が尽きた。

次章で、質問の中身に入っていく。

もう原稿を締めねばならないが、最後に、稀勢の里関が春場所から横綱として活躍され、髙梨沙羅選手が来年の平昌（ピョンチャン）オリンピックで金メダルを取ることを祈っている。

そして仮にその結果でなくとも、大きな稀勢の里関、ちいさな髙梨さん、いずれもすでに永遠の存在であることを、もう一度、みんな、みなさまと胸に銘記しておきたい。

十二の章

暗黒国会を生きる

この拙(つたな)い原稿の本章は、参議院資源エネルギー調査会での不肖(ふしょう)わたしの質問ぶりから書き起こすはずだった。その前に、どうしても記さねばならないことがある。

それは、真昼の暗黒だ。

マヒルノアンコク。明るいはずの昼に真っ黒な闇があるというこの言葉は、読者のなかで一定以上の年齢のかたにはある種の馴染みのある言葉だろう。若いひとでもニュアンスは伝わるのではないだろうか。

わたしにとってこれは、「権力が人権を抑圧することだ」と映画や本、そして教育によって中高生の頃に刷り込まれた、頭に残る言葉である。たとえば大学当局が学生の自治を弾圧し、気に入らない学生を別な理由をでっち上げて退学処分にする。あるいは会社で労働組合をつくろうとした青年が自宅アパート前で暴力団に殴られ蹴られ後遺症で出社できなくなる……こうしたことだけを指す言葉だと思い込んできたのだ。

わたしも、諸国を歩いておのれの眼を覚ませていくまでは、敗戦後日本の左翼主義とも呼ぶべきシャワーを社会あげて頭上からざぶざぶ受けていた証左のひとつである。

その「真昼の暗黒」という五文字を、まさしく陽を受けて白く輝く国会議事堂の中で、まざまざと思い起こしたのだった。それは参議院の第一委員会室である。ここでは国会論戦の主舞台、予算委員会が開かれる。

一年生議員のわたしは今、予算委員の端っこに所属しているから、長いときは一日七時間、ここで論戦をじっと聴いている。

三月二日には、この予算委でも初質問に立った。その前後の審議で真昼の暗黒が眼前に展開したのだった。

森友学園の国有地買収問題

わたしは法（公職選挙法）に基づいて自由民主党に属する参議院議員である。だから野党批判は書きたくない。昨夏にまさかの選挙出馬を決意したとき、無所属を選ばず自由民主党を選んだのは日本が既得権益で自縄自縛（じじょうじばく）となっていることを内部から打開するためだ。

その意味では断固、厳正中立なのだがそれでも与党の一員なのは客観的事実であるから、その立場に偏る野党批判はできるだけ致すべきではない。

だが……衝撃が深すぎる。

例の「森友学園の国有地買収問題」である。予算委員会で九十七兆五千億に迫る平成二十九年度予算の話は、少なくともこの原稿を書いている三月半ばの段階で、多くの野党議員の質問にほとんど出てこず、第一委員会室の重厚な室内はこの問題に埋め尽くされている。

国民からはわたしの地味なブログに「北朝鮮が日本の排他的経済水域（ＥＥＺ）を狙いすませて弾道ミサイルを撃ち込んだり、世界大乱のさなか、なぜ国会はこれだけなのか。絶望してしまう」という声が寄せられる。

それも、まさしくその通りだ。

しかしわたしがいちばん衝撃を受けたのは、根本的な中身である。

この森友学園は工事費の申請を膨らませて多額の補助金を国から引き出したことをはじ

め、刑事事件であり、司法が捜査すべきだとわたしは考え、そのように発信している。

しかし国会では、閣僚の思想信条が問われているのだ。

この学園が教育勅語（ちょくご）を園児に暗唱させることを理由に、たとえば稲田朋美防衛相が教育勅語を評価しているのが許せないと、国民に選ばれた議員が稲田さんの全人格を否定するように怒鳴りつけ大声で罵（ののし）る。

そもそも勅語は天皇陛下のお言葉であって、それをわたし自身も「右翼のもの」と信じがたいことを刷り込まれて育った。育って、自らの足で世界を歩いて気づいた。天皇陛下のお言葉を右だ左だとかりそめにも言うのなら日本国はおしまいである。

真実は、祖国の被占領期にＧＨＱがハーグ陸戦条約をはじめ国際法に違背（いはい）し不当に禁止した言葉のひとつが「勅語」だったというだけのことだ。

だが野党には天皇陛下のご存在を否定する世界観の党も複数、存在しているから、この教育勅語を貶（おとし）める言動に今更、驚いたりはしない。

ショックを受けたのは閣僚であれ誰であれ、その思想・信条を難詰（なんきつ）することだ。それはまさしくファシズム、右翼どころか全体主義に基づく独裁そのものの姿勢だ。

国会議員の本音にファシズムの影が

野党の方々は「教育勅語の意義を認める稲田大臣は右翼であり、これも右翼のはずの安倍政権がそれを隠して国民の支持を得てしまっているなかで、内閣の不一致ではないか。思想・信条を問うているのではない」という言い分だろう。実際、その趣旨をわたしに言い募(つの)ったひともいる。

これも衝撃を受けるほかない。

内閣の一致とは政策の一致を指す。思想・信条まで一致させねばならないのであれば、それもまさしく前述のファシズムであり、全体主義による独裁国家そのものだ。

つまり、リベラリズムを標榜(ひょうぼう)し、民主主義の申し子のように自負されている政党人、国会議員は、その本音にファシズムの影が差している。それを選ばれる有権者は、このことをどう受け止められるのだろう。

思想、信条を国会の場であたかも〝取り締まる〟かのような怒鳴り声は、稲田さんに対してだけではなく、安倍晋三内閣総理大臣にもひたすらぶつけられた。

テレビニュースでは安倍総理はかなり激して野党議員に反論したことになっているが、現実には野党の、それも大幹部の繰り出すいちばん無茶な質問に反論するのが精一杯で、細かいニュアンスまでは総理はいちいち反論していない。反論すべき重大な決めつけが多すぎて、とても全部は対応しきれない。

そのために、あたかも現職総理が一学校法人を特別扱いしていたかのような話が巧みに作られ固定され、野党の大幹部は「教育勅語を子供に暗唱させるような大問題の学校と特別な関係を持っていたのだから、安倍総理と昭恵夫人には道義的責任がある。それを認めろ」と烈しい大声を出して、一国の総理に怒鳴る。

わたしは思わずこう考えた。「もしこの政党が政権を取れば、わたしを含めファシズムやコミュニズムと全く相容れない人間は、誰かが底意があって何かを頼んできて、それを断っても、いつの間にか深い関係があることにされ、取り調べでふつうに事実関係を話しても、深い関係を認めたような調書を巧妙に作られ、何も関わりがなくても、司法上の責任はなくとも、道義的責任があると追及されて社会的に抹殺されるか、身柄の拘束か、よくて軟禁かなぁ」

今ここにある真昼の暗黒を実感した。

これが一体、国会の論戦なのか。

こうした行為に及ぶ議員のなかに、ふだんは世界観のまるで違うわたしにもニコニコと話しかけてこられる人もいる。なぜ国会で質問するとなると、こころが凍りつくような歪(ゆが)んだ質問をなさるのか。

国会での議論について間違った思い込みが、議事堂全体を覆っているのではないだろうか。

自らの人格を自ら低きに落とすような人身攻撃、それこそがやるべき国会質問だと刷り込まれ、おのれの聞きたいことより党利党略で指示されたことを怒鳴り声で聞くのだ。

このいわば「暗黒国会」のさなかだからこそ、これまでの不肖ながらの生き方をそのまま、ど真ん中から貫きたい。おのれの矜持のためではない。国益に資する質疑こそを、わずかでも喚起していきたい。

自由民主党は、意を決して飛び込んでみれば外からみるよりもっと懐が深い。無派閥で少数意見のわたしへ、わずか七か月のあいだに三たび質問の機会が巡ってきた。

最初は西暦二〇一六年十一月の経済産業委員会だった。次が二〇一七年二月の資源エネルギー調査会だ。この二度目の質問に至る道筋を前章で詳しく述べ、『異業種のひとよ、国会に出でよ』と呼びかけつつ、本章では、さあ、その質問の現場を述べようとしていた。

すると突如として、予算委員会の質問者に指名された。三度目だからもう慣れて……というのではなく、予算委員会は、国会論戦の主舞台である。それも、予算委の質問のなかでも特別な場の「ＴＶ入り総括質疑」である。わたし自身はＴＶに映りたくない。しかし多くの議員は映りたい。ところが生涯、この場には立たない議員も少なくない。それが「ＴＶ入り総括質疑」だ。この質問現場は後続の章に譲り、本章では資源エネルギー調査会の質問現場へ読者を案内したい。

全員が同じ赤いリボンを

国会は正面の美しい議事堂に向かって右半分が参議院、左半分が衆議院だ。その両脇に衆参それぞれの分館がある。

資源エネルギー調査会はこの分館の四階で開かれる。議員になってから、ほとんど筋力トレーニングはできずプールで泳ぐこともできず歩く量も減っているから、せめて階段を駆け昇り部屋に入った。

すると、ふだんは寂しい傍聴席がいっぱいだ。全員が同じ赤いリボンを付けておられる。わたしの地味なブログでお知らせしただけで、こんなに詰めかけて下さったという。

わたしの質問がどうこうより、まさしく祖国のこれからへの深い関心のおかげだ。去年のあの夏、選挙遊説（ゆうぜい）のゆく先々で思いがけず出逢った、物凄い数のみなさんの生涯忘れることのない眼の輝き、訴えかけ問いかける真剣そのもののまなざし、それをありありと思い出した。

さて委員会が始まり、立ち上がった。

「自由民主党の青山繁晴です。本調査会ではこれが初めての質問です。党利党略のためではなく、ただ国益のためにこそ、不肖ながら質問いたします」

経済産業委員会で初質問に立ったときの冒頭と、全く同じ言葉をあえて発した。そして、こう切り出した。

「わたしは、民間人時代の本職の一つが危機管理でありました。原発の長所と短所、そのリスクにも真正面から対峙（たいじ）すべきと考え、特にテロリズムに対する備えをささやかに問題提起しておりました。すると、内閣の原子力委員会に原子力防護専門部会が初めて設立され、当時の総理からその専門委員に任命されました。

原発テロに備えるということは、原発隅々の構造から始まって、放射性物質の漏洩（ろうえい）が引き起こされた時の人体への影響、さらに避難誘導の在り方まで広く関わることになります。

そして三・一一のあの事故発生直後の福島第一原発に、当時の吉田昌郎所長の正式許可を得て作業員以外で初めて入構し、専門家の端くれとして実地検分を致しました。これが二〇一一年四月二十二日のことです。今日はそうした立場から質問します。広く国民の皆様とともに、なるべく専門用語を使わずにフェアな議論を致したいと願っています」

知られざる事実

いちばん大切なことを最初に聞いた。「まず福島原子力災害を考えるときに、どんな種類の放射性物質がどれほど環境に出たかを測り計算することは根っこの根っこです。ところが、この計算を原子力規制委員会としてはいまだ行っていないという知られざる事実があります」

実際、これは知られていない。自由民主党の部会で指摘したとき、被災地選出の部会幹部が愕然とされた。

「事故直後の西暦二〇一一年四月、菅内閣の当時に、経済産業省の原子力安全・保安院がヨウ素131とセシウム137を合わせて全体をヨウ素に換算し三十七万テラベクレル、また内閣の原子力安全委員会が六十三万テラベクレルという、共に膨大な数値を公表しました。翌年三月、原子力安全・保安院は約五十万テラベクレルという、数字をさらに上乗せした値を公表しました。日本政府が発表した数字はこれが全てです。

原子力安全・保安院も原子力安全委員会もその後廃止され、西暦二〇一二年九月に野田内閣の下で現在の原子力規制委員会が発足しました。しかし放射性物質の計算は、国連の科学委員会とIAEA（国際原子力機関）ではその後なされたけれども、当事者の日本の政府機関である原子力規制委員会によってはいまだなされていません。原子力安全・保安院と原子力安全委員会という二つの今はない機関による数字が、IAEAの基準に照らして、福島をあのチェルノブイリ事故と同じレベル7とする唯一の根拠になっています。

ところが、これは国民が普通にイメージなさるような実測値ではありません。コンピューターシミュレーションによる推測値です。コンピューターシミュレーションによる推測値というのは、条件の入れ方によっては手計算と違ってどんどん大きくなりかねないという、科学に携わる者なら誰もが知る特徴があります。

六年の秘めた怒り

事実、学者の中には強い批判もあります。例えば東京大学名誉教授の西村肇先生、この方は大気と海洋の汚染研究の大家として知られ、官公庁をはじめ公の依頼によって環境調査を長年遂行されている方です。わたしはお会いしたことはありません。連絡も取っていません。何を言っているかというと、利害関係はないわけです。この西村名誉教授が西暦二〇一一年四月八日、だから事故の直後に記者会見を行われ、福島原子力災害による放射性物質の漏洩は一千テラベクレル程度という計算を明らかにされています。これを先ほどの保安院の数字と比べますと僅か〇・二%、安全委員会の発表の僅か〇・一六%です。つまり、いずれも政府発表の一%にも満たない放射線量ですね。これと似た計算の学者は他にもいらっしゃいます。

一番中立的な立場と思われる西村先生の発表を引用しましたけれども、余りに数字が違い過ぎないでしょうか。チェルノブイリの事故と比べると、政府発表では福島原子力災害はおよそ放射性物質の漏洩が十分の一程度、しかし学者の計算では一千分の一ほどになってしまいます。同じ事故の話とは思えません。

原子力規制委員会の基本的な任務として改めて放射線量について計算し、国民に公表すべきではないでしょうか」

わたしは六年の秘めた怒りを抑えて聞いた。これに対しＮＲＡ（原子力規制委員会）の山形浩史・長官官房審議官の答弁の結論部分はこうだ。「原子力規制委員会は着実に事故の分析を進めることとしております。今後、新たな知見が得られましたら、放射性物質の放出量を見直すことができるかどうか、検討してまいりたい」

放射線障害で死者はいない

わたしは質問を先に進めた。時間は明らかに足りないからだ。

「レベル7の見直しについて原子力規制委員会はＩＡＥＡと協議すべきではないかと考えます。提案があります。現在のＩＡＥＡの基準では、レベル6以上になると単に放射性物質の漏洩の数値だけで判断することになっています。本来は事故の総合評価、すなわち放射線障害による犠牲者の有無から始まって、環境破壊の度合いなどを含めて評価をすべきではないかとＩＡＥＡに問題提起なさってはいかがでしょうか。現在、レベル7で同等とされているチェルノブイリと福島は、福島県民のためにも申したいんですけれども、事故の中身が違い過ぎます。チェルノブイリではご承知のとおり、プルトニウムを始め重金属が広く環境に漏洩して死者が多数出た事実があります。

福島原子力災害でも、事故によって命を奪われ、生活を奪われ、父祖の地を汚された無残な事実があります。これは本当に許すことができません。ただ犠牲者については、災害関連死、すなわち誤った避難誘導が政府の手を含めてなされてしまったためであって、放射線障害では死者がいないだけではなく、実は放射線障害では治療を受けた方もいらっしゃいません。（中略）チェルノブイリと同じような事故が福島で起きたというのは、原子力発電への賛否も超えて、客観的に余りに不可思議ではないでしょうか。あくまで客観評価が不可欠だからこそ、事故の総合的な評価方法の導入を、ＩＡＥＡに提起されてはいかがでしょうか」

これに対しＮＲＡは「ＩＡＥＡの考え方は現在妥当であると思っております」としか答えなかった。

「次は、いわゆる汚染水の問題です。

先ほど申しました事故直後の入構だけではなく、わたしは西暦二〇一五年一月、原子力の専門家の文科省幹部と二人で福島第一原発の構内を再訪し、実地に検分致しました。もちろん非公式な検分です。

構内は、おととしの一月の段階で既に汚染水のタンクでいっぱいでした。まずALPS処理水、すなわち多核種除去設備による処理が終わってトリチウム（三重水素）などの残存放射性物質だけになっている水が現在、大体七十二万トン（当時、今は二〇一八年十一月現在では九十三万トンに達している）、それ以外に元の汚染水がおよそ二十万トン、後者もいずれALPS処理水になる予定です。

このALPS処理水というのは福島のためにできてしまった新語ですが、これと実は全く同じ排水が三・一一が起きる前は国内の全ての原発から海に放出されておりましたし、現在世界でも放出されています（日本でも再稼働した原発からたった今、ごく当たり前に海へ放出されている）。福島原子力災害が起きると、（福島でだけは）同じ排水を急に海に出せなくなるのは、少なくとも国民の間にフェアな議論を起こす努力がやっぱり政府側に足りない。（中略）現地を歩いて漁家の方々と話しても、国民全体の不安がちっとも解消されていなくて、そのために例えば福島の魚や貝についても依然として風評被害がある。そういうことが最大の問題ですから（中略）汚染水の実態についてフェアな議論ができる環境をつくっていただけないでしょうか」

ＮＲＡは「浄化された汚染水の規制基準を満足する形での放出であれば、環境への影響は考えにくい」と明言し、経産省の松村祥史副大臣は「国も前面に出てしっかりと責任を果たしてまいる」と答弁した。

吉田昌郎所長との会話

さらに進む。「汚染水の問題を殊更取り上げたのはなぜか。ＡＬＰＳ処理水までそのままため込んでいるので予算も人もそこに取られ、防潮堤が仮設のままになっているという現場を構内で確認しているからです。

これは、言わば憤死された吉田昌郎所長、亡くなった人の話を持ち出すのはご本人に確認ができないので最小限度にしたいのですが、一点だけ申し上げれば、吉田さんが病を得られて、電話で最後にお話ししたときに、どうしても防潮堤のことが気になると、汚染水とセットで仰いました。『福島の浜通りは地下水が豊かで、水がどんどん出て、放っておけばどんどん汚染水と混じっていくだろう、東電は民間会社なのでそこに人とお金を取られると防潮堤があのままになってしまうんじゃないか』と……（仰った）。

今の防潮堤、あくまで仮設です。最初は土嚢を積んでいただけでしたから、それよりは良くなっていますが例えば浜岡の防潮堤などとは全く別物で、あくまで仮のものですね。（中略）また同じような津波、また同じような地震が起きることをいつも想定していなきゃいけないのに今の仮設の防潮堤で一体耐えられるのか」

東電の廣瀬直己社長はこう答えた。「今の防潮堤は（高さ）十四・二メートル（中略）、それ以上のものが来ましたら建物の中に入らないよう水密をしていきます」

わたしは納得せず「人々に不安感を与えないような防潮堤も必要だと考えます」と述べ、次に進んだ。

地震で壊れたのではない

「たくさん事故調査報告書が出ました。(中略)例えば国会の事故調の報告書は『地震が起きて五十一分掛かって津波がやってくるまでの間に、既に水が出ていたのを見たという従業員がいる。地震でそもそも壊れたのではないか』という結論が特徴です。ところが、原子力規制委員会の報告書は『その水は使用済核燃料棒のプールから漏(も)れ出たもの、地震で破壊されたんじゃない。その五十一分の間、つまり地震が来てその後に津波が来るまでの一時間近い間、原子炉も含めて異常は生じなかったので事故は地震で起きたのではなくて津波によって起きた』という結論です。

地元福島で拙い講演をしたり、地元の福島テレビに出たり、あるいは東京や大阪のメディアも含めて(最後に出た規制委の報告書で地震原因説が否定されていると)発言をしますと、みんなびっくりする。地震で壊れたと思い込まされている。

この違いというのは非常に本質的な違いです。地震で原発が簡単に壊れていくのであれば、日本は地震国であることは論を待ちませんから、そこに原発を造って動かしていいのかということに当然突き当たります。

そもそもの原因が地震なのか、それとも津波なのかはとても大事です。

さらに、なぜわたしが事故直後に現場に入ったことを強調したかといいますと、そのときは吉田所長の許可を得て海側にも回りました。吉田所長によると、海側は作業員もほとんど入っていないということで、作業員三人の方と四人で車を使って入りました。目にしたのは、海側にあった補助建屋、そういう要するに原子炉建屋でないものが徹底的に破壊されて（中略）逆に言うと天に救われたんです。そこで津波の力が削がれて、原子炉建屋は津波によっても破壊されていない。何が起きたか。（津波の）水がしみていって、それが地下に置いた非常用電源を駄目にして炉が冷やせなくなった。置き場所を間違った東電のミスと、それを見逃してきた政府によってこの未曾有の大事故が起きてしまった。（中略）与党質問ですけれども、言わなきゃいけないことは言います。わたしは再稼働すべきだと考えますが『放射線量が膨大でチェルノブイリと同じ事故』とされたまま、汚染水もたまるばっかりで防潮堤も仮設、その前提が何も変わらずに再稼働と言われても、忙しく暮らし仕事をしている国民が再稼働が必要だとどうやって理解できますか。（中略）再稼働を本格化させたいなら、その前に専門家を、原子力発電に極めて批判的な人も肯定的な人も舞台に上げオープンに、時間を四時間、五時間掛けて生中継して、国民の眼前で議論するということを検討いただけないでしょうか」

ＮＲＡの田中俊一委員長は慎重な物言いながら「必要があれば、そういうこともあろうかと思います」と答弁した。

内側から変える努力

わたしは質問を避難誘導のあり方で締めくくった。「単純に同心円で二十キロ圏内だからと、例えば腎臓の透析を受けていた高齢者の方を無理に避難させ、たくさん悲劇が起きた。そういうことが起きないためにどこを目指していかれるのか」

田中委員長は「先生が仰ったように、放射線障害による急性症状はサイト内外を含めて今、検出されていない一方で、無理な避難をすることによって二千人近い方が亡くなった」と重大な事実を公式に認めたうえで「無理な避難というのがいかに、生命とかに被害をもたらすか、物凄く身にしみております。そういうことをしないための規制であるということが我々の原点です」と印象深い答弁をなさった。

さぁ、次は予算委員会の質問だ。こうやって暗黒国会を生きていく。わたしは選挙に出て良かった、内側から変える努力をできるからだ。

民進党の議員は、稲田防衛相が森友学園の夫妻から六千円づつの献金を受けたと烈しく追及するとき、「献金は全議員にとって貴重で有り難く」と前振りした。一緒にするな。誰からも一円も献金を受け付けず、政治資金パーティも一切開かず、派閥に属さず、都道府県連にも属さず、要はこれまでの議員のあり方と違う道を歩く国会議員もここに居る。

明日は、あるいは明後日はきっと増える。

十三の章

危機はいつも新しい仮面を付ける

重大な事態が眼前で進行するとき、月刊誌の連載原稿はどうするか。

もちろん、〆切に間に合うように、その時点での情報をもとに書き上げて、版元に原稿を送るだけのことである。したがって月刊誌が世に出たときに、その記事が現実に後れを取っていても仕方のないことにする。これが普通だ。

編集者も作家も、そして読者も問題にしない。その通りだ。しかし、読者にとってほんとうにそれで良いのだろうか。

脱私即的(だつしそくてき)。私(わたくし)を脱して、本来の目的に即(つ)く。このささやかな自作の銘からすれば、わたしはなぜ書くのか。個人の日記ではない。職業として書く、その本来の目的は、読者に伝えるべきを伝えることだけにある。書いたものが単行本、あるいは月刊誌の一部などとなって誰かの眼に触れた瞬間、わたしの手から離れて、その誰かのお体のなかで、そのひとだけの体験や思索を通じて新しい作品に生まれ変わる。

それが、わたしのちいさな信念のひとつだ。

ふだんは、前述の「これが普通だ」ということでも万(ばん)やむを得ない。だが西暦二〇一七年の春に、わたしたちの北東アジアを襲った朝鮮半島危機は、第二次大戦後の世界としては、たとえばキューバ危機と並ぶ最大級の危機である。現代に生きるわたしたちが、それを我が身で体験し共有しながら、いつものやり方でいいのか。それを考えないわけにいかない。

と言ってもタイムマシンは無い。未来には行けない。そこで「リアルタイム」型にした。その時点で書いたままにし、あとから修正しない。

何だ、それだけのことかと言われてもいい。

この危機をあとから、訳知り顔の評論家のように振り返って記すのではなく、同時代の生き方として、みんなと共に胸に刻みたい。

四月初旬から始まった

この原稿を、日本時間の西暦二〇一七年四月六日木曜の昼に書き起こしている。

参議院の経済産業委員会の審議が午前中で終わり、短く昼食をとりつつパソコンに向かった。つくづく子供たちには、こんな生活はさせたくないと思いつつ……。

朝には、安倍総理がトランプ米大統領と電話で北朝鮮危機をめぐって緊急会談したばかりだ。安倍総理は会談後に記者団の前に姿を現し「大統領は、全ての選択肢がテーブルに載っていると仰った」と明言した。

政治的には「もしも米軍が北朝鮮を攻撃しても日本は是とする用意がある」という意思を大統領に示唆したと、日本国総理が自らオールドメディアに明かしたに等しい。

この拙稿をこれから書き進むうち締め切りを迎え、印刷され、本誌が世に出る四月二十六日には、北東アジアが一体どうなっているのか、その異様な緊張のなかにある。

この春も、異常気象のもとでも日本の桜はけなげに咲き誇り、春爛漫の季節を迎えた。しかし世界はまもなく、現地時間で日本より十三時間遅れの同じ四月六日に、トランプ大統領がフロリダの別荘に中国の習近平国家主席を招いて、初の首脳会談を行う。それは、いきなり「中国が北朝鮮に核開発、弾道ミサイルを思いとどまらせることをしないのなら、アメリカは軍事力を用いてでも、やめさせるほかなくなる」と迫るという前代未聞の米中会談になると（会談前に）わたしは考えている。

この朝鮮半島危機は、北朝鮮に囚（とら）われたままのわたしたちのはらから、同朋の全員を取り戻す最初にして最後の契機になる可能性を孕（はら）みつつ、仮に米軍が独裁者、金正恩（キムジョンウン）委員長の殺害に成功したとしても、朝鮮人民軍が弾道ミサイルを日本に撃ち込む恐れがある。

さらに、すでに潜伏している工作員がＶＸ、サリンといった毒ガス、天然痘（てんねんとう）ウイルスをはじめ生物兵器を使用する恐れもある。いずれもごくリアルな脅威だ。

最大の当事者のひとりである韓国はこのさなか、大統領を逮捕してしまって五月九日の大統領選では、今のところ「スパイかと言いたくなるほど北朝鮮と通じている」（元韓国陸軍高官）と常に指摘される文在寅候補（現・大統領）が最有力になっている。

このささやかな連載の読者のかたがた、あなた様を含め日本国民には疑問がいくつも黒い入道雲のように湧くだろう。それらはいずれもオールドメディアも、そして極めて遺憾ながら国会審議も答えてくれない疑問だ。

第一に、なぜ北朝鮮はわざわざ好んで危機を招くのか。また日本はこの危機への備えができているのか。できていないのなら、なぜ備えずに済ませているのか。これらが最も根本的で、深刻な問いだろう。

そして大統領不在の韓国だけではなく、国会で危機を知らぬがごとくの審議、森友学園事件をめぐる不毛のせめぎ合いを続ける日本をみて「わたしたちのアジアはこれからどうなる」という深い不安もあるだろう。

今回の北朝鮮危機は、本編起稿の西暦二〇一七年四月六日から五月上旬までに最初のピークを迎える。

なぜなら四月六日の米中首脳会談で、中国が米軍による攻撃に実質的に暗黙の諒解か、それに近いもの、ないしはそうとも取れるものを与えてしまうと、米軍が作戦を開始する可能性は首脳会談前よりむしろ高まる。

同時に、大統領選で北朝鮮と内通する韓国大統領が誕生すると在韓米軍は身動きしにくくなるからだ。

仮にこの危機の第一次ピークが有事なく過ぎたとしても、それならそれで北朝鮮による核開発、弾道ミサイル開発は一層、際限なく拡大していく。

一方で習主席が「軍事攻撃だけはやめてくれ。それをやられると中国も軍を南下させなければならなくなる」とトランプ大統領に言えば、アメリカ軍の動きは止まる可能性が高い。

なぜ北朝鮮は温存されたか

人類が迎える危機としては、一九六〇年代のキューバ危機以来の事態を迎えていると述べた。しかし真実は、キューバ危機より遙かに深刻である。

キューバは、ソ連のフルシチョフ首相がキューバへの核配備さえ思い留まれば危機が去る単純なものだった。だが北朝鮮は自らの核開発を思い留まらない。

なぜか。北朝鮮は中東で起きた現実をよく知って、学んでいる。

北朝鮮は核、毒ガス、ウイルスの大量破壊兵器と、それらを運ぶミサイルの技術と現物をシリア、イラン、イラクをはじめ中東諸国に売るか、売ろうとする商売で生き延びてきた（当事国はみな否定）。中国の裏援助だけで、国連や日米の経済制裁を凌（しの）いできたのではない。これまで五度も核実験を重ね、やたら各種ミサイルを撃ちまくるのはカタログ販売のためだ。

金正恩委員長や、その亡き父の金正日（キムジョンイル）総書記が暴発まがいに撃っていたのではない。その逆だ。冷徹な、計算高い商売である。

たとえば石油で金満のサウジアラビーアは、狭いペルシャ湾を挟んだ隣国のイラン、また国境線を守りにくい砂漠で地続きの隣国であるイラクが、こうした北朝鮮製の恐怖の武器を入手するのなら、もっと高値で北朝鮮から買い占めるしかなくなる。

そしてアメリカの圧力で核開発を諦めた独裁者、イラクのサッダーム・フセイン大統領、リビアのカダフィ大佐はいずれもアメリカの攻撃を受けて無残な横死を迎えた現実を、北朝鮮は中東に常駐させている営業マン・兼・工作員から常時、克明に摑んでいる。

だから北朝鮮の金一族だけは、アメリカ、さらに中国がどれほど核開発を諦めさせようとしても強固に続けてきたのであり、まさしく、だからこそ北朝鮮だけはこれまでアメリカに温存されてきたのだった。

嘘で塗りつぶされた半島

北朝鮮も国連に加盟している主権国家だ。正式には朝鮮民主主義人民共和国という。その「民主主義国」という名前からして嘘であるように、何もかも真っ赤な嘘で成立している。

初代独裁者の金日成(キムイルソン)国家主席は、ほんとうは金聖柱(キムソンジユ)（一説には成柱）というソ連極東方面軍の第八八歩兵旅団の若い大尉に過ぎなかった。それが、朝鮮の民衆が作り上げた伝説の、つまり正体不明の「英雄」である金日成という名を詐称したのは、ソ連共産党の庇護(ひご)と指令による。ソ連が朝鮮半島北部を握るための道具にされた。

そこから始まる金一族の独裁には、一切の正統性がない。

敗戦後の日本は、この北朝鮮に舐められて、自国民を次から次へと拉致され、それが露見してもなお、誰も取り返しに行けない。

アメリカもこの北朝鮮を見逃してきたのは、被爆国の日本よりもずっと正確に原爆が人類に何をもたらすかを知っているからだ。広島、長崎への原爆投下は、アメリカが今も子供たちに教えているような「戦争を早く終わらせるため」ではなく「戦争が終わりそうだったから急いで人体実験をした」のだった。感情的な推測ではない。その証拠に、たとえば内部被曝だけで外傷のない広島の少女を入院させ、偽薬を与え、治療を装って観察し、放射線障害で亡くなると日本人医師団に直ちに解剖させて、その臓器を見本としてアメリカに持ち帰った。

アメリカはそれでも民主主義国家であり、この事実が情報公開されて日本にも伝えられた。ところが、自由民主党が維持してきた政府もオールドメディアも無関心を装い、したがって国民の多くは知らない。

だからアメリカは核保有国は襲わない。被曝したわれらが知らないことをアメリカも北朝鮮も、もちろん中国も知り抜いていて、大戦後の国際秩序はそうやって成立してきた。

個人の問題にすり変えるな

ところが北朝鮮の核開発が、アメリカの予想を大幅に超えて進展してしまった。直接の責任は、オバマ前大統領にある。

シリアのアサド大統領がもしも内戦で自国民に毒ガスを使えばアメリカ軍を出すと言っていたオバマさんは、サリンが実際に使われると、あろう事かイラン革命防衛隊にアサド政府軍を懲らしめるよう頼んだ。

イランが核開発を放棄する合意を、アメリカをはじめ西側諸国と結んだというのが言い訳になっている。ところが実際は、この合意は十年の間イランが大人しくし、しかも核兵器の数や能力を控えめにするのならば開発して良しという合意だから、北朝鮮は「狂喜した」(アメリカの元アジア駐在公使)。

いわば合法的にイラン相手に核ビジネスができることになった。だからサウジアラビアが一層、カネを出すと、少なくとも北朝鮮は期待できることになり、実際に、出元は別として「核開発の資金がかつてなく豊富になった」(米情報当局者)

核の技術も巨額資金があれば買えるのが世界の現実である。北朝鮮はアメリカが戦慄(せんりつ)する速さで、SLBM(潜水艦発射型弾道ミサイル)とICBM(大陸間弾道核ミサイル)に手が届くところまで来た。

だからトランプ大統領は、これまで決して行わなかった北朝鮮攻撃を現実の選択肢のひとつ、あくまでひとつだが準備せざるを得なくなったのだ。

オバマさんが穏やかな平和主義者で、トランプさんが何をするか分からない好戦的な人物だからこうなったという解説を、日本の学者、評論家、恥を知らないTVコメンテーターは特にお好きだが、個人の問題に帰すればいつまでも日本は情報過疎の国と社会である。

そもそもオバマさんはなぜ、黒人初の大統領になれたか。

公共放送出身の著名なジャーナリストはオバマ大統領の初当選のとき「神の子だ」とテレビ番組で叫んだが、いえ違います。にんげんの子です。

アメリカ国民は、ブッシュ政権のイラク戦争で初めての体験をした。それまでは戦死した息子たちは海兵隊士官らに付き添われて名誉と栄光の帰郷をしたが、イラク戦争では行方不明とされて遺体が帰ってこない、つまりは戦死の事実すら隠されることが相次いだ。

それは、イラク正規軍には楽に勝ったアメリカ軍が、テロリストには勝てないからだ。彼らは、イスラーム過激派を憎んだフセイン大統領が殺されて跳梁跋扈（ちょうりょうばっこ）できるようになった。粗末な、しかしＣ４プラスチック爆薬によって爆発は凄（すさ）まじく強力なＩＥＤ（手製爆弾）がアメリカ兵の躯（からだ）を、どんな高等技術によってしても繕（つくろ）えないほどにバラバラにした。

そのために現代の戦争を憎むようになった有権者に、オバマさんは白人にはできない約束をした。「二度と地上戦をしない」という約束である。

白人にはなぜできないか。日本は戦争に負けたために、横田めぐみさん、有本恵子さんらの拉致被害者を取り戻すことすらできない、国家ならざる国家になってしまった。しかしアメリカは戦争に勝ったために戦争が正義になってしまった。経済も、ハリウッド映画をはじめとする文化も、国も社会も戦争なくしては成り立たない。その利権構造で太った白人の指導層には、戦争を捨てることができない。

黒人のオバマさんはそれを約束し、八年間の政権を維持した。だが、その八年は北朝鮮がアメリカは襲ってこないと安心できる八年だから、アメリカ本土を脅かす核開発を進められる時間となってしまった。

したがって、たった今の半島危機の淵源は、第二次大戦でアメリカがただ一人の勝者となったことにある。日本に英仏ソ中は勝てず、勝ったのは米国だけだ。

トランプさんが、オバマ大統領（当時）の推したヒラリー候補を破って当選し、やるはずの無かった北朝鮮攻撃をひとつの選択肢としては準備しているのは、アメリカが造った大戦後の秩序全体が壊れてきたからであり、その破壊後の新しい秩序でもアメリカが主導権を握りたい野心のなせるわざだ。

だから前述の根本的な日本人の問いに答えれば、北朝鮮は無謀な挑戦をしているのではなく、大戦後の世界の辿る道筋通りに、いわば整然と暴走している。

また日本国が茫然とこの眼前の危機を見るだけなのは、アメリカ離れを唱える自称リベラル派、すなわち敗戦後日本の多数派こそが、国民の生存をアメリカ任せにしているからである。

「日本国民を馬鹿にするな」

このさなかに、日本の中枢では暗黒国会を続けている。

北朝鮮危機をめぐる緊急の安倍・トランプ電話会談のすこし前、三月下旬に参議院の分館二階で経済産業委員会が開かれた。

わたしはここに、有権者・国民の代理人として出席していたから、この様子を伝えよう。

テーマは「平成二十九年度予算の委嘱審査」、つまり約九十七兆五千億円に及ぶ一般会計予算案のなかで経済産業分野の専門的な部分について、予算委員会が審議を経済産業委員会に委嘱、お願いして文字通り専門的な細部にわたる審議をするわけだ。

そして実際、最初に質問に立った与党議員は中小企業の経営について、国が資格を実質的に認定する「経営指導員」が実は、職業経験がゼロだったりする実態を追及した。

この地味な、しかし驚くべき実態を暴露している最中に、大きなテレビカメラに三脚を持った男と、音声を採る機材を持った男が委員会室に入ってきた。

傍聴人もほとんどいなかったが、その傍聴人がもしも健全な常識人であれば、「お、こんな地道にして深刻な問題をきちんとテレビニュースで取り上げるのか」と思うだろう。

しかし、このご大層なテレビクルーは与党席には全くカメラを向けず、野党席の民進党議員と答弁者席の世耕弘成（せこうひろしげ）経産大臣にしきりにカメラを向け、それでいて決してカメラを回さない、つまり撮影はしない。

この時点で元記者のわたしには、もう分かる。「あーあ、何だこれは」という気持ちが湧き上がる。

与党議員の質問が終わり、民進党議員が質問に立ち、そして案の定、こう切り出した。

「質問通告をしていないんですが、森友問題について国民のご関心が強いのでお聞きします。大臣、感想は？」

カメラはいきなり回り出す。答弁に立った世耕大臣は「私はこの問題に全く関与していません」と答えたうえで「国民の関心が強いといっても、それは籠池さんの発言も含めて単なる言いっ放しや噂にすぎない話があるからではありませんか。私も海外出張先でいきなり閣僚Sは（森友学園から）カネを受け取っていたという根も葉もない噂について突然（日本からの）テレビカメラを向けられて聞かれたりしました」と答弁した。

民進党議員は「では本題の自動車の税について……」と質問を変え、その瞬間、テレビクルーの男たちはさっさと委員会室から出て行った。

何でもない光景のようでいて、深刻な、そして腐った癒着（ゆちゃく）をまざまざと物語る場面だ。

この審議のあと、わたしは民進党保守系の知友に聞いてみた。

「ああいう質問をしろと、党が指令を出しているのでしょう？」

「……うん、実質的に出しています」

「経産大臣が森友問題に関わっているという証拠もなにもなく、ただ聞けといわれるから聞く。そして、この議員は結局、本来の専門分野の質問をする時間が足りなくなって、ご本人も一つ質問ができませんでした、と残念そうに質問を終えられました。なんで党の命令をこんな形で聞かねばならないのですか」

「うーん、聞かなきゃいけないよね」

「共産党なら分かる。しかし民進党もそうですか」

「まぁ、視聴率が取れるから。テレビと持ちつ持たれつでやれるからね、森友の件は」

読者もお分かりだろう。

まず民進党からテレビ局に「全部の委員会で（答弁者の閣僚が森友問題に一切関係がないことが明らかでも）森友を質問させるよ」と伝え、あるいはテレビ局からの問い合わせに対してこのように答え、質問予定時間まで全て教える。

テレビ局はその委員会の国民生活に関わる重要な、専門的議論などには全く無関心で、その指定された時間だけ、委員会室に出向いて、民進党議員と大臣の森友に関する部分だけを撮影する。

そしてテレビニュースで「各委員会で一切に森友を追及」、「政府側は苦しい答弁続く」などとやるわけだ。

こんな談合を国民、視聴者が望んでいるか？　わたしは「日本国民を馬鹿にするな」と叫びたくなる。

予算委員会で共産党や社民党らが「教育勅語（ちょくご）を評価するのは許せない」と閣僚の思想・信条を、追及というより取り締まるかのように怒鳴り続けるという真昼の暗黒も恐ろしい。

しかしこうした目立たない暗黒もまた、日本の国会の、国民が知らない深き闇である。

挟み打ちの予行演習

そして、わたしが原稿を書き進めていると、日米電話会談の直後の西暦二〇一七年四月七日、アメリカ海軍はシリアの空軍基地に六十発の巡航ミサイル・トマホークを撃った。

うち一発は発射に失敗し、五十九発が正確にロシア軍を避けつつシリアの兵を殺し、サリンを充填(じゅうてん)した化学弾を自国民に投下したシリア空軍機を破壊した。

米中会談後のディナーで、習主席がデザートのチョコレートケーキにフォークを入れたとき、トランプ大統領が「シリアを攻撃した」と告げて、習主席はただ凍り付いた。これが黙許になった。主席は帰国後に電話し大統領に自制を促したが後の祭りだ。

オールドメディアの報道とは違い、アメリカ海軍は艦隊を二方面に出動させ、シリアとそれを支える背後のロシア軍を挟み打ちにした。地中海とペルシャ湾だ。

これは黄海と東シナ海で北朝鮮を挟み、黄海の奥にいる空母「遼寧」を含め中国軍を抑えつつ、北朝鮮を攻撃する仮想のもとでの予行演習でもあった。前述のように中国軍の介入は、現在のアメリカにとって避けたい事態だが、だからこそやるべき演習はやって圧を掛ける。

シンガポールから北上する原子力空母カールビンソンの打撃群、定期修理をまもなく終える、横須賀が母港の原子力空母ロナルドレーガンの打撃群、これで挟み打ちにする。

西暦二〇一七年四月十五日、北朝鮮は金日成主席の誕生日を軍事パレードで祝った。ジャーナリストや評論家が連呼した核実験は行わなかった。当たり前である。核実験を今やる以上は、アメリカの攻撃をも想定せねばならない。金正恩委員長が地下百五十メートルの居住区から出て、ヒナ壇に姿を現しているときに、できるわけがない。日本の一般的な評論の質はこの程度ということだ。

金正恩委員長が地下に戻った翌日十六日には弾道ミサイルを撃った。これが失敗に終わり、アメリカに対抗できるという虚勢を張り続けるために六度目の核実験をやらねばならない動機は強まった。

さぁ、原稿は〆切だ。この先は、タイムマシンなき予言にならざるを得ない。核実験をやれば、アメリカは攻撃に踏み切る可能性が高まる。北朝鮮による日韓への弾道ミサイル攻撃、ソウルへの長射程砲の一斉射撃、そして日米韓の潜入工作員によるVX、サリン、天然痘ウイルスなどのテロをも覚悟しても、である。中国が最後の最後に、金正恩委員長を脅して亡命させることに成功すれば別だが、この原稿を脱稿する四月半ばの時点では

「亡命は無い」と日本政府の情報機関の長が断言している。

日本の良心と底力

今回の危機は、北朝鮮の金一族という特殊な独裁者が招来したものだろうか。

確かに、その通りだ。

だがトランプ大統領が夢想しているような「金正恩という男を取り除けば、それで良い」ということではない。

朝鮮民族に限らず、われら人類が胸の奥に隠し持っている願望、それは、危機のほんとうの姿から常に眼を逸らしたいということだ。そもそも、ぼくらは誰も、ふだん自分だけは死なないかのような虚構に縋って生きている。

危機はいつも新しい仮面を付けて現れる。今回のそれは南北を問わず朝鮮半島の愚かしさという仮面である。しかし仮面を剥がせば、危機はわたしたちすべての顔になる。

もしも新・朝鮮戦争となれば犠牲は避けられない。その犠牲を人類の目覚めに役立てねばならない。

人間、この弱きもの。おのれと向き合わないその弱さこそが、すべての危機を招くのだ。日本の国会の暗黒を前述した。わたしは今、当事者である。そのために参議院の資源エネルギー調査会で質問に立ち、これまで絶対のタブーだった「北朝鮮の弾道ミサイルが日本の原発に着弾したときの備え」についてあえて四十分にわたって質疑を行った。

そして、わたしは感嘆した。何に。

どこにも良心派のいる、あるいは誰の胸にも良心が宿る日本の底力にである。誰も何も答弁しないと、いったん官僚は抵抗した。それを打ち破る人が、官の側にも出たのである。

次章のなかで、この質疑を正確に読者にお伝えする。

十四の章

何のために生きるかを考える、それが日本の改憲だ

不肖（ふしょう）わたしはテレビが嫌いである。

正確に言えば、テレビ番組に参加するのが好きではない。

テレビもラジオも生放送の緊張感は好きだ。ナマではなく事前の収録であっても、局や制作会社のスタッフに努力や熱意、真情（しんじょう）があればそれに応えるのは楽しい。

と言っても、わたしは芸能プロダクションとは一切、関係を持たない。タレントではないし、ましてやタレントまがいにはならない。

いま国会に居て、たとえば先日、閣僚経験者が「青山センセイはガッポガッポが残っているから、いいよね」と突如、仰った。これを読者にも分かるように翻訳すると「青山さんは国会議員になったらテレビに出るのが減ったけど、その前にもらったギャラの山、大金が残っているから大丈夫だよね」ということだろう。悪気も何もお持ちではない。親しみを込めて話されただけだ。

わたしは共同通信の記者を辞めて本を出すと、テレビの討論番組「ＴＶタックル」からオファーがやって来た。そのあと、三菱総研の研究員のときも独研（独立総合研究所）社長のときも芸能プロダクションから誘われた。「大学教授も評論家もジャーナリストも作家も実際はみな、われわれプロダクションがお世話しています。番組出演は増えるし、ギャラは青山さんの場合、ゼロが少なくとも二つ増えます」と相手は微笑しながら断言し、ある朝の番組名を挙げて「青山さんが七千円の時、隣に座ってたTさんは百万円でしたよ。Tさんは、そりゃ物分かりが良くてこちらの言うことも聞いてくれるけどスポーツ新聞がネタ元で……」と言った。

それがどうした。

伝えるべきを伝えるためにこそ、テレビ番組に参加するときもある。それだけのことだから、カネも頻度も知ったことではない。

だからこの芸能プロダクションの誘いも、即、その場で一蹴した。

人にはその人の生き方がある。おのれの道を淡々と往って、やがて死ねばよい。

テレビに出ている、ないし出ていた人は「ガッポ」と濡れ手に粟のカネをもらっているはずという思い込みは、前述の元閣僚だけではない。参議院議員になってまだ十か月に満たないのに何人もの議員から言われた。

実際は芸能プロと関わりを持たずに、いわゆる「文化人枠」というやつだから雀の涙の謝礼である。

しかし、こうした思い込みが生じるのも、議員から国民までテレビ番組に裏があることをそこはかとなく感じているからだろう。

テレビとラジオの違い

深刻なのは中身をめぐる「裏」である。

番組で発言する人の多数派はテレビ局や芸能プロと癒着(ゆちゃく)して、いつも「なんちゃってリベラル」みたいな話をする……そのように胸の底で感じている人は少なくない。その趣旨の書き込みが毎日のように、わたしの地味なブログにやってくるし、長時間、質問に答えるのが特徴の自主開催の講演会「独立講演会」でも、こうした質問がとても多い。

それは正しい。

日本のテレビ番組では「憲法九条を守ろう。守れば平和でいられる」という姿勢をまず基本に据(す)えて、その上で所属する芸能プロが強かったり、いくらか面白がられる個性があれば、出演機会がどんどん増える。

かつて毎週水曜の夕刻、大阪で報道テレビ番組「アンカー」の生放送に参加していたとき、初期に同席なさっていた女性作家が「うちの事務所が……」といつも、芸能プロに属していることを誇らしげに語るので一驚した。作家たるもの独立不羈(どくりつふき)、筆一本で生きると思っていたからだ。そしてこの在阪テレビ局が一時期、経営困難に直面して番組ゲストを減らしたとき、局の人たちによれば、わたしはこの作家に恨まれたそうだ。わたしだけが残ったからだが、ほんとうはわたしが去りたかった。三〇%を大きく超える「占拠率」(TVを付けている世帯のうち、何世帯がその番組を視ているか)を叩き出してくれる視聴者、それに日本のテレビ番組では画期的なほど良心的だったスタッフへの義務感で残っただけである。

テレビ番組への参加が嫌いだというのは、同席するゲストが「ウケよう」となさるのが、ちと、辛いのだ。この作家のことではない。これも局の人によれば「（所属する）事務所の有名な左翼マネージャーが青山は右翼だと焚きつけたみたい」ということで途中で様子が変わった（ちなみにわたしは左翼からも右翼からも攻撃されるのが、取り柄である）。だがむしろ最初は「私はほんとうは知ったかぶりして喋ってるから不安で……。教えてください」と謙虚に仰っていた。

個人のことではないのだ。テレビに出る人は国会議員もジャーナリストも学者もみなみな様が「また番組に呼んで」という欲をむらむらと噴き出して、横にいる不肖わたしをも直撃する。それはその人の生き方だが、困るのは議論の進め方もその欲がかなり支配することだ。

にんげんとは面白い。これがラジオ番組だと不思議に、その欲はかなり薄まる感がある。顔が露出していると、良く思われたいという欲望が強まるのだろうか。

わたしは「ラジオはパジャマで参加できるから好きだ」と言うことがあるが、それは冗談です。事実は、このテレビ、ラジオの違いなのだ。

九条第二項の温存にもともとは反対

そのテレビの話を冒頭に致したのは、安倍自由民主党総裁の「憲法九条の一項、二項を残し、自衛隊を明記する三項を追加する」という発言が出てから、あまりにも心冷える話がテレビ番組でまかり通るからだ。

それも、ネット上のテレビ番組においてもである。

地上波のテレビ番組の憲法論議が国際社会の常識、日本も守らねばならない国際法の定めからして滅茶苦茶と言うほかないのは長年のならわしだ。これに対しネットではとっくに改憲の意見が圧倒的になった。ところがこの頃は地上波のテレビ局が視聴者の減少でネットTVに進出している。現在のわたしは、このネットTVからのオファーもお断りすることが多いが先日、顔を出した。

すると「憲法九条のおかげで平和でいられた」と主張する野党議員に「拉致（らち）されたままの国民がいて、どうして平和か」とわたしが反論していると「お笑いジャーナリスト」をみずから称する女性が「拉致を持ち出すのは卑怯（ひきょう）だ」と発言なさった。胸のなかが凍りついた。娘や息子を奪われたまま四十年以上を生きてこられた、おそらくただの一度もごはんがおいしくなかった家族にも、それを言うのだろうか。このひとは「軍隊があっても韓国も多くが拉致された」という論法でもあるようだが、同じ半島の内戦で北朝鮮に兵や住民を連れ去られた韓国とはケースがまるで違うことを知ってのことだろうか。

　議論に勝つ負けるよりご自分に仕事があるないより、ひとの命と、そのただ一度切りの人生がたいせつだ。

　わたしが総裁発言をそのまま支持しているというのではない。
改憲時期を早めるのは強く支持する。一方で、二項の温存には反対だ。

　これから自由民主党のなかで、まさしく自由に議論が行われる。政党政治の原則として最後に党議拘束が厳然とある。しかし議論は、わたしも毎朝、党本部の部会で党の方針に逆っても自由に発言している。

本書の読者なら九条の中身を正確にご存知だが、第二項については、もう一度申しておきたい。

第二項は陸海空軍の保持だけを禁じているのではない。「陸海空軍その他の戦力は、これを保持しない」とある。戦車に地対艦ミサイル、イージス艦に潜水艦、戦闘機に地対空ミサイルなどなどを持つ自衛隊が「その他の戦力」に当たらないはずもない。

「どうせ自衛隊は陸海空軍と同じだから……」云々と評する人もいるが、それは違う。軍にとって絶対不可欠の軍法会議を自衛隊は持たない。したがって自衛隊はわたしたち一般国民と同じ刑法や刑事訴訟法の下で武器を使うことになり、限定的な「やれること」を法に書き込むしかない。これを「ポジティヴ・リスト」(これだけはやっても良いよリスト)という。

日本以外のすべての主権国家の軍隊は、国民と国家を護るためには、国際法で禁じられた捕虜の虐待などを除き、何でもしなければならない。これを「ネガティヴ・リスト」、

（これだけはしてはならない、それ以外は常に全てやりなさいリスト）という。

いざという時、たとえば少女が眼の前で北朝鮮の工作員に拉致されようとする時、しかも自衛官が休暇中で制服を脱いで故郷に帰っているとすると、この自衛官はその保護・救出がリストに載っているかどうかを確かめてからでないと動けない。

そして、載ってはいないのだ。

憲法九条の制約

さらに第二項は、その最後の一行にトドメのように「国の交戦権は、これを認めない」という、およそ主権国家としてあり得ない、国際法にありありと違反する定めを置いている。

このために、韓国軍に島根県隠岐郡隠岐町の竹島を奪われても、ロシア軍に北海道色丹郡、国後郡、択捉郡などを侵されたままでも、あるいは沖縄県石垣市の尖閣諸島を中国海警局の機関砲で武装した船で日常的にいま侵されていても、何もできないでいる。

　こうした外国による侵略に対峙（たいじ）するのは国であり、それが交戦する権限も無いのでは外交交渉そのものが成り立たないから、相手国の軍事力のやりたい放題になっている。

　これはイデオロギーや左翼、右翼で分かれる話ではない。単に事実そのままである。

　再登板後の安倍政権はテレビ、ラジオ、新聞、通信のオールドメディアすべてに徹底的に叩かれながら、限定的に集団的自衛権を行使できる安保法制を成立させた。国連憲章にも明記されている集団的自衛権だから、ようやく主権国家としての一部を恢復（かいふく）した意義がある。安保法制のできる前は、海外の邦人が危機に瀕しても救出、保護すらできなかったのも、できることになった。

　ところが憲法はそのままであるから、まさしく第九条の制約によって、その邦人保護は「当事国の同意」があるときしかできないことになっている。たった今の半島危機での当事国は、北朝鮮である。その北朝鮮がたとえばアメリカに攻撃されている最中に、これまで拉致被害者の帰国も拒（こば）んでいて突如、アメリカと同盟関係にある自衛隊が拉致被害者を救出するのを受け容れるのか。

これだけでも恐るべき漫画である。

愚者の楽園かのような

それでも無理に空想を逞しくして「北朝鮮がアメリカに許しを請う手段として、突然に日本に協力する可能性もないとは言い切れないのではないか」と言ってみても、実は安保法制による条件はあとふたつある。

北朝鮮が国内の治安を維持していて自衛隊が戦闘に巻き込まれないこと、さらには、朝鮮人民軍がなぜか自衛隊と協力・連携してくれることも条件になっている。

この、愚者の楽園かのような情況をつくる憲法九条第二項をそのままにして第三項で自衛隊を明記すると「陸海空軍でも、その他の戦力でもなく、主権国家としての交戦権も無い、何とも知れない組織」となり、下手をすると訴訟で、少なくとも下級審ではその第三項が無効とされかねないし、自衛隊が現在よりむしろ悪い地位に置かれて「無法の武装集団」と認定されかねない。

現職の自衛官たちにこの「第二項温存案」を聞いてみると、強く首を横に振る士官ばかりである。

いやしくも総裁がこのような提案をした以上は、自由民主党は現職の自衛官が制服で国会で証言できるように提案すべきである。当事者の意見を国民の前で聴けるようにせねばならない。

ではなぜ、安倍総裁はこのような提案をしたか。

前述のネットTVで「どうして今なのか」と聞かれた。これは敗戦後の日本のオールドメディアの癖だ。わたしの古巣の共同通信社も含めて、どれほど長く苦しみ、論議してきた問題でも何か重大な提案があると、「なぜ今、急に」という論調になる。

実は常に現状維持を欲しているから「なぜ急に」になる。ほんとうは急でも何でもない。あまりに長いあいだ、議論だけしてきたというケースが大半だ。憲法九条は、そのなかでも最も典型的な例である。

拉致被害者の救出のために

わたしは答えた。「間に合わないと思われたのでしょう」。すかさず野党議員が「何に」と聞き返した。予想通りだ。「安倍総理の任期中に間に合わせたい」という話が、わたしの口から出るのを待っている。わたしは「拉致被害者の救出のために」と答えた。

朝鮮半島危機のなかで拉致被害者を助け出すには、自衛隊を動けるようにしておかねばならない。だが憲法の解釈変更では現行の安保法制が限界だ。改憲を最低限でもせねば前述の奇怪な三原則を外せない。

そこで総裁は、公明党の主張の「加憲」、つまり現憲法はそのままにして必要なことだけを書き加えるという案を出し、公明の賛成は確保しようとしている。

すなわち内容よりも、時機を考えての提案だったのではないだろうか。

そしてわたしは西暦二〇一七年十二月に自由民主党本部で開かれた憲法改正推進本部で「早期に、かつ現実に九条改正を実現するためには、考えを変えて九条温存に同意します。しかし現状の自衛隊を固定してはいけません。自衛隊の明記だけでは足りません。本九条は自衛権の発動を妨げないという一項を加えることを新しく提案します」と発言した。信じがたいことに、この一回生議員の提案が実質、受け入れられ、九条に「自衛の措置をとることを妨げない」を加えることが、自衛隊の明記とあわせて自由民主党の正式案となった。

国会審議のタブーを打破

拉致被害者の救出が、関係者の亡くなることによって間に合わなくなることにならないように、できるだけ早くにやれる九条改正とする。それには賛成だ。それならわたしも「第二項の削除を主張していて早期の改憲ができるのか」という問いに晒(さら)されなければならない。

では、どうするのか。

ひとつには何より国民自身が「自分たちをさらに分断していくより、これまでの対立感情も抑えて、一致できる点を見つけていく」という新しい価値を考えてほしい。遠回りに見えて、これがいちばん近道である。

もうひとつは、先ほどの制服自衛官の国会証言を含め、国会審議のタブーを打ち破っていくことだ。

わたしは選挙活動をせず後援会も作らず後援会長も居ず地元もなく、政治献金を受け取らず資金集めパーティもせず、派閥にも都道府県連にも属さない。

国会議員としての活動は公設の三人の秘書と共にすべて、国事に打ち込んでいる。それでも自由民主党がわたしに質問させなければ、とっくに立ち往生している。ところが一年生議員の任期が始まってわずか九か月で七回の質問機会が回ってきた。

前章でこう記した。「参議院の資源エネルギー調査会で質問に立ち、これまで絶対のタブーだった『北朝鮮の弾道ミサイルが日本の原発に着弾したときの備え』についてあえて四十分にわたって質疑を行った。そして、わたしは感嘆した。何に。どこにも良心派のいる、あるいは誰の胸にも良心が宿る日本の底力にである。

誰も何も答弁しないといったん官僚は抵抗した。それを打ち破る人が、官の側にも出たのである」

その質問は西暦二〇一七年四月十二日の水曜に行った。

まずルール通り事前に質問の通告を行うと、参議院の事務方から「こんな質問は受け付けられない。自由民主党の理事と協議してください」という反応があった。なぜ官僚に指示を受けねばならないのか。お断りである。わたしは関係する省庁に集まってもらい、説きに説いた。そして当日の審議はこうなった。（一部の言葉は略）

「自由民主党・こころの青山繁晴です。不肖わたしのささやかな原則のとおり、党利党略のためでなく、ただ国益のためにこそ質問いたしますので、どうぞ国民のためのご答弁をよろしくお願いいたします。

わたしの質問はどうも既存の省庁の枠にはまらない困った傾向があるようで、今回も質問通告をいたしたところ、官僚の方々が大変困惑をされまして、それを全て引き受ける形で原子力規制委員長の田中俊一委員長のほかに官邸から野上浩太郎副長官においでいただきました。ありがとうございます」

以下の質疑は参議院の公式ＨＰで議事録も読める。したがって、最も重大なポイントだけに絞る。

まさかの事態の想定

「原子力発電所におけるいざというときの避難誘導に関して、たった今、課題になるのは朝鮮半島の異常な緊張をめぐるまさかの場合の想定です。

ご承知のとおり、米軍によるシリア空軍基地への攻撃というのは、アメリカのティラーソン国務長官がオールドメディアのインタビューに答えて、北朝鮮への警告でもあるというショッキングな確認もなさいました。

米海軍の空母打撃群の現在の展開ぶりも併せて考えれば、米軍が北朝鮮を攻撃する可能性は、それを評論家のごとく云々するのではなくて、現実に国民を守るための危機管理として冷静にかつリアルに捉えねばならないと思います。北朝鮮への攻撃がもしも万一あれば、周辺国への影響はシリア攻撃と全く異なります。

すなわち北朝鮮からの反撃として、在日米軍が駐留する日本への弾道ミサイル攻撃があり得ることも政府としては当然お考えになっていると思いますけれども、極めて重大なテーマです。そのミサイル攻撃も、在日米軍基地だけではなくて、在日米軍の行動を制約する意図を持って日本の原子力発電所を含む重要インフラを狙う可能性も考慮せねばならないのではないでしょうか」

田中俊一・原子力規制委員長はこう答えた。「ミサイル攻撃によってどういった事態が起こるかはなかなか特定し難いんですが、原子力災害みたいにいわゆる放射能の漏洩とか、そういうことが起こるということであれば、それに対する対応というのは（すでに作成した原子力災害対策指針と）やや類似のところがありますので、ある程度の対処はできるのではないか、応用ができると言った方がいいのかもしれません」

わたしはこう応じた。「田中委員長とは一言もすり合わせをしていません。というか、この場以外でお会いしたことがありません。（しかし）いま委員長が仰ったことは基本的に同感です。まず弾道ミサイルといっても、ミサイルの種類には随分いろいろあります。それから、北朝鮮のようなミサイルですと、性能が必ずしも安定していない可能性があるので、着弾したときにどんな爆発が起きて、丈夫な圧力容器と格納容器に何が起きるかという想定は事実上ほとんど不可能です。したがって、もし想定するとすれば、自然災害、ヒューマンエラーと違って、大規模なあるいは重金属を含む深刻な漏洩が起きるということだけですから、今、委員長がおっしゃった応用ができるというのは、基本的には原則としては間違っていないと思います。

その上で、ここから先、やっぱりやや原子力規制委員会の範疇（はんちゅう）を超えると思うので、先ほど申しましたとおり、野上副長官にも公務の無理をお願いしておいでいただきました。

（中略）平成十六年に国民保護法が施行されて、最初の訓練は鳥取で行われましたけれども、このときは、実は海岸からテロリストがなぜかわらわらと上がってくるというあり得ないような想定でありました。

そのときに、民間の専門家の端くれとしていろいろ意見を申しましたら、政府である程度勘案されたのか、新しい訓練が行われました。それは、関西電力の美浜原発でロケット弾が（中略）直接、建屋に当たるという想定のもと公開で実動訓練をいたし、美浜の地域の住民の方々とともに、そして自衛隊、警察だけではなくて海上保安庁の特殊部隊も史上初めて姿を現しまして、地域住民を実際にバスにお乗せするなどの避難訓練をいたしました。この訓練が行われたこと自体はあれから十数年経た今でも評価できると思います。ところが、この訓練には重大な問題、課題がありまして、どういうことかというと、全部暗記したマニュアル、打合せどおりに手駒のように動かしたので、実態とは実は懸け離れた面がありました。当然、わたしは専門家の端くれとして、事態がどんどん動いていくという仮定の下で訓練することを提案いたしましたが、残念ながら今日までそれが取り入れられて新たな訓練が行われることはなく至りました。今こそ、北朝鮮に対する抑止力を持つためにも、国民保護法に基づく国民保護計画と、それに基づく訓練の在り方、その再検討をお願いできないでしょうか」

これまでは出なかった答弁

一部の反対を押し切って来てくれた野上官房副長官が立った。

「弾道ミサイルなどの武力攻撃により原子力災害が発生した場合には、これはあらかじめ地域を定めて避難等の措置を講ずるものとするものではなくて、事態の推移等を正確に把握をして、それに応じて避難等の対象範囲を決定することとしているところです」

そしてこうも答弁した。

「ミサイルによる攻撃のおそれが高まった場合で武力攻撃原子力災害が発生するおそれが

ある場合には（中略）、事前に（住民を）避難させることはあり得るものであります」

内閣の要、官房副長官が、弾道ミサイルが原発に着弾するという空前の事態にも備えていること、そこではこれまでの同心円型の備えにとらわれず柔軟な作戦で臨もうとしていること、そして空（カラ）情報に終わろうとも事前の避難をはじめ素早い動きに徹しようと考えていること、いずれも「弾道ミサイルが原発に落ちるなんてことは考えるのもタブー」というこれまでの姿勢では決して出なかった答弁である。

その意義は大きいが、わたしは副長官をはじめ官邸に大きな負担を掛けたことは自覚していた。すると後日、この副長官が国会内ですれ違いざま、さらりと「ぎりぎりの線を見定めてされる質問だったから、こちらもやり甲斐がありました」と仰った。

議員となって初の海外出張

この十八日後の四月三十日、わたしは国会議員となって初めての海外出張に出た。国会議員となって最大の、あるいは唯一の誤算が「開会中は海外出張禁止」という定めだった。

久しぶりに世界の現場に出ると、わたしはまずアメリカの最南部テキサスに入ってトランプ政権の現在を摑もうと努め、そこからワシントンDCに移って共和、民主両党の議員と主に朝鮮半島情勢をめぐって通訳を介さず議論した。そしてハワイ真珠湾に飛んで、北朝鮮を攻撃するかどうかの判断、もしも攻撃する場合の指揮、いずれもキーマンとなるハリー・B・ハリス米太平洋軍司令官と互いの眼を覗き込み、米語で魂と志を通わせるように、そして妥協なく議論した。

わたしの話の中心は拉致被害者の救出、そしてもしもアメリカが北朝鮮の核保有を容認すれば日本はそれを許さない、このふたつだった。

これらの詳述は、いずれまた。

十五の章　日本の暗黒を知る

暗黒国会という言葉を、このささやかな原稿で先に記した。

西暦二〇一六年夏の参院選で初当選したわたしたち一年生議員が、最初に体験した通常国会である第百九十三国会は、暗黒を深めて閉会した。

そしてそれが日本の言論界の暗黒とも繋がっていることが、自称・言論人たちみずからの振る舞いによってはっきりと見えてきた。

朝鮮半島危機が迫り、拉致されたはらから、同胞の救出か、それともさらなる惨い苦難か、われら日本人共通の責任として眼前にあるなかで、国会で野党からそれが論じられることがほとんど無く、与党もわたし自身も含めて、国会の役割を果たせなかったことはあまりの痛恨である。しかし、ここは腹を据えてまずは、日本の暗黒の正体をしっかりと摑み、光を差し入れるしかない。

翌二〇一七年の一月に開会した通常国会は、およそ百五十日の会期を終えて六月十八日に閉会した。十五年間も実現しなかった「テロリズムをはじめとする重大犯罪を未然に防止する」という国際基準の法律をようやく「テロ等準備罪法」として成立させ、日本がやっと「国際組織犯罪防止国連条約（ＴＯＣ条約）」に参加できるようになった。

また、ひとを生涯にわたり傷つける性犯罪をめぐり「被害者が親告（自分自身で告げること）をして初めて加害者が問われる」という理不尽な刑法を百十年ぶりに改正し、親告罪であることをやめ、罰も強化した。

これをみれば、成果なき国会というのは当たらない。

だがテロ等準備罪法案の審議は終始、「ＴＯＣ条約はテロとは無関係。安倍内閣は、国民を誤魔化そうとしてテロという言葉を入れただけ」という無知と嘘によって歪められた。

宮家とはなにか

通常国会はさらに、今上陛下のご譲位をめぐる法を成立させた。それは陛下の大御心と民意を実現させる、もうひとつの成果だ。

ところがこれも法の附帯決議に「女性宮家の創設を検討」という、声を喪うような重大な間違いを盛り込んでしまった。これは、祖国のおよそ二千七百年の歴史を覆しかねない。

なぜか。

宮家はもともと男系・父系による皇位継承を担保するために鎌倉時代に端緒があり、本格的には室町時代に確立された制度である。

現在の皇室典範（皇室をめぐる法律）では、皇女が天皇家から出て結婚されれば皇室を離れられる。したがってその配偶者もお子も皇室とは関係が生じない。ところが婚出された皇女が、新しく宮家をつくられれば、その配偶者は誰であっても仮に外国人であっても皇室の一員となり、さらに、そのお子が天皇陛下として即位されれば、その陛下の父はもはや天皇家とは血の繋がりがなく、父の姓を冠した新しい王朝が始まる。

これが母系による皇位継承である。

およそ二千七百年のあいだ、民族の智恵によって世界で唯一、父系で真っ直ぐ辿れる天皇家はここで終焉となる。したがって、ほんとうは「女性宮家」という日本語は存在しない。宮家は必ず男性がご当主でなければならない。それは性差別とは無縁だ。父系による皇位継承者を確保しておくのが宮家ということである。

　わたしがこのようにブログで論じると、「国会議員になったら嘘をついてもいいのか」と苛烈な言葉で非難する書き込みがやって来た。「女性宮家は史上、一回だけ存在している。あなたの議論は、天皇反対派に利用される」という書き込みもあった。

　これは恐らく桂宮を指している。

　桂宮家は明治の時代に、桂宮節仁親王殿下（親王であるから男子）が薨去（皇族や貴人が亡くなること）され、その姉君の淑子内親王殿下が財産管理のためにお家を維持された。見かけはご当主のように見えても実際は家主であり、その証拠に内親王殿下は結婚されず、したがってお子もいらっしゃらなかった。

　皇位継承は男系・父系でなければならないことを当然ながら、理解されていたからだと拝察できる。淑子内親王殿下の薨去によって桂宮家は断絶となり、この桂宮家を女性宮家と考えるのは、初歩的な間違いである。

日本の道を誤りかねない

しかし書き込みをした人が間違っていると言うより、わたしたちの受けてきた教育こそが間違っている。だから書き込みをした人に罪はない。

敗戦後の日本ではほとんど誰も、天皇家のご存在のほんとうの意義や、皇位継承がなぜ父系でなければならないかを教わっていない。ましてや宮家について正確な学校教育など受けてはいない。

わたしもまったく同じである。

わたしが天皇家について学んでいくきっかけは、海外に仕事で出て、たとえば在日アメリカ軍に勤務した合州国海軍士官らから天皇陛下への憧れを聞かされたことだ。

「女性宮家」を入れろと激しく要求したのは野田佳彦元総理である。

民進党で蓮舫代表がみずから二重国籍の問題すらまともに解決できず求心力を見かけよ

りはるかに深刻に喪（うしな）っているなかで、野田さんは幹事長として実権を握り、戸惑う民進党内部の声も押し潰して、自由民主党に「これを入れないと国会で何もかも不成立に追い込む」と迫った。

　それを受け容れた自由民主党もまた、「女性宮家」の深刻なリスクに気づいていなかった。あくまで法律ではなく、新法の成立にくっつけられた附録に過ぎないからだ。

　だから自由民主党の首脳・幹部陣は、反対を言う国士の衆参両院議員や不肖（ふしょう）わたしに「実際は女性宮家ができるわけじゃない」と説得を試みた。一理はある。と言うより、実現させない長い努力こそが、わたしたち国会議員に求められる。しかし、いやしくも国会で、しかも全会一致で決めた附帯決議に、根本的な誤謬（ごびゅう）である造語を盛り込んでしまった罪は、わたしを含めて重い。反対していたからといって罪は免（まぬか）れない。

　ではなぜ野田元総理は、女性宮家にそこまで拘（こだわ）ったのか。

　宮中の極めて深い部分にいる、良心派の人物はわたしにこう証言した。

「野田さんは陛下の大御心を誤認している。野田政権の時代に、陛下が皇位継承の将来を心配されたことを、『では女性宮家をつくり、そして女系・母系の天皇陛下であっても絶えるよりは良いというのが陛下のお考えだ』と勝手に誤解した。総理を退任した今はもう、陛下と直接、お話もできないのに思い込んだままだ」

わたしは宮中の複数の別の人物に、これが公平な見方であることを確認した。

それに加えて民進党の内部まで聞き込んでいくと、野田さんの個人的な野心がくっきり浮かび上がった。それは野田さんが総理時代にいわゆる有識者を使って女性宮家の創設、そして女系・母系天皇の容認にまで踏み込もうとして、総選挙の敗北でそれに至らなかった政治的敗北を恢復（かいふく）しようとする野心である。

民進党の中にも居る国士の衆院議員は「あの人の未完の野心に付き合わされるのは迷惑なんだよ」と言い切った。

日本の強さの根幹

自由民主党も、こうした気配に気づきながら抵抗が弱かったひとつの原因は、眞子内親王殿下がご婚約されるという明るいニュースに民心が動かされたこともある。「あんなに素敵なのに皇室を離れられるなんて」、「このあと妹君の佳子内親王殿下もいずれ結婚されたら、皇室に誰も居なくなっていってしまう」という報道がどんどんなされた。

日本を史上初めて占領したGHQが「日本の強さの根幹は天皇にある」と見抜き、皇室の弱体化をビルトインするために、敗戦当時に十四家存在した宮家のうち、天皇陛下の弟君以外の実に十一家までを皇室の外に出してしまった（臣籍降下）。そこには何らの日本国民の意思も無く、法の裏打ちも無かったことは教育でも報道でも一切、語られないから、真面目に学校で学び、テレビや新聞が嘘を付いているとは思わないふつうの国民は、こうした事実に触れることが無い。この旧宮家のなかに、秋篠宮家の次世代の天皇陛下、悠仁親王殿下、十二歳（平成三十一年春現在）と同年配の男子のお子たちが六人もいらっしゃることも、こうして国民に知られることが無い。

関西のある英明な知事が、烈しい口調でわたしにこう仰ったことがある。「青山さん、旧宮家の復活なんて絶対に駄目ですよ。私がX国の大使館に居たとき、旧宮家の男性がやって来て女性のいる酒席から何から要求ばかり。すっかり駄目になっている」

知事の真摯な言葉の背景は「皇籍離脱からもう七十年以上が過ぎ、今さら帝にはふさわしくない」との意見が人口に膾炙していることだ。二千数百年の歴史にとって七十年にいかほどのことがあろうか。皇籍を復活される方がひとり、あるいは少数ならともかく、さまざまな方がいらっしゃる。これを語るのはタブーに近いが、現在のご様子の調査は当然、必要になる。

そしてこれは現在ではタブーであっても皇位継承の永い歴史ではふつうに行われてきたのである。ただ機械的に継承していただいていたなら、このように長年、続くはずもない。

さらに人は変われる、責任によって変わるという大切な事実を無視している。

そのうえで、まだ成人されるずっと前の十二歳前後の男系男子が六人もいらっしゃるのは、天皇家の長い歴史のなかで実は今は皇位継承が安定する時代なのだ。お子様であるから、成人のご乱行とは無縁だし、帝王学も今なら間に合う。そのお子様のいらっしゃる旧宮家を皇籍に戻すか、成人込みではどうしても嫌というなら（わたしは全くそう思わない。旧宮家に対する不当な中傷に近いと考えるが）、お子様が現宮家にご養子として入って頂ければよい。皇室典範の簡素な改正で済む。

元総理大臣である野田さんの暴走を許し、陛下のご譲位をめぐる立法措置に暗黒部分を挿入せしめてしまったのは、政治的妥協の産物どころではない。国会議員の信じがたい無知と怠慢によることを、わたしも含めて自覚せねばならない。

総理大臣の発言の重さ

さらに通常国会は、森友学園事件と加計（かけ）学園の一件で多くの審議時間と国費を費やしに費やした。

森友学園事件は、理事長が公金を詐取（さしゅ）した疑いの濃い刑事事件であり、国会ではなく司法が裁くものだ。

安倍晋三総理が憤激のあまり、国会で「私が関わっていたなら総理も議員も辞職する」と発言したのは、大きな誤りだ。野党は一斉に、これに食いつくしかなくなった。総理の関与を実証できれば、あの強かった安倍内閣が退陣となるのだ。総理たるものは、みずからの進退を死してでも口にしてはならない。口にするのは、実際に天命を終えて辞職する、ただそのいっときだけだ。在任し続けようとするときは口にしない。

安倍総理は、このあと加計の一件でも進退を口にした。野党に肉汁が滴っているような餌を与えたも同然である。わたしは、この安倍総理発言を現場で聞いて慄然とした。

それでも歴代の総理と違って、安倍総理はいくら進退を口にしても辞職とは全くならないということは一方で、政権への国民の支持の根強さを物語る。いくらオールドメディアが野党と一体になって偏向の限りを尽くして攻撃しても倒閣にはほど遠い。

それに加えて、森友事件でも加計の件でも攻撃の根拠があまりに希薄ということがある。

森友学園が、伊丹空港の騒音地域に小学校を造るにあたって安倍総理や昭恵総理夫人が汚職をやらかしたのではなくて、学園側が総理夫人を利用した詐欺事件の疑いが濃いのは実際は誰の眼にも明らかだ。

昭恵さんは軽率の誹り(そし)は受けても、学園で学ぶ子供たちのためという善意であったこと、これもふつうに暮らして仕事をしている国民なら分かる。そして安倍総理が最後までこうした昭恵夫人を守り抜き、昭恵夫人がたとえばアジア諸国でも子供の教育と保護のために力を尽くしていることを国会で懸命に紹介したことは、ふつうの女性たちには「人間として正しいですね」(わたしの読者の主婦)と受け取られている例も少なくない。

加計の件は何の問題も無い

加計学園の岡山理科大学が四国の今治(いまばり)市に獣医学部を新設しようとしている件は、先ほどからわたしが「問題」とは書かないように、まったく何の問題も無い。

問題なのは、半世紀にわたって獣医学部の新設を阻んできた文部科学省、そのなかの前川元事務次官ら旧文部省グループだ。前川次官は違法な天下り問題で辞任したのであり、辞任は加計の件とは無関係であることも、その既得権益の死守と根っこで深く繋がっている。

背景には、獣医学部は国公立に少なく、私立大学が寡占状態にあり、その大学の勢力が文科省の一部、あるいは国会の文教族の一部と癒着していることがある。

愛媛県の知事を務めた加戸守行・元文部省官房長は産経新聞にこういう重要な趣旨の証言をしている。

「獣医学部は東日本に八割、西日本に二割と偏在していて、西日本に多い口蹄疫や鳥インフルエンザの深刻な被害に自治体が充分に対応できない。だから今治市も愛媛県も懸命に誘致していた。加計学園がそれに応じてくれたのは実に有り難かった。加計学園の理事長が安倍総理と個人的に友達なんて、全く知らなかった。むしろ自由民主党が冷淡で、民主党の鳩山政権が積極的だった」

わたしは「夜バズ」というネットＴＶで民進党議員、文科省ＯＢと議論したとき、民進党の高井たかし代議士が昨年四月の衆議院地方創生特別委で今治への獣医学部誘致を力説し、そのブログでは加計学園の名も明記していたのに現在は沈黙を守っていること、声高（こわだか）に追及している玉木幹事長代理（当時）は父上が香川県獣医師会の副会長であり、獣医師連盟から百万円の献金も受け取っていることを糺（ただ）したが、こうしたことも常に無視されている。

　自分の思い込みや主張に都合のいい事実だけは集め、不都合な事実は無視するというのはネット社会の暗部だ。ネットには、国民・市民の自律にとってかけがえのない効用が膨大に存在し、それとほぼ同規模に暗黒面も広がっている。その暗黒面だけが国会をも侵食している感もある。

　この暗黒のひとつの要因が「ネット依存では現場に行けない」ことがある。この暗黒は、本稿の冒頭に記したＴＯＣ条約をめぐる無知に通じる。

　わたしは長年、テロ対策の実務の現場を歩いてきた。凄惨（せいさん）なテロや戦争の現場にも入っているが、そこまでやらずとも国際会議の経験を積むだけで、どなたでも分かる真実がある。それは「テロ」と言っただけで、国際社会はまとまらないということだ。だからＴＯ

C条約の名に「テロ」の文字がないだけである。国会では野党議員が、メディアでは自称ジャーナリストや評論家やお笑い界、芸能界のコメンテーターが「安倍政権はずるい。テロと言っただけで国内外は納得すると思って、テロと関係のない、テロという言葉が条約名にないTOC条約にかこつけて、市民を監視・弾圧する法案を通した」と今も仰っている。は？

ウイグル人はみずからの行動を独立運動と言い、中国政府はテロと呼んで烈しく弾圧している。ウイグル人と同じくトルコ系の諸国のなかには、この中国の反応や行動を嫌悪する人々や政府が少なくない。したがってTOC条約についてもしも「テロを防ぐための国際条約」と掲げると、TOCのように世界の諸国を網羅する条約では交渉がまとまらない。

TOC条約の画期的な点

またTOC条約はテロリストの資金源に着目している点が画期的なのであり、そのために暴力団やマフィアなどの既存の集団に着目して、その犯罪を未然に防ぎ、テロの温床とならないように工夫している。

だからＴＯＣ条約は「国際的な組織犯罪の防止に関する国連条約」という名称になっている。「テロと関係のない条約」どころじゃない。ど真ん中にして根幹のテロ対策条約である。

こうした無知と、都合のよい切り貼りに加えて、自己顕示や虚栄がどっと入り込んでいるのが悲しいことに日本の言論界である。

その度合いは、選挙を抱えている議員よりも言論人に激しい。たとえばテレビに出してもらいたいという欲に駆（か）られているからだ。言論界と呼ぶのもためらうほどの幼稚な言説、いや明確に言えばただの嘘と中傷誹謗が、不肖わたしのような小さな存在にも降り注ぎ続けている。

これまで読者や視聴者からどれほど「反論すべきだ」、「告訴すべきだ」と求められても、わたしはこうした嘘、中傷を無視してきた。国会議員とは本来、命も要らぬ、カネも要らぬ、地位も要らぬ、そして虚名も要らぬという人間だけがやるべき仕事である。そしてわたしは議員になる前からずっと、世に対して発言し、実務面でも祖国の改革に取り組む以上はこの覚悟のもとで生きてきた。そのまま死ぬ。

しかし、この四つの最後の名について申せば、要らないのはあくまでも虚名であり、名誉のためには切り結ぶ。

わたしは亡き母、ことに津山藩の武家の娘であることを強烈に自覚し続けた母に「ひとのためにはいつでも刀を抜け。自分のためには決して抜くな」と幼い頃に教えられて育った。

これはわたしの背骨である。だから自分のために戦ったことは、無い。

最低限度の戦いを始める

だが、国会の暗黒をまさしく現場で見て、言論界の暗黒と通底していることを痛感し、おのれのためではなく日本の言論、ジャーナリズムに影響を受けざるを得ない国民のためにこそ、最低限度の戦いを始める。

たとえば、関西のテレビ界のヒーロー、辛坊治郎さんである。

辛坊さんの近刊『ニュースで伝えられない　日本の真相』を読んだという読者から「ひどすぎる。青山さん、放置しないで」というEメール、ブログへの書き込みが届いた。確認してみると~青山の出馬決意が公示直前だったというのは嘘~という趣旨で、その理由をこう書いてある。「青山さんを加えて自民の比例名簿が二十五人になったことや、すぐにポスター掲示が始まったことなどを考えると、相当早い段階で出馬は決まっていたはずで、業界人としては『こりゃないよな』と思います。（中略）今回のことが起きるまでは、完全に『無色』のイメージだったんですが、ちょっと『おいおい』ですね」

わたしがまさかの出馬に至る経緯を間近に見ていた読者のおひとりからは「おいおいと言われねばならないのは辛坊治郎の方です」というEメールが来ている。

名簿の数うんぬんは意味不明だ。「早い段階で出馬が決まっていた」という決め付けのなぜ根拠になるのか。むしろ逆ではないか。最後にわたしを加えて二十五人になったのなら――。（それが事実かどうかは知らない。わたしは党の勝ち負けのために出馬したのではないから）

しかしそれより遥かに深刻なのは二点だ。ひとつにはなぜ、ポスターの印刷会社に取材しないのか。実際は公示日のあまりに直前に出馬を決めたから写真撮影もポスター印刷も間に合うのか心配された。ジャーナリスト、著述家というなら、こんな最低限の取材、確認ぐらいしてください。それをすれば、自分の思い込みが間違いだと一発で分かるのに、しない。今回のことだけだとはとても思えない。思い込みだけで勝手に書き散らし、言い散らしているのではないかという疑問を持たれても、やむを得ない。

もうひとつ。ポスター掲示は、わたしの発信に長く関心を持たれてきた人々のボランティアで行われた。すぐに掲示が始まったというのは、その人々の熱い志の表れであり、こうした努力や志をいとも簡単に卑しい話にすり替えてしまう、これも根深い習慣が窺える。

無知と中傷

あるいは勝谷誠彦さん。

兵庫県の西宮市で五月二十五日に行われた講演をユーチューブで見て憤激した国民から「告訴すべきだ」というEメールとブログへの書き込みがやって来た。Eメールにはこうあった。「勝谷氏は、四月十一日に首相公邸で安倍総理と会ったと言って、本当は安倍総理は去年の参院選に僕に出て欲しかったんだけど……という趣旨を強調し、こう発言しました。『僕の代わりに出た人もいますけどね。今、議員やってはりますけど。誰とは言わないけど。メタンハイドレートが好きな人ですけど。あんなんと一緒にしないで欲しい。俺の代わりがあの人。なんで俺は嫌われることしか言わないのかね。言わずもがな、のね』。実に許し難い内容です。客観的に見て『僕の代わりに出た人もいますけどね』という発言は事実に反する。『誰とは言わない』と誤魔化しても『メタンハイドレートが好きな人』という皮肉を込めた発言でそれが青山繁晴氏であることは明確です。そもそも『メタンハイドレートが好きな人』とはどういうことか。青山氏は好き嫌いでメタンハイドレートの実用化を目指しているのではない。日本のため、私たちの子々孫々の為だけに自前資源の開発、実用化を目指して既得権益と長い間、戦ってきた人だ。そんなこともわからんのか。かつて室井佑月（ゆづき）氏と女性週刊誌で対談した際も、勝谷氏は青山氏に対して根拠のない批判をした。勝谷氏は、無責任な発言について明確な回答及び謝罪、訂正をすべきです」（Eメールの原文のまま）

わたしは西暦二〇一六年夏の参院選についてはその年の一月四日に、安倍総理の意思として世耕弘成官房副長官から正式に要請を受けた。それを皮切りに半年のあいだ要請を受け続け、昨年六月二十二日の公示の直前になって総理から電話を受け、それを契機に初めて現実に出馬の可能性を考え始め、配偶者の青山千春博士と清水麻未・独立総合研究所社長秘書（当時／現・三浦麻未公設第一秘書）がそれぞれ強く奨めたことを受け容れて決めた。

勝谷氏と何の関係もない。もともと、わたしへの出馬要請は記者時代に始まり、このときには八回ないし九回目に及んだ。要請の始まりのとき勝谷氏はまだ週刊誌記者ではないだろうか。その代わりなどという荒唐無稽（こうとうむけい）なことを公衆に話すのは、どういうことだろう。「いやらしい男の嫉妬（しっと）も感じられます」と読者からのEメールにはある。

この勝谷氏は、空港などで見かけるとサングラスや帽子などで変装なさっている。わたしはふだん声をかけない。余計に目立っていて不可思議には思うが、それぞれの生き方である。しかし、前述の読者のEメールにある女性週刊誌の対談による虚報があったとき、たまたまその姿の勝谷氏と伊丹空港のエレベーターで一緒になった。この対談で室井さんが「青山さんは政府からカネをもらっている」という趣旨を発言し、勝谷さんもそれを肯定している対談だった。

無知と中傷の対談である。わたしが社長を務めていたシンクタンクの独立総合研究所が公募による公開手続きで選定されて国益のために調査研究を遂行し、公募の際に決まっていた調査費が支払われたのを、内緒で不正なカネをもらったかのように言うのだから、話にもならない。

室井さんはかつてわたしに「ほんとは知ったかぶりで（テレビで）しゃべってるから不安で…教えてください」という趣旨を謙虚に話されたひとだ。しかしその後も、たとえば政府から民間のシンクタンクに委託研究の募集が昔も今も行われていることも何もご存知ない。知的な探究がどう行われているかもまるでご存知ないまま、テレビ番組などで社会的発言をされていると指摘するほかない。

エレベーター内にわたしの秘書以外は余人がいなかったから「勝谷さん」と生来の大声で声をかけた。すると、たいへんに吃驚（びっくり）なさった。誰でも気づきますよ、勝谷さんと。

わたしが週刊誌の名誉毀損（きそん）を指摘すると「そんなことは言っていない」。いや、対談記事が実際にありますよと指摘すると「青山さんほどカネにきれいな人はいない」と突然に褒めそやして去っていかれた。

この件でも、読者や視聴者さらには独研内部に、名誉毀損で告発すべきという意見があった。しかしわたしは、この勝谷さんの情けない弁明だけで、良しとした。理由は前述の通りである。そして勝谷さんを追及はしない気持ちもあった。

勝谷さんも室井さんも個人的な付き合いは一切ないが、テレビ番組でご一緒したことはある。袖振り合うのもご縁、その気持ちである。

それを勝谷さんは、自己顕示による嘘で裏切った。裏切る人の言説を受け取る国民は災難だ。国会審議と通底する日本の闇である。

ことは辛坊、勝谷のご両人だけではない。次の機会に検証していく。

勝谷さんはこの頃から二年ぐらいあとに、惜しまれつつ病死なさった。たくさんお酒を呑まれて劇症肝炎だったということが関係者からは語られた。今すべてを超えて、こころから勝谷さんの平安をお祈りする。

十六の章　暗黒を超ゆるは明日ならず

一本の嬉しい電話があった。

残念ながら、嬉しいということはほぼ起きない日々のなかで、こんな電話はどれほど貴重だろうか。

英語に struggle という言葉がある。ふつうに訳せば「闘う」だが、泥の中を腰まで浸かりながら前へ、というニュアンスがある。かつて大学紛争の時代に、三島由紀夫さんが学生たちと鋭く対決しつつ京大全共闘の「STRUGGLE」と題した機関紙を「あれはいい」と褒めた。高校一年だったわたしは、その英単語が胸に残った。

今この機関誌を探し出して読んでみると、生煮えのお話で埋め尽くされていて、三島さんが何を褒めたのか首をひねる。ひょっとして、この題「STRUGGLE」の泥中をもがき進む姿勢だけを褒めたのだろうか。

非力なわたしの仕事は、共同通信記者、三菱総研研究員、独立総合研究所社長、そして参議院議員いずれの時代も struggling、ゴールの見えないただの苦闘千里だ。にんげんの欲望や嫉妬、保身、そこから来る思い込みという泥、あるいは敗戦後の日本という国家無き国家の闇の泥に足腰を摑まれる。仕事のうち作家や教職にはもともとゴールがないが近道もなく悪戦苦闘に変わりない。そこに嬉しいひとときをもたらしてくれた電話の主は、すぎやまこういち先生だ。

現代日本を代表する作曲家にして東大理系出身の異彩、すぎやま先生はかつてはザ・タイガースの「モナリザの微笑」をはじめ時代を画するヒット曲を連打した。現在は、ゲーム「ドラゴンクエスト」、通称ドラクエの劇中交響楽の作曲と指揮で若い世代にも憧れのひとである。祖国が敗戦によって誇りを喪ったことを憂える国士でもある先生は、ドラクエも日本復活を暗喩するドラマとして捉えて作曲される。たまにわたしに電話してこられて、政治や社会への至極まっとうな憤怒を語られる。しかし、この日は違った。

「質問、素晴らしかった」

そう仰る電話の向こうの先生に、わたしは「光栄です」と頭を下げた。参議院の閉会中審査に参考人として来られた文科省の前川・前次官、加戸・元官房長（その後に愛媛県知事）らに質問したばかりだった。

すると先生は「特に加戸さんから、愛媛県に獣医学部ができるのは、（前川氏が主張するように行政を歪めることではなく）歪んだ行政を正すことだという答えを引き出したのが良かったね」と続けられた。

読者のみなさま、これが嬉しかったのではない。幸か不幸か、今のわたしはこうした評価を伺っても嬉しくはならない。任務をほんのわずかには果たせたかと考えるだけである。信じられないですか？　しかし事実だ。望まずして就いた国会議員の仕事は、それほどに重い。

既得権益と戦う人

すぎやま先生の次の言葉に、ぱっと眼の前が明るく、嬉しくなったのである。

「あの加戸さんはね、ＪＡＳＲＡＣで一緒に、演歌界の既得権益と戦った仲なんですよ」

ＪＡＳＲＡＣ（ジャスラック）とは日本音楽著作権協会だ。加戸さんは旧文部官僚のとき、著作権をめぐる理念とルールを日本に確立した功績で知られる。現在の著作権法の原案を書いた人物だ。

著作権の権威として、役所を退官後にＪＡＳＲＡＣの理事長となったことは知っていた。そして、すぎやま先生がＪＡＳＲＡＣの評議員であることも知っていた。しかし、そのふたつが結びついてはいなかった。

すぎやま先生はかねてから音楽界の既得権益に対峙し、文化勲章の受章者について音楽界からは演歌の作曲家が優遇されすぎだと警鐘を鳴らし続けている。すぎやま先生によると、著作権に関しても演歌界に有利になるように仕組まれていて、加戸さんは理事長になると敢然と戦ったという。

その知られざる事実が、不肖わたしの拙い国会質問に顔を上げて、背筋を伸ばして答えられた元文部省官房長、元愛媛県知事、加戸守行さんの姿勢にぴたり重なった。

あぁ、まさしく既得権益と戦う人であり、だからこそ後輩の前川・前次官に敢然と反論なさったと、あらためて眼前が広がるように分かった。

NHK、朝日、毎日らの記者に問う

わたしは常々、日本社会にはどこにも良心派がいる、隠れていると申してきた。それが日本の凄みだとみなさんに説いてきた。

しかし、まさしく既得権益に漬かり続けるNHKや朝日新聞、毎日新聞らが、まるで加戸さんは国会に来なかったがごとくに、国会証言というあまりにも隠れもない客観事実をすべて無視したことには、さすがに、ほんの少しだけではあるが落胆した。

わたしという議員もこの世に居ないがごとくに国会で質問した事実を消されたのだが、それは措くとしても、二人の参考人の一人だけ、自分たちの既報に沿う前川さんの発言だけを報じて、既報を覆した加戸さんは居なかったことにした。メディアの在り方などというレベルではない。最低次元のただの保身である。世の事実を報じるより、おのれを守ることを絶対視している。

しかし加戸証言は一過性、かりそめのものではなく深い信念、強固な実行力に支えられていることが、すぎやま先生の一本の電話からわたしの胸に届いた。加戸さんも前川さんも日本の官僚出身だ。官界の抱える闇は、政財界のそれと同じく敗戦後日本の「戦争に負けた、資源もない国のままにしておけば都合がいい」という世界にない、異様な利権と根っこから繫がっている。その官界にも凛（りん）として立つ、もののふが居た。それならやっぱり、日本はどこにも良心派がちゃんと隠れている。

わたしは、それが嬉しかった。限りなく嬉しい。

そのうえでＮＨＫ、朝日新聞、毎日新聞らの記者諸君に問う、朝、顔を洗って鏡に映る自分の眼、それは、はっとするほどに濁ってはいないか。

僭越（せんえつ）ながら、わたしはみなさんのふつつかなる一先輩だ。およそ十九年、事件記者、経済記者、政治記者を精一杯に務めて報道機関の手の内は知り尽くしている。現場の記者が、メディア内部で言う「上層部」、すなわち本社のデスクや部長に実はいかに弱いか、それも、かつての我が身のこととして熟知している。だが国会担当記者が、ありのままに質疑を見聞きしメモして「質疑詳報」を書き、加戸参考人とわたしのやり取りだけごっそり削られたときに、黙っていていいのか。

わたしの長年の主張が嫌いでも背後に四十八万一千八百九十人の有権者の有効票があることを、政治記者なら誰より分かっている。

あったことを無かったことにする。それも国会質疑、いったんはＮＨＫが国民に生中継した質疑を無かったこととして扱う。ＮＨＫは自ら放送した中身を、編集したニュースでは公共放送の使命をかなぐり捨て、あろうことか時代の病であるフェイクニュースに変えてしまった。

冒頭に触れた大学紛争の時代に顕れた、日本の高等教育の損壊を上回る、日本の報道の自由の自壊である。そして記者のみなさんは、何のために記者を志したのだろうか。

「加計問題」は存在しない

わたしは西暦二〇一六年の夏、参院選のただ中で電話してきた週刊文春の記者に「これから家へ帰って裸になって風呂へ入るとき、週刊文春の記者でございという鎧を無くしたほんとうの自分を見てみろ。恥ずかしくならないか」と大声で問うた。

週刊文春は選挙を妨害する罪、名誉を不当に穢す罪を犯す目的で、わたしが共同通信の取材費数百万円を取材のためではなく私的に使い込んだという話を偽作した。ところが当時のわたしは、日本が初めて体験した国際テロ事件のペルー日本大使公邸人質事件を取材するために首都リマに居たから、そんな大金を使い込む機会すらない。そこで週刊文春は偽情報をもたらした人間たち、そのなかには自称ジャーナリストも、保守系を自任する政治評論家も居て（その名前や正体はすべてばれている）、彼らから「リマのゴーゴー・クラブにでも行っていたのじゃないか」という咄嗟の嘘を聞き、電話でそれを質問するというよりは、言い募って追及した。わたしは「リマにゴーゴー・クラブってあるんですか」とまず、ふつうに聞いた。

そもそもテロ現場の最前線で取材していて、リマに歓楽街のようなものがあるのかどうかも知らない。だから不思議に思ったのだ。そして呑気（のんき）なわたしはやっと彼らの意図に気づいた。嘘をほんとうに見せかけるための材料を探している。

それは実に、今回の「加計問題」なるものの報道とそっくりである。

オールドメディア、外国勢力がカネを出して日本人を使うネット工作、偽リベラリズムが思い込みで書き込むネット上の一部議論は、わたしと加戸参考人の質疑を貶（おとし）めることにも今、お忙しい。好きにやれば良い。どうせ struggle である。泥が怖くて、河を渡れるか。

ただ、広範な国民に考えてほしいことが、ひとつある。

個人の公金詐取事件である森友学園事件、それから加計の一件、国会はもり蕎麦、かけ蕎麦ばかりとはよく言ったものだが、この蕎麦一枚、一杯で現内閣の是非を考えるのは、ほんとうに正しいのだろうか。

日本の構造

第一次安倍政権は、国民投票法を成立させたために決定的に日本のオールドメディア主流派の標的となった。

日本国憲法といえども自称護憲派の思惑とは別に、人間の作った憲法の本分として改正条項がちゃんと九六条に実在している。そこに盛り込まれた国民投票で決するという趣旨を法で具体化することすら、まるで怠ってきたのだから自由民主党は「自主憲法の制定」という結党の精神をみずから置き去りにして恥じない、許しがたい存在でもあった。いや、それだからこそ、この党は敗戦後の日本に存在を許され、たとえば旧文部省、現文科省は自由民主党文教族の一部と一体となって日教組と裏で手を結び、既得権益の形成に与ってきた。それを安倍晋三総理が、国会の発議でいつでも実施できる国民投票に整えると、メディア、学界、野党に加え自由民主党内部からも烈しい倒閣運動が起きた。これが日本の構造だ。

その構造は温存されている。

だから石破茂・元自由民主党幹事長を含め自由民主党の一部議員と日本獣医師会、文科省、そして獣医師会の政治団体から献金を受け取り父と弟が獣医師の玉木雄一郎幹事長代理（当時）ら民進党の一部議員の利害が一致して「石破四条件」なるものが作られ、地方創生担当大臣だった石破さんが閣議に出して決定された。西暦二〇一五年六月末のことだ。

その二か月強あとに、衆議院議員会館で石破大臣（当時）が日本獣医師会の蔵内勇夫会長らに「どこのどなたが、どのような形でも、現実には参入は難しいなという文言に致しました。練りに練ってね」と発言した…このような衝撃の内部証言が、今回の騒動の果てに浮かび上がってきた。

それが産経新聞（西暦二〇一七年七月一七日付朝刊）の一面トップを飾り、産経によれば石破さんは文書で全否定していることもフェアに明記せねばならない。しかし石破さんを除く関係者はこれを悪いこととも思っていないらしい。わたしも関係者の全員に話を聴くことは不可能だが、少なくともその雰囲気は感じられる。

その意味する闇は深い。

「四条件を満たせば、新たに獣医学部を開設できる。道は開かれた」と石破四条件を解釈するのが、健全な国民の常識だろう。ところがこれは「実現不可能」と石破さんを含めた関係者が考える無理難題を、しかも四つまで新規参入者に突きつけて自由競争を阻むためのカラクリだったのだ。

文科省の省益のカラクリ

だが国家戦略特区の突破力は安倍総理が「いかなる岩盤規制も突破する」と豪語するだけのことはあった。

文科省は、鳥インフルエンザで隣の中国が死者を出そうが、口蹄疫（こうていえき）が宮崎県の畜産農家に破滅的な被害を出そうが、BSE狂牛病が千葉、北海道、神奈川、熊本に侵入しようが委細構わず、半世紀にわたり獣医師の養成機関の拡充を認めなかった。

そして西暦二〇〇三年に文科省告示を出して「医師、歯科医、獣医師、船員は新たな養成機関の設置を認めない」と決めてしまった。

学校の許認可権を一手に握ることを既得省益の中核とし、それによって学校などへの違法な天下りを前川・前次官も加わって続けてきた文科省らしいやり方だ。そして法でもなく政令や省令でもなく告示という省庁が勝手に出せる命令があることすら知らないオールドメディア、国民を見事に出し抜いて既得権益を守った。

ほんとうは加戸さんという国士はここで登場する。

愛媛県知事として、そして元官房長として文科省の実態を知り尽くす立場から、動物のウイルスをめぐる危機に立ち向かうため、県議を通じて知った加計学園の岡山理科大学獣医学部を県内の今治（いまばり）市に勧誘するべく立ち上がった。

加戸さんは国会で、わたしの質問に答えて、まず参考人として事実を述べる機会が生まれたことに感謝を述べられてから、こう語った。

「もう十年前に愛媛県知事として今治に獣医学部の誘致を、当時は構造改革特区の名の下に申請した当時のことを思い返しまして、はなも引っかけていただかなかったこの問題が、こんなに多くの関心を十年後に持っていただいているということに不思議な感じがいたしております」

「当時、愛媛県知事としてたくさんの仕事を預かりながら、県民の生命、身体、財産、畜産業の振興、食品衛生、その他で一番苦労しましたのが鳥インフルエンザ、あるいは口蹄疫の四国への上陸の阻止、あるいはＢＳＥの問題の日本への波及の阻止。言うなれば、四国という小さな島ではありますけれども、こういった感染症対策として一番、防御が可能な地域という意識もございました」

「そして、アメリカがこの問題で、狂牛病の体験を受けて先端切って国策として、これからはライフサイエンスと感染症対策をベースとした獣医学の教育の充実ということで、大幅な獣医学部の入学者の増加、そして三つの獣医科大学の新設という形で懸命に取り組んでいる姿を横で見ながら、何と日本は関心を持っていただけない国なんだと、私は少なくとも十年前に愛媛県民の、そして今治地域の夢と希望と関心を託してチャレンジいたしました」

「厚い岩盤規制で、はね返され、はね返され、やっと国家戦略特区という枠の中で実現を見るようになった今、本当にそれを喜んでもおります」

そして前川・前次官がわたしの質問に対して「行政が歪められた」と語ったことに触れた。「先ほどの（前川証言で）話がございました行政が歪められたという発言は、私に言わせますと、少なくとも獣医学部の問題で、強烈な岩盤規制のために十年間我慢させられてきた岩盤にドリルで国家戦略特区が穴を開けていただいたということで、歪められた行政が正されたというのが正しい発言ではないのかなと私は思います」

ほんとうは、この証言ですべて終わったとも言うべき証言であった。

文科省の挙証責任

実際の経緯に戻ろう。

石破さん、与野党の族議員、文科省、業界団体らがせっかく作った「競争阻止の四条件」であったが、国家戦略特区法に基づいて閣議決定されていた基本方針によって文科省には逆に新たな義務が生まれた。すなわち、文科省がこれまでの規制を守ろうとする以上は、この四条件を満たす新たな動きは現に無いんだということを証明する挙証（きょしょう）責任が生じたのである。

期限は、四条件が決められた西暦二〇一五年度末、つまり二〇一六年三月末までだった。文科省はこれができなかった。それを見た京都産業大学はチャンスありとみて、二〇〇七年にすでに手を挙げていた加計学園よりは仮に準備不充分でもとにかく名乗りを上げようとした。

一方、文科省の挙証責任については石破さんの政治力なのか期限は実質的に半年、延長された。ところがその二〇一六年九月をもってしても文科省はやはり証明できなかった。

ここで素早く姿勢を転換したのは、直接の利害関係者たち、既存の獣医師でつくる日本獣医師会だ。「新設が不可避なら、せめて一校だけに」と与野党の族議員らに激しい攻勢を掛け、新参者の京産大は諦めさせて加計学園だけに絞らせたのだ。

この経緯のなかで文科省は前述の最終決着、正確に申せば二〇一六年九月十六日の国家戦略特区ワーキンググループ会合のわずか十日後に、課長補佐が突然、「総理のご意向」でこうなったというメモを、省内の共有フォルダに入れた。

国会でわたしはこう述べた。

「（前略）課長級の交渉で決着してしまったことに改めて内閣総理大臣が口を出すというのは、およそ行政の現場にいる人からしたら信じられないことです。これ、実は、外務省や防衛省に至るまでぼくの記者時代の知り合い全部に聞いていきましたけど、一人もそんなことはありませんということで、どうして国会でこういう議論になるんでしょうかという疑問がむしろぼくに提示されました。（中略）総理の御意向だから仕方ないでしょうという内部向けに弁明する文書だったと見るのが一番真っ当な解釈ではないでしょうか」

そして獣医師会の蔵内勇夫会長が最近に西日本新聞のインタビューに答えて明かした言葉を紹介した。『規制緩和が決まった後は、確かに一校にしてくださいと、せめて一校にしてくださいとお願いしました』

なぜ、このように分かりやすい経緯が、これまで一度も、報道でも、あの長い通常国会の審議でも語られたことがないのだろうか。

拉致事件にも繋がっている

先ほどのわたしの問いかけを思い出していただけるだろうか。もり蕎麦かけ蕎麦は、ほんとうに内閣を倒すべき問題なのか。

第一次安倍政権と同じように、この再登板後の安倍内閣が、九条にまつわる改憲を具体的に政治日程に載せたことが背景にある。わたしは安倍総理の言う「九条はそのままにしておいて、新たに自衛隊を合憲とする条項を付け加える」という手法には反対してきた。だが自称護憲派にとっては、この奇怪な改憲であっても絶対に許されざる、敗戦後の日本を否定する試みに映るようだ。しかも安倍総理はこの秋の臨時国会で衆参両院の憲法審査会に出すとまでいったんは明言したから、もはやもり蕎麦でもかけ蕎麦でも何でも良い、とにかく善良な国民をして「総理は友だちと何かうまいことをやっているのではないか」と疑わせしめることなら悪魔にでも蕎麦の出前を頼むという気配である。

驚くことに、それは単に加計学園の理事長と総理に親交があるからというだけであって、贈収賄であるとか口利きであるとか違法行為は噂にすら、デマにすらなっていないのだ。これでは日本では政治家になると、友だちが居てはいけないことになってしまう。慧眼の加戸参考人はきちんと、国会証言のなかで「友だちだったらいけないのか」と問うている。

前述の既得権益、現憲法が保障してきた「日本を戦争に負けて、資源のない国のままにしておく」という逆さま権益、すなわち北朝鮮に囚われた同胞を奪還するという自らの犠牲もあり得る努力などはしなくて良い、資源は既存業界が外国からいくら高く買って利益率を上げても国民から文句は出ない、これは主権国家が本来は克服を目指す弱点だが、敗戦後の日本だけは世界の異様な例外となってこれを権益にしてきた。

オールドメディアの根っこには、そうした社会をこのまま守りたい意図がある。元共同通信記者としての内部証言として聴いていただきたい。

例えば拉致事件がなぜ解決しないのかということにも繋がる。拉致被害者と特定失踪者のために無償の努力を続けてきた荒木和博・拓殖大学教授はメールでこう語っている。

「国会で参考人として陳述した加戸守行・元愛媛県知事の言葉で『歪められた行政が正された』との発言は色々感じるものがありました。加戸さんは知事在職中も拉致問題には熱心に対応して下さりました。（中略）拉致問題など、歪められ続けた行政によって放置されてきた最たるものと言えます」

前川喜平氏に聴かなかった質問

わたしが今回、質問の原案として用意しながら、本番では聴かなかった質問がある。

「前川参考人にお尋ねします。審議官の時代に、当時は民主党政権でしたが、朝鮮学校の無償化に積極的に貢献されたのはほんとうでしょうか」

「同じく審議官の時代に、文科省内において、竹島や尖閣諸島がわが国固有の領土でありわが国の主張は歴史的にも国際法上も正当という指導を学校教育で充実することには反対され、日頃から『竹島が日本の領土か、韓国の領土かを学校でディベートさせればいい』と発言されていたというのは、ほんとうでしょうか。ほんとうであれば、国家主権に基づいて領土を大切に守るということを教育する意義をいかがお考えでしょうか」

「平成一〇年改訂の学習指導要領は『教師は指導者ではなく支援者だ』として、ゆとり教育を推進しました。この強力な推進者でいらっしゃいましたか。ゆとり教育は正しかったといまもお考えでしょうか」

文科省は、学校開設の許認可だけではなく、教科書の内容から研究費の額まで完全に支配している。だから、官僚のトップ事務次官がこうした認識であれば、国際法の下で国家主権が世界のどこでも、民を護るもっとも大切な土台として尊ばれていることや、それだから領土や領海、領空が何より大切にされることを、日本の子供が学ぶことは難しい。それこそが敗戦後日本では文科省が既得省益を維持できる基本であり、だから前川さんが次官にもなれた。

この時代の、このぼくらの手で

わたしがこれを実際に問わなかったのは（1）質問時間は答弁を含める「往復」形式で四十分強で短い。加戸氏の話す時間を確保したい（2）前川参考人の出会い系バー通いを含め個人的言動を質問すれば、メディア、ネット工作者たち、野党が「勇気ある告発者の前川さんの主張から話を逸らせるために個人攻撃をした」と待ち構える罠に嵌まる――からだ。今回の質疑は、何より加戸証言を世に出すことだと、わたしは様々な思いを断ち切って集中していた。

オールドメディアがまさしくオールド、旧勢力としてどれほど無視しても時代はとっくにネットだ。参議院の公式動画、議事録だけでもじっくりと国民に加戸さんの志は伝わっていく。

わたしはあの西暦二〇一七年七月十日月曜の審議において、この一年間の十回近い全質問と同じく、こう切り出した。

「党利党略のためでなく、ただ国益のためにこそ不肖ながら質問致します。よろしくお願い申し上げます」

　これを言えば同じメディア出身の杉尾秀哉民進党議員らが笑うだろうと予測していた。彼らはその通りになさり、ＮＨＫの編集できない生放送とネット動画によって全国に知らされ、憤激の声がわたしにも聞こえる。知ってほしい。ことは個人ではない。構造だ。ひとの志を貶（おとし）める社会であることから、祖国を救おう。

　暗黒を超えるべきは明日ではない。今日だ。それは、日本の闇を子供たちに渡さないためである。

　立て、祖国の沖縄から祖国の北海道まで列島隅々の女子、男子。

　逆さま利権を覆せ。加戸守行という国士が、東京大空襲を生き延びた白亜の国会議事堂で語ったごとく、歪んだ行政のことごとくを正そう。

　この時代の、このぼくらの手で。

大海の章

不安ノ解体ハ一日ニシテハ成ラズ

この書物は、予想を超える難産となった。

ふつうであれば、連載エッセイを基にしているのだから、ちょいちょいと手を入れてすぐ出せる、楽勝の一冊のはずだ。

だが、その積み重ねたエッセイの一行一句をたどる改稿と、始まりと終わりの新たな書き起こし、それぞれに苦しみ抜いた。

それでも始まりを「源流の章」と名付けて完成させ、まさしく大河の流れを手漕ぎのボートで下ってくるようなエッセイ全文の改稿をようやくにして終えた。

大河とは、不遜な物言いである。

しかし、そこを詫びつつ、筆者のわたしの正直な実感として記しておきたい。みずから書きためていった文章は、時に渦を巻き、時に清流が濁流となり、わたしはエッセイの連載中に起きた転機、すなわち自分の意に逆らい天下国家のためと信じて国会に出たことがこれほどに大きな変事であったことを痛感した。

そして、この終わりを「大海(たいかい)の章」として今、早春の夜明け前に書き綴っている。

これもありのままに記そう。ほんらいは眠るはずの時を削りに削るほかなかったのはもちろん、命そのものを削ってようやく世に出る書である。

わたしだけではなく、わたしから原稿やゲラ直しを遅れに遅れて受け取る編集者、校正マン、印刷所の技術者やデザイナーまでみなみなさまの労苦もたいへんだったと拝察し、体を縮めて申し訳なく思い、こころの底から感謝している。

すべての背景は、前述の通りわたしがまさかの国会議員になったことによって、絶対優先の公務が、これまでの仕事のうちどうしても継続せねばならない仕事の群れに新たに乗っかってきたために時間が劇的に足りなくなったからだ。

その公務も、ほんとうは、義務としては引き受けずとも良い公務もどんどん引き受けている。

例えば昨日だ。

西暦二〇一九年三月三日、平成が終わりゆく年の日曜のひな祭り、わたしは雪のない新潟にいた。晴れて、風はまだ冷たかった。

一緒にいたのは大半が女性たちである。なぜなら不肖わたしは、自由民主党の女性局で初の男性事務局長を務めているからだ。

そしてこの日は、党新潟県連の女性局の定期大会が新潟市内のホテルで開かれた。そこにわたしは党本部から派遣されて出席したわけだが、実は義務ではない。

党の都道府県連は当然、四十七あり、その県連全体の大会でもなく一部門である女性局の大会にすべて出席していると、参院議員としての他の公務ができなくなる。

つまり、党本部から「行ってくれますか」という打診があったときに、断っても良い。

党本部の女性局には三原じゅん子女性局長（参院議員）のもとに局次長の衆参両議員がかなり数多くいる。わたしもそのひとりに過ぎない。事務局長というのは正式な立場ではあるが、完全に公式な役職でもない。このユルさが自由民主党なのだ。

長年、政権与党を務めている自由民主党がほんとうはどんな組織なのかは、日本国にとって軽い話ではない。しかし実態は外に知られていない。だから、この書に記していこう。

正式な立場なのに、完全に公式な役職という訳でもない。

ほかの組織なら、こんな奇妙なポジション・地位があるはずはない。だが自由民主党には、ごくふつうの話なのだ。

事務局長は局次長を兼ねているから、他の局次長と同じ役職に過ぎない。しかし会合の司会役などのために女性局長が局次長のなかからひとり事務局長という立場を指名する。

つまり公式には大した役割でもないのだから、事務局長にあまりやる気がなければわざわざ国会のない貴重な自由活動日の日曜日を終日、費して、県連の、それも県連組織のごく一部門の大会に出向かなくても、まったく問題にならないわけだ。

このように緩い組織運営が自由民主党の長所でもあり短所でもある。所属国会議員の自律した意思に任されていてやり甲斐がある。同時に、早い話がその議員にやる気があるかどうかに左右されっ放しである。

事実、党の公式ホームページには女性局の事務局長というポストは存在していない。局長のもとに局次長がずらりと同列で並んでいるだけだ。

ある日、党本部での女性局の会合に小泉進次郎代議士がやって来た。

女性議員がお産をするときでも国会の外から法案に賛否の投票ができるようにしようという提案を持ってこられた。

そのとき、小泉さんはわたしが女性局の幹部席に座っていることに不思議そうな顔をされた。そして初の男性事務局長と聞いて、こちらが驚くぐらい驚かれた。

進次郎さんにとってのわたしは、あくまでも外交・安全保障・危機管理、そして資源エネルギーの専門家であって、女性局というのは結びつかなかったのだろう。

そしてこの会が終わったとき「この人事はいいアイデアだなぁ。女性局がガラリと変わった」と周囲の女性議員とわたしに真剣な表情で仰った。

小泉さんはこの時からかなり時間が経ったあと、少人数の呑み会で一緒になったとき、体を乗り出してこられて「女性局が変わりましたね。確かに変わりました。凄く良くなった」とわたしの眼を見て強く仰った。

わたしは「あ、小泉さんは青年局の経験が長いからだ」と思った。

どういう意味か。

自由民主党という、政党にしてはかなり大きな組織のなかで女性局と青年局は一対になっている部門だ。

女性局は、政界のなかで女性議員が国会でも地方議会でもまだとても少ないことを踏まえてつくられた。青年局は、これも政界では四十歳代までの若手が少ないことから部門として独立している。

したがって女性局と青年局は連帯して動くことが多い。小泉進次郎さんのように若い時代から国会議員になったひとは青年局での活動が長い。つまり女性局の実態を長く、良く見ているわけだ。

その経験から小泉さんは「女性局が変わった」という実感を仰っているのだろう。

これは、これまでの女性局の活動が低調だったとか、消極的だったということは全く意味しない。

同じ女性議員が女性局の事務局長を務めるのと、立場の違う男性議員が事務局長をやるのとでは、その男性のやり方、考え方によってはこれまでと違う活動、雰囲気をつくっていくことができるという意味だろう。

勘の鋭い進次郎さんらしい見識だ。わたしは謙遜ではなく、そんなことが出来ているとはゆめ、思っていない。ただ、小泉さんの感受性の豊かさが印象深い。

わたしが女性局の男性事務局長になるには経緯らしい経緯もない。

ある日、参議院で自由民主党の議員総会が開かれたとき、遠くの席から先輩の三原じゅん子議員がなぜか、こちらを見て両手を合わせて拝んでおられる。

三原さんはレーシング・ドライバーでもあって、そこが偶々(たまたま)わたしと共通し、党のモータースポーツ議員連盟に一緒に所属しているから、時に短く言葉を交わすことがある。ただし三原さんは議連の幹部、わたしはペーペーの一回生にして末端の議員である。

以前に何度か講演を依頼されて、三原さんの地元の神奈川県で拙(つたな)い話を致したことがある。

わたしは拝まれる理由は何もないから、すこし不思議に思ったが、きっと講演依頼だろうと考えていた。それが、女性局の事務局長への就任要請だった。

要請と言っても、これだけだ。ほかに手続きも何もない。だからそもそも就任を丁重にお断りをしてもいいのだが、三原さんは国士であり、参議院の本会議場では、たおやかなお姿からは想像もつかない鋭い、野太い野次を野党議員に飛ばしておられる。

それに、わたしは女性は何をしてもいい、日本男児は黙って支えるというのが、ささやかな信念のひとつだから、何のためらいもなく事務局長就任をお受けした。

引き受けた以上は、司会役などを務めるだけではなく、もっと活動の中身に踏み込んで、いつかは女性局などという組織内組織が不要になるほど、女も男もなく活躍できる国と社会になれるよう、非力を承知でささやかに戦うのみである。

なぜ戦うのか。

青山千春博士という日本女性初の大型船・船長資格者にして今も研究船に乗り込み海洋資源を探索し研究する配偶者を持っていると、男性の一部、それも必ず地位ある男性による、およそ信じがたいほどちっちゃな警戒、あからさまな妨害、卑劣な阻止工作にずっと遭遇してきたからである。

わたしは亭主関白でもあると公言している。

青山千春は明るい派手な外見とは裏腹に、ほんとうは人見知りのひとりっこである。この日本女子を護るために重大な決定が必要なときは、最後の決定をわたしが下す。一切の最終責任はわたしひとりが負う。

ちっちゃい相手にもおっきな相手にも外国勢力にも、必要不可欠なときだけはわたしが前面に出て戦ってきた。

最近、青山千春博士に「おまえは還暦を過ぎてようやく東京海洋大学准教授になった。俺と会っていなければ、もっと普通に、もっと早く大学の先生になっていたんじゃないか」とふと、聞いた。

聞いたのは最近でも、ずっと長くそう考えてきた。不肖わたしは既得権益と真正面から戦っている。当然、圧迫がやって来る。それが青山千春博士にも響いたと考えてきた。

青山千春は「女は船に乗るな。客として乗るのはいい。操船するな。女が操船すると船が沈む」と本気で言われ続けてきた世界に、ただ純粋に船に乗りたくて飛び込んだ。

帝国海軍の重巡洋艦「足柄」に乗艦する軍楽隊のトランペッターだった父上、横川秀男さんから「海はいいぞ、船はいいぞ、日本の海軍はアジアのみんなに愛されたぞ」と聞かされて育った一人娘だから、船に乗りたかっただけである。

ちなみに横川秀男さんは敗戦後、ＮＨＫ交響楽団に入り、そのＮ響でピアニストに出逢って結婚し、千春が生まれ、ジャズとポピュラーの世界でも鉄腕アトムやジャングル大帝レオの、あの高らかなテーマ曲を吹くという足跡(そくせき)を遺(のこ)された。

横須賀に永遠に係留されている連合艦隊旗艦、日本海海戦の勝利を率いた戦艦「三笠」の艦内には、そのトランペットが展示されている。

この海軍人にして音楽家の父の娘がさまざまな妨害に直面し続けたのは、女子だからというだけではなく、既得権益と切り結ぶわたしの配偶者だからではないかと考えていた。

すると青山千春博士は即座に答えた。

「いえ、ぎーん（青山繁晴）がいなかったら、とっくに潰されていたよ」

海と科学に生きてきた彼女の、こころからの実感らしかった。

青山千春が博士号を取るまえのことだ。男の子二人を産んで物心つくまで育てて船に戻り、一年間の遠洋航海実習に出ようとした時、わが母は怒った。

わたしの背骨をつくってくれた母である。

「幼子二人を置いて船に乗ってしまう、そんなことを許したら、あかん」

わたしはごく自然に答えた。

「お母さん、夢を叶えるのに女も男もないよ」

「千春さんは、おまえの言うことは聞くやないか。止めるべきや。何で今、船に戻るのや」

「今、船に戻って乗船実績を完成させないと、年齢的に海洋科学の世界に戻るのも難しくなる。これから博士号も取らないといけない。千春は、ただの船乗りやない。科学者や。海に居続ければ、きっとこの先、何かを見つける」

母はもう、わたしの言うことをほとんど聴いていなかった。武家の娘でもある母は泣きながら憤激していた。

「こんな嫁は離縁すべきや」

「ぼくの嫁や。ぼくが護る」

おふくろは納得せず、「こんなことを許す、そんな子におまえを育てた覚えはない」とわたしの眼を見ず、血を吐くように言った。

「お母さんが育ててくれたから、ぼくはこんな男や。夢を叶えるひとは護る。女でも男でも護る。お母さん、心配いらん。子どもは親の背中を見て育つのが最高や」

やがて東京湾の晴海埠頭から、子どもたちのお母さんは海軍式の白い制服を着て制帽を被り、航海専攻科生として出航していった。

長男、次男、そして友だちの多い千春の中高の同級生たちらと船を見送り、「さ、帰ろ、帰ろ」と海に背を向けて長男と歩き出すと、千春の同級生のひとりが言う。

「待って。ほら」

見ると、長男より四つ下の次男が細いうなじを見せて岸壁に立ち尽くしたままだ。

前に回って顔を見ると、涙いっぱいに唇を噛みしめ、とっくに千切れてしまった緑色の紙テープをちいさな手に握りしめている。

実はこの出航までにも、信じがたいことはさまざまに起きた。青山千春博士は、それらのうち幾つかはいまだに知らない。

出発点は、わたしと出逢う数年まえ、高校三年だった横川千春が船に乗りたい女子というだけで東京商船大学も防衛大学校も海上保安大学校も受験を断られたことだった。

受験して落とされるのではなく、この国立大学の一群に平然と受験を拒まれた。

最後に「本学の航海科を女性が受験するのは開闢以来、初めてだ。きっとマスコミに受ける」と学長が本人に言って受験させてくれたのが、これも国立の東京水産大学（現・東京海洋大学）だった。

数年後に何が起きたか。その同じ水大が、青山千春の復帰を断ったのである。結婚し子育てをした女性はもう、受け入れないというのだ。

若い一記者に過ぎなかったわたしは水大のたいへん偉い学者の部屋に乗り込んで「あな

たの先輩の学長が受験を認めた学生を、なぜ今は排除するのか」と詰め寄った。

答えは「せっかく、厄介払いをしたんだ。なぜ戻す。青山さんね、こんなことをしていると若いあなたの未来にも関わりますよ」。

わたしは思わず腹の底から笑った。

「ぼくの心配などしてもらわなくて結構です。それから、青山千春がぼくの配偶者だからあなたと談判しているのではありません。まさしく天下国家のためです。あなたの価値観で考えないでくださいませんか」

彼は青ざめた。もちろん、若いぼくを恐れたのじゃない。怒りと意外な成り行きへの驚きだろう。

「青山千春という、結婚で休学した航海科学生には、その科学的素養や発想力からして将来、海で何かを見つける可能性を感じます。ごく客観的に言っています。ぼくはプロの記者です。だから言っているのです。彼女が同級生や先輩後輩や先生方や海鷹丸（大学の練習船）のオフィサーたちからいかに信頼されているか、それをまずお調べになってはどうですか」

この方が調べたかどうかは分からない。しかし、そこはさすがに国立大学の首脳になる学者である。調べることはきっと調べて、そして女子であろうがなかろうが関係なく、青山千春の人望、獲得していた信頼を知って、船に戻したのではないだろうか。

つまりわたしには何の功績もない。すべて青山千春博士の徳と努力で、世界に知られる海洋資源学者となった現在の立場を築いたのだ。

だからわたしは「俺がいなければ、とっくに普通に国立大学教官になっていただろうに」という趣旨をふと、聞いたのだった。

ところが答えは「青山繁晴がいなければ潰されていた」である。

前に出ようとする女子が、どれほどの困難に立ち向かわねばならないか。それをこの一言が静かに、深く物語っている。単に個人的な話ではまったくない。

だから三原じゅん子女性局長から初の男性事務局長を打診された時は、理由も聞かず、即座にお受けしたのだった。

引き受けた以上は、これまでの事務局長のやり方にはとらわれない。基本の任務、あるいは義務としての仕事をすべて例外なく遂行したうえで、自由意思で踏み込んでいく。

だから、話を戻すと新潟県連から「青山さんに来て欲しい」と要請があって、秘書さんから「この日曜はまだ日程が入っていません」と聞けば即、行くと決めた。

ほんとうの気持ちは、日程が入ってないなら原稿を書きたい。国会に出てから、途中まで分厚く原稿を書いていながら未だ完成せずに出版できないでいる本が実に十冊を超えてしまった。

それに、できれば体を鍛えたい。たとえば二年かかってつくった筋肉も空白が二か月あれば無惨に落ちてしまう。

しかし……新潟は横田めぐみさんをはじめ多くの日本女子が北朝鮮ごとき破綻国家にやすやすと拉致されたまま取り返せないでいる土地だ。いったい何人の母と父が人生を粉々に破壊され、囚われの子を想うだけの半生にされてしまったことか。

それに、新潟は日本には無いはずの自前資源であるメタンハイドレードを、その海からわたしたちが見つけたところだ。

これを前に一緒に進めてくれた故・福岡浩新潟大教授の奥さま、お嬢さんふたり、息子さんひとり、残された四人の家族が今も暮らしている土地だ。

そして、こうした特別な理由がなくとも、その土地、その都道府県連の女性局のひとびとが不肖わたしなんぞを待っていてくださると想えば、どこでもいつでも「行かなきゃ」と思わず考えてしまう。

前述の西暦二〇一九年三月三日、ひな祭りの日曜日の新潟行きをめぐっては、三浦（旧姓清水）麻未・公設第一秘書が「女性局大会の前に街頭演説をやってほしいという要望も来ているんです」と言う。

聞けば、「児童虐待防止を訴える街頭演説会」だという。

わたしがすぐ「分かった。行くよ」と答えると、麻未は「いいんですか？　街頭に行かなければ、午前がほぼ空けられますよ」と言う。

それなら原稿を書きたいと胸の裡(うち)では強く思った。が、新婚さんでやがては母になるだろう麻未の眼を見て「児童虐待のことだろ？　行くよ」と自然に答えていた。

東京から新潟まで上越新幹線でおよそ二時間、疲れと睡魔と戦いつつ、この書物の最終原稿を書いているともう新潟である。

駅から真っすぐ新潟市の中心地、万代(ばんだい)地区へ行くと、グリーンを主体とした街宣車が停まっている
自由民主党の新潟県連の車だ。ルーフの演台にもう、地元選出の代議士で児童虐待防止の立法に取り組んでいる若手代議士の石崎徹さんや地元県議の白髪の紳士、そして女性局のシンボルのピンク・ジャンパーを着た女性たちが街宣車の周りにたくさんいらっしゃった。

わたしはマイクを手に、こう訴えた。

「この万代あたりに買い物に来てらっしゃる幸せな家族の姿が今、眼に入ります。ところがその家族のなかには家に入るとお嬢さんが親の暴力を受けたり、手が出てしまって苦し

んでいる父や母がいたりするという現実が、わたしたちのこの社会になってしまっています。千葉県野田市で十歳の心愛（みあ）ちゃんが、恐ろしいことにお父さんからふだん殴られ蹴られ、ついには冷たいシャワーを浴びせられ、かけがえのない命を落とす、信じられない事件も起きてしまっています」

気づくと一般の聴衆がずいぶんと増えている。

わたしの読者、視聴者の顔もいくつも見付けたが、小さな女の子ふたりと男の子ひとりの手を引いた若いご夫婦なども足を停めておられる。

「なぜこうなってしまったのか。不肖わたしは二十数年ほど前から、親の愛を受けずに育った子が親になるとき、自分の子を愛せないだけではなくて、子供は言うことを聞かなかったり親の思うようにならないことは良くあるから、そのときに手をあげ、それがエスカレートして恐ろしい家庭内暴力になる時代が、このままではきっと来ると警告していました。あまりにも不幸なことにその通りになってしまいました」

「そもそもなぜ子を愛せない親が現れたのか。それはわたしたちの社会が十三歳で拉致された、ここ新潟の横田めぐみさんをはじめ北朝鮮に人生を奪われたみんなを取り戻せないこととも関係があると言わざるを得ません」

「見知らぬひとも愛し、その人生を取り戻すためにはみんなが誰でも一生懸命になる社会であれば、拉致被害者の運命も変わっていただろうし、自分の子どもたちを愛せないということも起きなかったでしょう」

「より深い根っこは、わたしたちの社会が共通の、みんなで一緒に持つことができる目標を見失っていることにあるのではないでしょうか。かつてわたしたちの国と社会は、自分のためより、ひとのために生きるという生き方、理念を共に持っていました。ところが、七十数年前にただ一度、戦争に負けたら、みんなで一緒の目標を持つことはいけないということになり、何のために勉強するのか、何のために働くのか、何のために愛するかが分からなくなってしまった」

「そういう社会にしてしまった最大の責任は、いまこうやって街頭演説会を開いている自由民主党と、自由民主党が長く政権を担当してきた政府にあります。失ってしまった幼い命は取り返すことができません。しかし、ただ親を刑事罰で追及して、社会から切り離すことで終わらせる、気を休めるのではなく、あくまでもわたしたち自身の共通の問題として考え直し、とらえ直しませんか」

「奪われた幼い命にわずかにでも報いるために、わたしたちはもう一度、共通の理念、ひとのために生きるという理念を取り戻し、なぜ学ぶか、なぜ働くか、なぜ愛するかがおたがいに分かる、体で分かる社会に一緒に変えていきませんか」

「そしてまずは目の前の危機に向かいあうために、たとえば緊急用電話として『いちはやく』、１８９番が活用されるようにしましょう。虐待に気づいたひと、あるいは被害を受けている子どもたち自身がここに電話するだけで、児童相談所に直結します。被害者の子どもも、加害者の親も誰もひとりぼっちにしない。一緒にやりましょう」

演説が終わると、わたしは街宣車から飛び降り、広い道路の反対側の市民のところへ駆け寄った。

先ほど、熱心な表情が街宣車から見えた五人家族は、わたしの地味なブログを読んで駆けつけてくれたという。その子どもたち三人とご両親は小さな手でぼくと堅く握手をしてくれた。

子どもをみんなで護らず、拉致被害者を取り返さず、そんな国と社会にもう子どもたちをもはや、住まわせてはいけません。

そこから真っすぐに新潟市内のホテルに向かい、県連の女性局の大会に臨んだ。

わたしはここで一時間の講演をする約束になっていた。しかしその前に大会の議事がある。議事とは、地道な活動報告や会計報告であり、次年度の活動方針の採択などがある。

その始まりで、型通りの来賓あいさつがあるわけだ。

まずわたしが指名され、演台に上がった。しかしワイヤレス・マイクを持ってすぐ演台を降りて、女性たちの席のあいだを回って話し始めた。

来賓あいさつとしては、いわば定型とは全く異なることは承知のうえだ。

わたしの真意は、地方議会に女性議員がほとんど居ないと言っていいほど少ない現状に向かいあい、「このままでは何も変わらない。もっと生き生きと、これまでの型式を破り、日本の政（まつりごと）の本道に戻り、定型のなかで自分たちを守ることを脱しよう」――そのきっかけを目の前で感じていただきたいということだった。

わたしは、最後に他の来賓のかたがた、すなわち衆参の自由民主党議員や大物の県会議員の方々に、わたしが通常の来賓あいさつよりは時間を取ったことを詫びて、あいさつを終えた。

司会の女性市議（新潟県柏崎市）の候補がおそらくは決められていた通りに「青山先生は講演の準備のためここでいったん退席されます」と仰った。

わたしは即、「いえ、ここに居て、大会を見守ります」と申しあげた。

不肖わたしは政治記者の時代から、ありとあらゆる政治家が会合を中途退席することがおかしいと感じていた。

以下は単にわたしの邪推だが、人の会合に招かれると、遅くやってきて早く帰ることがまるでステイタスのような、会合に集う人々よりご自分がえらいかのような振るまいではないかと、どう考えてみても感じられるのだった。

しかし他の議員、他の人々の行動の批判は一切、しない。

そんなことをしたら、おのれがいちばんエライという、もっとも愚かなことになってしまう。

そうではなく、ただおのれが行動し、それをこの日であれば女性局大会に集ってくださった、さまざまな年代の女性たちみんなにありのままに見ていただくだけだ。

そして国会議員のお三方、県会議員のやはりお三方、合計六人の来賓がそれぞれ、演台であいさつを終えられ、選挙が近い方はそれを強調され、みごとに全員すぐに会場を去られた。

みなさま、わたしごとき一回生議員にていねいに「お先に失礼します」と声を掛けてくださった。わたしはこころのままに深く頭を下げて見送り、大会の最後までとどまって、女性たちの大会をすべて見届けた。

そして講演となった。

講演会になると、自由民主党の新潟県連はおおらかに、どなたでも無料で入場することを許してくれた。

会場は一気に男性も、とても若い男女も加わって満員になった。

その講演はここに再現しない。

わたしはプロの物書きだからこそ、講演と文章は違う。

講演ではおのれの魂が命ずるままに、血と汗でおこなっている。

この日、いちばん訴えたのは「異業種のひとよ、国会に出でよ、地方議会に出でよ」ということだった。

世襲でもなく業界つながりでもなく、ただ祖国を甦らせたい人は、選挙に出よう！

女も男も関係ない。

お金がなくても出られる！

わたし自身、西暦二〇一六年夏の参院選に参加したとき、選挙カーを借りて遊説しただけだった。

ハガキ一枚出さず、二〇一六年六月二二日の公示の数日前に突如、出馬表明して、準備は一切なにもなく、東京、大阪を中心に話して回っただけで、それを見知らぬ人々が撮影して動画をアップして下さった。それが選挙活動の全てだった。その動画の中身だけが当落も票数も決した。

大金のかけようがない。

あなたがもしも二十歳だったら衆議院の立候補資格二十五歳までの五年間、あるいは参議院に出たいなら有資格三十歳までの十年間、安い電車賃で行ける範囲のところだけ回って取材し、自律した、読み応えのあるブログやフェイスブックなどで発信するだけでいい。面白いと思って読みに来てくれる人がやがて三十万人になり、その半分でもあなたに投票しようと思ってくれたら、たとえば参議院の全国比例で自由民主党の公認を得ていれば充分に当選する。

そして当選したあとも、わたしと同じように選挙活動を行わず、私設秘書は雇わないなら、公設秘書の三人で足りて人件費が実にゼロだ。

当選前も後も、おカネはかからない。

わたしはこうやって何もかも、みんなの参考までに実例、実行ぶりをお示ししているだけだ。

わたしがどこに居ても、新潟でも東京でもアメリカでも中東でも、すべて同じである。

二十歳の例を挙げたが高齢であれば余計に、待ち時間なく行動開始できる。

立て！　異業種のひとよ、出でよ！


さて、この難産だった新しい書物の最後を、大海の章と名付けた。

源流から始まった流れが、どこへ進むのか。大きな海に流れ込み、そのあとからこそが、祖国へのちいさき献身のおおきな勝負だ考えている。

この書では、参議院の資源エネルギー調査会での質疑を、みんなのこれからの生き方の参考例として取り上げた。

最後に記すのは、その質疑の最新版である。

不肖わたしは、西暦二〇一九年、平成三十一年の二月二十日水曜日に、議員となっておよそ二年半で十七回目の国会質問に立った。

資源エネルギー調査会では四回目の質問である。

いつもと同じく傍聴席に溢れるばかりの国民を迎えて午後一時に開会した。

「党利党略でなく、国益のために質問いたします」と、この日も切り出した。予算委員会と違ってなぜか野次は受けない。

この資源エネルギー調査会を含め、調査会は衆議院にはない参議院の独自の制度である。資源エネルギー調査会は、福島原子力災害によって発足した原子力規制委員会の活動を監視することを主目的に三年の時限で設置された。この西暦二〇一九年が最終年だ。また原子力をどうするかは、ほかのエネルギーをどうするかとも直結しているから、資源エネルギーをめぐることなら何でも質問して良い。

わたしはこのように質問を始めた。

「原子力規制委員会は、西暦二〇一二年の発足から七年目に入りました。今回、質問するに当たって準備をいたし、実は改めて被災者の方ともお話をいたしました。正直、胸潰れる思いであります。足掛け七年のあいだお会いしてきた村長さんから、漁家、漁民の方々、農家の方々、それからサラリーマンの方々、子供たち、被災地の苦しみは全く終わっていないです。あるいは、変わっていないです。この審議もどういうお気持ちで御覧になるかと思えば苦しい気持ちがありますけれども、それを踏まえて、あえて幾つかお聞きしたいと思います」

「今日、わたしは、質問時間を四十五分もいただいていますけれども、前半は原子力で、後半はわたしたちの自前資源のメタンハイドレートのことをお聞きしたいと思います」

「原子力規制委員会の発足は二〇一一年三月の福島原子力災害を受けてのことであるというのは周知のことです。それは、まさしく緊急に行われた発足でもあったと思います。

当時、不肖わたしは、二〇一一年の四月十五日に、許可を得て警戒区域の中の被災地を一人で回りました。全く無人で、食べかけの御飯が残ったおうちの台所が見えたり、誰もいないなかで牛に豚に猫に犬、いっぱい動物がぼくに寄ってきまして、既にがりがりに痩せていました。その一週間後に、これも吉田昌郎（まさお）さん、1F（いちエフ）（福島第一原子力発電所）の所長だった吉田さんの許可を得て、四月二十二日に作業員以外では初めて1Fの中に入りました。

当時は、例えば二号機、三号機の間のところに一シーベルトの箇所もありました。一ミリではなくて一シーベルトです。これも吉田所長との話合いの結果ですけれども、ごく一部では、作業員の方々が入っていないところも含めて専門家の端くれの責任としてつぶさに見てまいりました。

今日はそれを踏まえて改めてお聞きしたいのですが、まず、その原子力規制委員会が緊急の状態でつくられたということについて、そろそろ地元のためにも体制と実績について謙虚な見直しが必要な時期ではないかと感じております」

「強い危機感は絶対に維持しないといけないです、決して風化させることがあってはいけない。同時に、言わば冷静な平常運転になるべき時期だと考えています」

「この原子力規制委員会ができるときに、霞が関との癒着を避けると称して、わざわざ六本木の民間ビルに（委員会を）つくりました。不肖わたしの専門分野のうちの一つが危機管理であり、そのうちの一つが原発テロ防止でしたから、発足したての原子力規制委員会にも行かねばなりません。霞ヶ関から離れているので、コストと時間ばかり掛かって、これは一種の虚栄であり、格好付けでありました。（事故前に経産省にあった）原子力安全・保安院には霞が関内部での癒着が本当にありましたし、学者の方々もたくさん癒着されていました。で、それを誤魔化すかのように六本木のビルに行ったというのは何たることかと考えました。

それがようやく平成三十二年度以降に霞が関に移転することになった。政府の公式な説明では、前は、場所が足りなかったんだということになっていますが、実態はイメージを変えるためであったと思います。しかし、これも含めて冷静に見直す時期に入っていると考えます」

（中略）「原子力規制委員会は、発揮すべき役割を発揮できていない面があると思います。その典型例をあえて挙げれば、福島第一原発から出る汚染水の問題です」

「この汚染水の問題は、もちろん、この調査会の中でもいろんなお考えの先生がいらっしゃると思いますし、いろんな議論がありますけれども、放射性物質を除去してトリチウム、三重水素だけになった水をどう見るか。三重水素は、この今ぼくが手にしたお水の中にも、量は少ないですけれどもあります。で、この三重水素だけになった水であっても、つまり処理を終えた処理水であっても海洋放出が一切できません」

「最近も1Fには行っておりますが、日々良くなっている面もあります。例えば、防護服は大体、九割方はもう着なくても大丈夫です。マスクと簡易な服があれば大丈夫ですけれどもしかし、行くたびにタンクがどんどん増えていて、一週間に一個ぐらいのペースで巨大なタンクが増えています。日本の原発と世界の原発で海洋に普通に出している処理後の水、トリチウムだけになった水もそのタンクに入れてどんどん増やしている」

「小委員会その他でいろいろ議論はしているといっても全く変わることがなくて、これを一体どうするつもりなのか。廃炉が進んでいけば核物質を取り出して、それをどこに置くんですか。まさか1Fじゃないところに置くんじゃないでしょうね。ということは、置き場所をつくらなきゃいけないのにタンクがどんどん増えていって、どうするつもりか誰も分からない」

「原子力規制委員会に全部の責任があるとはまさか言いませんけれども、大事なことは、委員会の更田委員長ご自身が、汚染水がトリチウムだけとなってそれが一定量以下になればば排水については海洋放出して良いという宣言を出されていますね。実際の排水をやるやらないは規制委員会の責任じゃないということは分かりますけれども、しかし、規制委員会の委員長が排水を海に出していいと言っても、排水による風評被害も何も止められないんだったら、何のためにNRA、原子力規制委員会があるのか分からなくなってしまいます。この更田委員長自ら出された宣言についてもう一度ご説明願えますでしょうか」

この排水の問題はタブーにされている。タブーにしただけで先送り、これが日本の宿痾の主要なひとつである。

原子力の世界で第一級の専門家である更田豊志委員長はこう答えた。

「規制基準を満足する形での放射性液体廃棄物の環境への放出については、ほかの原子力施設についても従来より計画的に行われているものであります。

原子力規制委員会としましては、東京電力福島第一原子力発電所における処理済水についても、規制基準を満足する形での海洋への放出については科学的、技術的観点から環境への影響は考えられないと認識をしております」

わたしは「この議論は、今のやり取りだけではとても国民に納得していただけない、あるいは納得じゃなくて現状を理解していただけないと思いますから、具体的にもう一度お聞きします」と問い直した。

「日本には三・一一後に再稼働した原子力発電所が現にあるわけです、川内(せんだい)や玄海や大飯や高浜です。そこから実はトリチウムを含んだ排水が今日も出ております。そのことを具体例を挙げて政府参考人から説明していただけますか」

原子力規制庁の担当官が立った。

「現在稼働しております原子力発電所のうち、例として、九州電力川内原子力発電所から放出された放射性液体廃棄物で見てみますと、平成二十八年度の実績で、トリチウムにつきましては年間六・五掛ける十の十三乗ベクレルというものが放出されているということでございます」

わたしは質問を続ける。「今の巨大な数字を聞かれても、すぐにはぴんとこられない方がむしろ普通ですけれども、要は普通に日々、排出されているわけです。どうして福島だけそれができなくて、タンクに入れて、問題の先送りしているだけなのですか。マスメディア、ぼくはオールドメディアと呼んでいますが、これは全然、報じないですよね。

今、日本の例を挙げていただいたんですけれども、例えば世界の原子力発電についても同様ですが、これもあえて説明をお願いします。例えば、フランスのラアーグであったり、お願いします」

同じ担当官が立った。

「フランスのラアーグ再処理工場でございますが、二〇一六年のトリチウムの液体放出量は一・二三掛ける十の十六乗ベクレルでございました」

わたしが聞いているのは、困難を先送りするだけなら絶望に繋がるということだ。やれることは、きちんとやるしかない。質問を続ける。

「（原発が動いてもいない）福島だけ出しちゃいけないというのは、漁家の方々からすれば風評被害を受けてもっと大変なことになるからというのは、全く当然のことです。しかし、福島だけ出してはいけない、タンクがどんどん目に見えて増えていくというのがより新しい風評被害も生んで、漁家の方々やあるいは農家の方々のお仕事と生活の再建に悪影響を及ぼしているのは事実だと考えます。

原子力規制委員会は、委員長が見解をお出しになればそれでよしとなさっているんじゃないかということを非常に心配しています。

（たとえば原子力規制委員会が発足の時に参考にした、アメリカの原子力規制委員会・ＮＲＣをみれば）電力事業者と議論すべきは議論し、国民と議論すべきは議論し、議会議員とも激しい議論をしているというのがＮＲＣのふだんの仕事であって、果たして日本の原子力規制委員会は七年目となってこれまでの歩みがそうだったかというと、とてもそう思えません。

原子力規制委員会の成り立ちを考えれば、世論にきちんと議論していただく材料をもっとお出しになっていただかないと、原子力規制委員長として『このレベルであれば、あるいはこの量であれば安全』というだけでは話にならないと思います」

更田委員長はこう答えた。

「まず、原子力規制委員会としましては、先ほど申し上げた処理済水の放出に係る見解につきましては、機会あるごとに繰り返し申し上げたいと考えております。

これに加えまして、今後、実施主体によって処理済水の具体的な処理方法が選択されましたら、その選択に関する原子力規制委員会の見解等について、透明性のある情報発信に努めてまいりたいと考えております」

委員長は官僚出身ではない。しかしまさしく官僚答弁に聞こえる。

少なくとも国民にわかりやすく伝わる言葉ではない。ところが、ほんとうは踏み込んでいる。

何を仰っているのか。要は、こうだ。「原子力規制委員会は、処理済みでトリチウムだけになった水は海に出して良いと繰り返し言ってきた。だから責任は果たしている。しかし青山議員から問題提起もあるので、今後は、東電が海に出したいと決めれば、原子力規制委員会としても問題ないと改めて発信しましょう。ただし東電と癒着してのことではないと分かるようにします。」

読者・国民のみなさん、いかがでしょうか。

まず海洋排出ができないでいるのは原子力規制委員会のせいじゃないと、しっかり強調した上で、渋々ではあるが、東電さえ決めれば、排出が正しいとはしっかり言いましょう。

こういうことだ。

わたしがこの件を追及するのは一度や二度ではないから、ようやく「東電がやれば、知らん顔はしない」と変化した。

しかし、わたしが申しているのはそうではない。東電が最も重い責任を背負っている。それは永遠に間違いない。だが、独立性は高くとも国民から税をいただいている政府機関の一つである原子力規制委員会は、学者や評論家みたいに見解を言えば、それで済むことじゃない。それで済むと思うなら、委員になるのを断ってください。

原子力規制委員会の委員長がひとたび、「海洋排出に問題ない」という責任ある見解を出せば、その排出が実現して福島の風評被害をむしろ減らし、タンクだけ無限に増える絶望をようやく克服できていくようにするために不断に働かねばなりません。

しかし現実の原子力規制委員会はまるで、お客さんのようだ。

わたしは質問を続けた。

「時間の制約で次に移らざるを得ません。

原子力規制委員会の本来の仕事というのはまさしく規制でありまして、これは先ほど（質疑の冒頭で委員長が七分間、述べられた）委員会の活動報告の中にもきちんと含まれていたわけです。

しかし問題の一つは、原子力規制委員会の規制委員のメンバーです。さっきぼくは学者で癒着している人はたくさんいましたと申し上げました。癒着の現場も見ています、民間（専門家の端くれ）の時代にですね。それがあるから、専門家を外すということも実はやらざるを得なかったとは考えます。

しかし七年目となった今、委員がずっと学者ばっかりで、大島賢三さんのように外交官もいらっしゃるけれども基本的には学者中心で、現場を知っている、現場経験の豊かな技術者と言える方がいない。あるいは、テロリズムをはじめ危機管理の専門家もいないです。これも本来は委員の構成は、五年の任期が終わったらどういう人にするかは原子力規制委員会よりも政府の責任です。

しかし、これもあえて委員長の見解をお伺いしたいのは、例えばその（委員構成による）規制の中身が、これはいろんな議論がもちろんあるけれども、日本は火山国です。火山国で、噴火は当然考えなきゃいけない。その中に破局噴火というものがあります。これは元々は学術用語じゃないんですけれども、みんな知っています。大体、日本では七千年から一万年の間に一回ぐらいの割合で破局噴火が起きているわけです。

それから、ずっと報道も多い活断層です。これもいろんな見解がばらばらですけれども、十数万年前に一度活動したというようなところを含めて活断層が大問題ということになっています。それが事実上、原子力規制委員会の新しい規制のメーンになっている印象はあります。少なくともその対応に（電力事業者の）多大なコストと時間が使われているのは間違いない。そのコストというのは電気代に跳ね返っている」

この質問に入ると、調査会の部屋にある種、独特な緊張が走った。

議員席でも「それはタブーだよ」という気配が、一部の事情をよく知る議員には流れ、答弁に備える政府側にはより「そこだけは避けたい」という雰囲気が生まれるのが良く伝わってきた。

「この火山の噴火とか活断層とか、日本列島中に活断層がありますから、本当は空港であっても新幹線であってもみんなその問題があるわけですが、世の空気に引っぱられて、目立つ規制をなさることに神経がいっているんじゃないか。それを漠然とぼくは批判しているんじゃなくて、こうう議論をもっと実務的な議論にするために委員の構成を考えるということを、これも委員長の御見解として政府側に訴えることがあっていいんじゃないでしょうか。委員長、いかがでしょう」

更田さんが立った。

「お答えします。原子力規制委員会の委員の構成につきましては、東京電力福島第一原子力発電所事故の反省を踏まえて、国会における議論の末、決められたものと認識をしております。原子力規制委員会設置法によって任命された者として、委員の構成に対して見解を述べることはふさわしくないというふうに考えております。現状、業務に誠実に取り組んでおり、各業務を適切に遂行しているものと認識しております」

わたしはこう応じた。

「やむを得ない答弁かもしれませんが、誠実に仕事をなさっているということは承知した上で申し上げているんです。

これでもう原子力の質問の時間は尽きてしまいますけれども、危機管理の専門家のごく端っこの端くれとして申せば、危機管理の一番大事な点は、完全主義がもっとも怖い。あえて世界共通の専門用語で言うとMITIGATION（ミティゲーション）、つまり緩和するということが一番大事なので、最大でも六十年しかもたない原子炉を規制するときに、なぜ十数万年に一度の活断層や七千年から一万年に一回ほどの破局噴火が中心になるのかというのは、これは誰がどう見ても不可思議な話なんです。

こういうことをたとえば政府のどこかが理解しているかというのは、これが日本のひどいところであって、かつて福島原子力災害が起きるまでは五十数基も原子炉を動かしながら、こういうイロハのイも分かっていない役所や、あるいは一部しか分からない学者がずっと携わってきたということが問題なのです。更田委員長におかれては、現場で苦労されているからこそ、法が許すさまざまな機会を捉えて発信していただきたいと願います、祈ります。じゃ、次のテーマのメタンハイドレードに入りたいと思います」


この書物で触れあう読者とわたしは、メタンハイドレートに行く前に、もうひとつの重大なことを考えておきたい。

火山と活断層をめぐる質問には、いくつか深刻な背景がある。質疑では、内部告発者への配慮と、時間が限られていることから述べなかった。

内部告発者というのは、技術者ないし技術的能力を持つ専門家であり、わたしに接触してきたひとは政府内にも電力事業者にも研究機関にもいる。

この複数の内部告発者が共通して指摘するのは、まず、原子力規制委で一時期、大きな力を振るった委員の問題だ。

この委員は任期が切れるとき再任を強く希望し、さまざまに運動もなさったが、再任はされなかった。元は東大地震研を代表した学者であり、その当時には原子力にも専門知識や学問的蓄積があるとはとても言えなかった。

しかし原子力規制委の委員になると突如、「活断層こそ大問題だ」と大々的に、オールドメディアも巻き込んで強調し、田中委員長（当時）も一切、逆らわなかった。田中さんが本来は原子炉の壁の専門家であり原子力の包括的な専門家では必ずしもなかったから田中さんの謙虚なお人柄として、活断層が本当にいちばんの問題かどうかは発言されなかった面もあるだろう。

しかし日本社会が「活断層は地震を引き起こすんだろう？　それなら活断層の上や、その近くに原発があれば福島の二の舞に当然なる」というオールドメディアの洪水のような報道に引きずられているさなかに、とても異論は言えなかったのもまた事実だろう。

いま振り返れば、異論を申していたのは、ありのままの事実としてわたししかいなかった。民間の専門家の端くれの時代から現在の議員の立場になっても同じである。

わたしの異論は、ふだんと全く同じく、具体的な現場体験に基づいている。

今回の質問でも触れたように、不肖わたしは福島第一原発の吉田所長（当時）の正式な許可を得て、世界で初めて事故ただ中の福島第一原発（1Fないし F1）の構内に入った。構内深くを調べて回り、分かったのは1Fの原子炉は地震では壊れていないという事実だ。これはのちの原子力規制委の事故報告書とも一致している。

1Fの全ての原子炉は地震の発生と同時に、正常に自動停止した。原子炉は停止すると、これも正常な現象として核燃料が高い崩壊熱を出す。不安定が安定に向かう時の現象である。たとえばわたしが死すと土に還るまでに全身から崩壊熱を出すのと基本的には同じことだ。

この崩壊熱を通常通りに冷やしていれば、事故は何も起きなかった。その後の無惨極まりない地元と日本への加害は何も無かったのである。

ところが、地震の揺れのあとの津波で冷やせなくなり核燃料が溶けて床を突き破った。これがメルトダウンだ。核燃料が水に混ざり、もっとも軽い放射性物質であるセシウムとヨウ素だけが大気中に出た。事故は、ほんとうはこれでほぼ全てだ。建屋の爆発は水素がたまったからであり、原子炉は壊れていない。

いや現場を視ると、これも違うのだ。

津波の衝撃で壊れて冷やせなくなったのではなく、津波襲来の打撃のあとにひたひたと押し寄せた水によって、地下の非常用電源が濡れたために電源を喪っただけだ。

わたし以外に、地震と津波の襲来から間もない1F、事故真っ最中の1Fを実際に見た専門家は、世界に誰もいない。

これはどうしても遠慮せずに言わねばならない。専門家はみな安全な東京などに逃げていた。吉田所長をリーダーに現場で戦う作業員の方々を尻目に、原子力村の住民の学者も含めて誰も1Fに近づくことすら決して、しなかった。

そのなかで1F正門に西暦二〇一一年四月十五日に、車を運転して近づき、車から降り、1Fの周りを調べていた専門家と呼べる人間は、わたしひとりだけだった。

だから吉田所長をはじめ、1F内部から「専門家の眼で1Fの現状を見てほしい」という声があがり、まさか内側に入れると思っていなかった不肖わたしに連絡が来て、正式な入構許可が出たのだった。

わたしは危機管理が専門分野のひとつであって、原子力そのものが本来の専門ではない。したがって原子力村への〝入村〟はもともとしない。

しかし日本の危機管理の最大テーマのひとつは昔も今も原発である。

それにもかかわらず日本では「原発にはリスクがない」という愚かな話が東電をはじめとする電力会社、経産省を筆頭に政府、そして原子力村の学者、評論家、さらに電力会社の広告費を期待する新聞、テレビのオールドメディアによって徹底的に広められていた。

わたしは非力ながらこれに強く抵抗し、特に北朝鮮によるテロリズムのリスクに無防備にさらされていることを具体的に指摘し、政府の原子力委員会に「原子力防護専門部会」

をつくって対策を議論するよう求め続けた。

そして、わたしの力ではなく、日本のどこにも居る良心派、いつの政府にもいる良心派の努力によってその部会がついに設立され、わたしは初代委員のひとりになった。

危機管理の立場から原発に関わるということは、タテ割りの原子力技術だけの専門家よりはるかに広く原子力を知っていなければならない。原子炉や中央制御室をはじめ設備と技術を広範に知っていなければどこに弱点があるか分からない。また、いざ危機が現実のものとなった時に備えて、正しい住民避難や迅速な事態収束のために、放射性物質の種類や性質、あるいはそもそも原子炉を止める、冷やす技術の基礎なども良く知っていなければならない。

実際わたしは、内閣の原子力委員会の原子力防護専門部会での議論でこれらを徹底的に追及していった。

不幸なことに、これも、ほんとうに残念なことに委員のなかでほぼわたしひとりの取り組みだった。

この部会をきっかけに経産省に置かれた原発テロ防止のためのタスクフォースで、議論をまとめて報告書作成にとりかかるその直前に、ある委員、政府から報酬も得てテレビにも出ている委員が、会議中に「そろそろ原発を見てみたい。東海第二（原発）あたりが近くて便利だから役所からバスを出して」と公に発言し、わたしは呆然とした。

わたしはこの時までに自費で世界と日本の原発を歩いて回っていた。そして委員報酬も交通費支給も全てお断りしていた。一方、報酬を得ている著名な委員がこれである。

これらの実態すべてが福島の悲劇を引き起こしたのだった。

1Fの吉田所長は誠実な勉強家だった。こうした経緯のかなりの部分を、会議の議事録などから読み込んでご存知だった。

だからわたしを、会う前から信頼し、TVタックルなどテレビ番組でも言うことが変わらないのを信頼していたと、初めて向き合った1Fの所長室で吉田さんは仰った。

この信頼のもとで吉田さんは、ひとりだけ1Fに近づいてきたわたしに入構許可を出し、さらに所長室での話し合いで、作業員もまだ踏み込んでいない個所に入ることも許してくださった。

わたしはたったの一日しかいない。しかし作業員の方々はそこから何年もいらっしゃることになる技術者も多い。

だからわたしは作業員を車中に置いて、たとえば内部が見える四号炉に近づき、つぶさに見た。もちろん見た範囲ではあるが、いかなるパイプもずれてはいなかった。

原子炉建屋には想定以上の揺れ、おそらくは重力加速度で八〇〇ガル以上にもなったかという激烈な揺れが襲ったのだ。

ところが日本の原子炉建屋はこの地震の揺れには耐えたのである。

わたしは、当時まだ全く修復されていなかった海側にも入った。たまたま1Fでは補助建屋やタービン建屋、巨大タンクなどが海側に並んでいて、津波で破壊されたのは、それらだった。タンクは海に半分、浮いていた。

その破壊ぶりは洋上から小型戦術核でも撃ち込んだかと、これはわたしの他の専門分野のひとつの安保保障からの連想で考えてしまうほど、すさまじかった。

しかしこれは本当は、津波の破壊力がそこで吸収されたことを意味する。内側にある原子炉建屋は無事だったのだ。

1Fの原子炉はアメリカのGEが作った欠陥炉「マーク・ワン」である。災害に弱いと、内部の技術者から訴えられたりしたから、地震の多いアメリカ西海岸には置けず、それをあろうことか地震国の日本に売りつけた。

これを国民の電気代で買ったのが東電であり、それを許したのが癒着していた通産省（現・経産省）である。

日本は欠陥炉をアメリカの言いなりに買うだけではなく、工事までアメリカの業者にほぼ丸投げした。

アメリカの業者は、日本の事情になど関心が薄かったのか、アメリカでハリケーンを避けるノウハウのまま非常用電源を地下のみに置いて、そこに水がひたひたと押し寄せただけなのだ。

もちろんその水は津波が、低すぎた防潮堤を越えたためにやってきた。また通常の電源は地震の揺れで送電塔が倒れたことによって失われた。

だから地震と津波の影響がなかったとは決して言わないが、地震で破壊されたのでもなく、津波で壊されたのでもない。

真の原因はなんと、まさしく憲法と同じく安全と生存を人任せにして、実際はアメリカの言いなりという敗戦後日本の現実にある。

ところが、ここで話を戻すと、福島後の原子力規制委の大物委員（当時）は、1Fの現場も知らず、原子力も知らず地震で壊れたかに決めつけ、「今後の対策の柱は、活断層のあるなしだ」と決めつけたのである。そして再任の願い叶わず原子力規制委を去ったあと、今度は「火山こそ問題だ」と強調して原子力規制には関わり続けた。

この人物は前述のように東大地震研のリーダーのひとりだった。

今も東大でも教鞭を執っているわたしは東大地震研の根深い問題をずっと指摘してきた。

東大地震研は「予知ができる」と称してずっと、国民の巨額の税を使ってきた。

つい最近、「予知はできません」と急に、ろくな説明もないまま方針転換した。ところがオールドメディアの報道は新聞が数行、テレビがゼロである。アメリカなら納税者の街頭デモ、反乱なしには済まない。日本の納税者は声もなし、である。

そして世界の地震学者は、東大の人々を含めて「地震は予知できない」を長年の常識としてきた。

原子力規制委の地震研出身の委員は東大時代に、この「予知できる」という嘘のもとで、一体いくらの国民の血税を使ったのか。

東大の内部関係者は「さあね」といったん首をひねってみせてから「少なくとも数百億円。もちろん彼ひとりの責任じゃないけどね」と言った。

この大物委員（当時）の音頭で、ほぼあらゆる日本の原発で土が大規模に掘り返され、その地層が活断層かどうか数万年から数十万年に逆のぼって延々と議論され、しかし多くは学者の見解が「まごうことなき活断層だ」「いや違う」と食い違ったまま、巨額のコストと時間だけが空費され、その全てが電力会社を通じて国民の電気代に請求された。

もう一度言う。このふるまいの根幹は「1Fは地震で壊された」という思い込みである。

前述した内部告発者たち、わたしの今回の国会質問の背景のひとつとなっている内部証言はいずれも、この事態を技術者の良心に照らして悲しみ、苦しんだ末の告発なのだ。国会には資源エネルギー調査会を含めて、電力業界や電力の労働組合をバックに議員になっている人々がいる。しかしこの大問題を正面から問う質問は、不肖わたしの非力な質問以外にない。

なぜか。

世の反発が恐いのだ。ではなぜ、わたしと同じ世の反発を受けるだけなのに、はるかに怯えて黙しておられるのか。

電力業界や労組から献金も支持も受けていて、そこを探られると困るからである。

絶望を語っているのではない。わたしたちはいったい、何と、どう戦えば良いのか。福島のあまりに大きな犠牲とともに、それがようやくわれらの眼前に見えている。

不肖わたしは、その新しい希望を語っている。

さて、わたしの質疑に戻りましょう。

「先日、鶴保資源エネルギー調査会長のリーダーシップの下でつくばの産業技術総合研究所、産総研にわたしたちが行くことができました。この部屋でぱっと目に付いた人でいえば、山本太郎先生をはじめ行けなかった人もいるので、余りそこに集中した話はしたくないんですけど、産総研へ行ったときにぼくが申したことは、自前資源があるということをずっと言ってきて最初は政府が全然相手にしてくれなかった、国会も全然言うことを聞いてくれなかった。それが今や産総研で、もうメタハイ、メタハイ、メタンハイドレートの話をいっぱいするというのは隔世の感があって非常に感激いたしました」

「その上で、実は世界の重大な変化に、産総研あるいは、資源エネルギー庁は遅れがあるんじゃないかということをお聞きします」

「今、世界の最前線では、メタンハイドレートについて三つの類型にしているんですね。対照的に、日本はいまだ二つの類型です。砂層型、太平洋側に多いとされる砂層型と、日本海側に多いとされる表層型の二類型にしているわけです。元々はこの表層型は全然認め

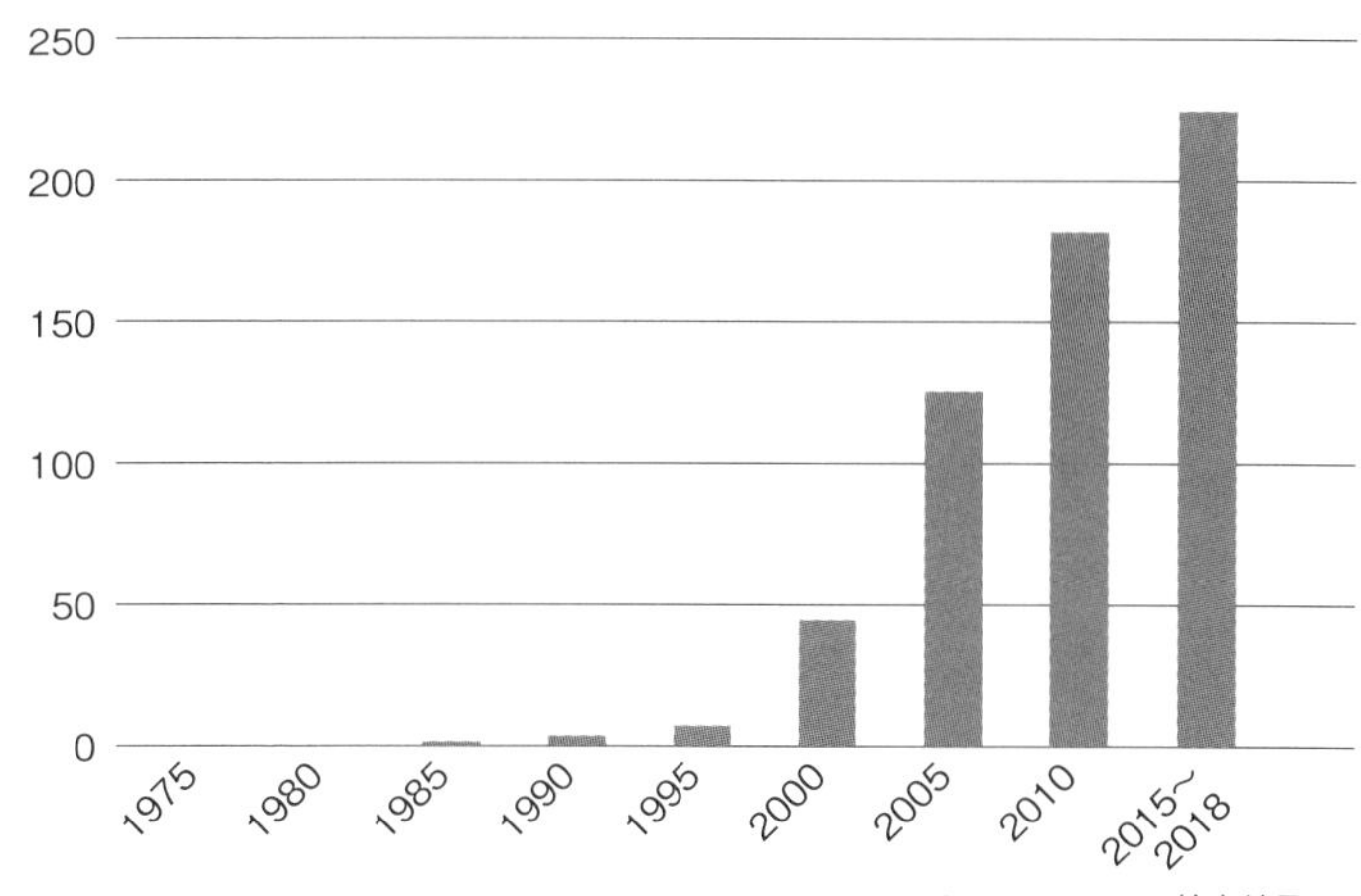

てくれなかったのでそれ自体進歩なんですが、もう世界はその先に行っていて、本当は砂層型、表層型に加えてメタンプルームを加えて三類型になっているわけです」

「お手元の資料、すみません、傍聴の方に資料が見えなくて。あそこ（壁）に映してもらおうと思ったらこの部屋の構造上、無理だということでありましたから、やむを得ず配付資料にいたしました。

委員の方々は、資料の一枚目［上図］、まず御覧いただけますでしょうか。これは、先日、ブータン国民のために現地で厳しい山岳調査をなさっていてハートアタックで急逝された福岡浩新潟大学教授が編集なさったデータなんですけれども、一九七〇年代、八〇年代には全然論文がなかったのが、急激に、エクスポネンシャル、つまり幾何級数的に増えている、爆発的に増えている。メタンハイドレートに関する論文が増えているというのは重要な兆候ですけど、その中でメタンプルームを資源として扱うものとして増えているということをまずこの図で見ていただきます」

「海底の下に大きなメタンの存在するところがあって、そこからガスが、比重が軽いので海面方向に上がってくる、それに超音波を当てると柱に見えるというものをメタンプルームと呼んでいます」

「かつてはたまたま漏れたものだと思われていました。このメタンプルームはわたしたちが言わば先駆的に世界の中でも研究してきたのですが、単なる漏れではなく巨大な資源じゃないかというふうに今、世界で、特に中国、アメリカ、ドイツなどで取り上げられています。それが資料の二ページ目ですね。二ページ目はまず中国語の論文です。中国語はぼくも分かりませんが、それをめくっていただくと、英文のアブストラクトがありますから、そこを見ていただきたい。調査会で英文を読むというのをやっていいのかどうか分かりませんが――会長がどうぞということですので一言だけ言うと、その一行目のところにGREAT SIGNIFICANCE TO THE RESOURCE AND ENVIRONMENT RESEARCHと書いているんですね。これがポイント中のポイントであって、そのちょっと前を見ていただくと、メタン・バブル・プルームと書いてあるんです。メタンプルームのことです。メタンプルームは、環境に対しての研究と、それから資源としてシグニフィカンス、非常に重要だということを中国が認めているという論文です。

次の図は、今度は英文ですけれども、説明の下に青い海がありますが、これ大西洋です。大西洋に面しているアメリカのノースカロライナで今、調査研究が行われています。

そして論文概要として、水深千七百メートルまでの範囲、つまりそんな深くないところで五百七十もの、帯状のメタンプルームを確認したとあります。帯状というのは広く横に伸びているという意味ですから、単に柱が何本か海底から立っているだけではなくて、そういうのもあるけれども、帯状に、つまり地中の在来型の資源と変わらないような状態で海中に存在しているものをたくさん発見したという論文です。アメリカのＤＯＥ、つまり米国エネルギー省とＵＳＧＳ（アメリカ地質調査所）が合意してこの研究が行われていまして、この論文概要にはまた、幾つかは千年以上続いている可能性とあります。これが極めて重要なんです」

「エネ庁と産総研は頑張って三年間、表層型メタンハイドレートの原始資源量を調べたんですけれども、その調査でわざわざメタンプルームを全部無視したんですね。無視したために何が起きたかというと、ガスチムニー構造といいまして空洞みたいになっているところがあって、そこだけ調べて、そこの中は空のところもあるから、詰まっているところだけ探してそこに六億立米あると言いました。この間の視察のときに六億立米というのは多いのかと立憲民主の先生が聞いてくださって、これは日本が使っている天然ガスの二日分しかないです。二日使ったらなくなっちゃうものをお金出して調査もできませんよね、それだったら」

「ところが、今のメタンプルーム、しかもその量が多いというのがちゃんと書いてあって千年以上、立ちのぼり続けている。産総研と経産省がやった調査がいかにおかしいかというのは、塊であるやつだけを見て賦存量を考えるんだったら、いわば採り切りの在来型と同じです。ところが、千年以上ぽこぽこ、これ出ているわけですから、そうじゃない。下に、もっと大きな貯蔵がないと出続けるはずがないわけです。そうすると、はっきり言えば、わたしたちが私費も投じてやってきた調査に比べると、莫大な国民の予算を使ってやった調査というのは一体なんだったのかということになります。非常に厳しい、与党とは思えない質問ですけれども、経産副大臣、お答えいただけますか」

ここは経産省資源エネルギー庁にとって、もっとも厳しい質問だ。しかし今や、このエネ庁は自らの調査だから正しいと主張するのではなく、問題点や限界も述べるようになっている。

答弁に立った南亮・エネ庁燃料部長も官僚としてはとても率直に述べた。

「今ご質問のありました三年間の調査ですが、これは表層型メタンハイドレートにつきまして、平成二十五年度から二十七年度にかけて我が国周辺海域の資源量把握に向けた調査を実施したものであります。

その結果でありますが、ガスチムニー構造と呼ばれる表層型メタンハイドレートの分布が見込まれる地質構造が千七百四十二か所存在することを確認しまして、その上で、このうちの一か所である海鷹海脚と呼ばれる上越沖のガスチムニー構造を対象として委託先である産業総合研究所が資源量の試算を行ったところ、今先生の御指摘のとおり、メタンガス換算で約六億立米が見込まれるという結果を得たものであります。

なお、この試算につきましては限られた情報から試算を行ったものでありまして、実際のメタンハイドレートの形状や分布の連続性、地質構造についてはいまだ不透明な面があること、加えて、地域によりメタンハイドレートの分布の特徴が不均一であることなどから、ガスチムニー構造全体に一般化して適用することは適切ではないという認識がありまして、このため、表層型メタンハイドレートの賦存量全体につきましては、現時点においては試算をしていないという状況でございます」

「今の南さんのご答弁は、さすが専門家であって、前進した意味はあると思います。

　つまり、ぼくも、今までの調査は意味がなかったと申しているんじゃなくて、かつては表層型をずっと無視してきた、今はメタンプルームを無視している、そういう偏った姿勢から偏った結論を出すという今までの政府姿勢はおかしいということです。手法に問題も課題もあったということをお認めになったというふうにわたしは受け止めましたので、非常に意義のある答弁だと思います」

「その上で、ちょっと資料の図に戻っていただくと、これドイツの話なんですね。島の地図がありますが、これスピッツベルゲンといいまして、観光に行く人もいますけれども、北極海の島で、ノルウェー領なんですよね。ノルウェー領にドイツ政府が着目をして、この島を拠点にして、周りの海でやっぱりメタンプルームの調査をしているわけです。

　その資料には、第三のメタンハイドレートとしてメタンプルームが数百キロにわたたって帯状に存在しているという報告もあります。これを見た人はみんなひっくり返ったわけですね」

「メタンプルームは、政府は全然やってくれなかったけれども、わずかな私費も投じて研究して日本はトップランナーでした。ところが、もう今や政府の無関心のためにドイツや中国やアメリカに追い抜かれつつあるということを実は物語っているわけです。同時に、今日は悲しい話をしているんじゃなくて、これだけ可能性のあるものが日本の周りの海にたくさん出ているということに着目すれば、誰が悪かったかという話じゃなくて、前に向かって進むだけではないのかと、まさしくこの調査会らしく、超党派で取り組める話じゃないかと思って今、申し上げています」

「またDOE、米国エネルギー省が、将来のエネルギー資源の可能性を調査するためと明記した上で、アメリカ国立エネルギー技術研究所を通じて七千二百万円をドイツの研究に出しています。（中略）

ちょっと質問じゃないことを言いますと、韓国がまた最近、竹島で海洋調査船を不法に動かして、しかも泥を取ったらしいと、採泥したらしいということがあります。韓国は、表層型メタハイだけだとどうもコストに見合わないんじゃないかということを考えていて、しばらく動きが止まっていたんですけれども、メタンプルームというものが実は日本海側にたくさん出ているので、それに新たに着目して採泥を始めたおそれもあります。そうすると、今までのように日本が抗議しているだけでは韓国の動きは止まらないということも、ここは資源エネルギー調査会ですから深入りしませんけれども、最新の問題としては当然、政府に認識していただきたいんですね」

「日本も三類型に踏み出すべきではないでしょうか。エネルギーはベストミックスが必要です。ぼくの意見では原子力もその中に入ります。だから原子力のこともお聞きしたわけですが、そのベストミックスにはメタンハイドレートの中のベストミックスもあって、これまでやってこなかったことへの言い訳をしなくても済むようにと取り組まないんじゃなくて、ここぞというばかりに取り組んでいただきたい。副大臣、お答え願えますか」

副大臣の前に答弁した南部長には忘れがたい記憶がある。

不肖わたしが民間人時代に創立を提唱した「日本海連合」という自治体連合が、そのまだ初期にフォーラムを開いたとき、天然ガス課長だった南さんは「日本に日本海連合ができただけで、日本海の表層型メタンハイドレートに本気で取り組むのじゃないかとロシアが考えて、日露の天然ガス価格交渉で急にロシアが軟化したんです」と驚きの現場証言をなさった。

南さんはこのあといったん、対ロシア専門の課長に転出され、わたしが国会に出たあとに再び、メタンハイドレートも扱う部門に今度は部長として戻ってこられた。

だから副大臣という政治家に答弁を求めたときに、官僚である南部長が答弁に立っても、わたしは許容した。

さて磯崎副大臣の登場だ。一回生議員のわたしが申すのも僭越だが、これほどに勉強熱心な国会議員も見たことがない。

きっと政府答弁の一定の枠を超えて、答えてくださるだろうと、正直、期待していた。

磯崎仁彦経産副大臣が答弁に立った。

「青山委員には、これまでの経験を踏まえて、この資源エネルギー政策につきましても貴重な御助言をいただいておりますことを感謝申し上げます。

今ご質問ございましたとおり、このメタンハイドレートにつきまして、特にメタンプルーム、非常に遅れがあるのではないかという非常に厳しいご指摘をいただきました。（中略）」

「今後、メタンプルームにつきましての調査研究、これが進展していくというふうに思っておりますが、新たな分類を設定する必要があるのかどうなのかということも含めて、改めて事業の在り方は検討してまいりたいというふうに思っております。

ちなみに、今月の十五日に経産省で改定を公表した海洋エネルギー・鉱物資源開発計画の中では、このメタンプルームを新たに海洋調査の対象とすることを明記しております。そういった意味では、非常に遅れがあるというご指摘をいただきましたけれども、明記をしてこれから調査をしていくということは是非ご理解をいただきたいというふうに思っております」

「今の磯崎副大臣のご発言は、ぼくとしては非常に意を強くしました。（与党の）なれ合いで申し上げているんじゃなくて、ふだんからいかに勉強されているかは存じ上げています。

しかも、心にもないことを答弁だから仰ったんじゃなくて、よく調べられた上で仰ったということを理解しています。

その上で、政府の取組が遅れているのであって、研究レベルは辛うじてまだトップランナーです。

その証拠の一つにもなるのが、次の図表です。この図は、大学や民間研究所の調査に基づいて新潟県に出された資料から不肖わたしが整理しましたけれども、これだけたくさん新潟の浜辺と佐渡島の間、ここに調査船で行くと振り返ると新潟の明かりが見えます、いかに近いかということですが、そこにこれだけ大量のメタンプルームが出ているということがもう確認されています。

それから、次の図を見ていただきたいんですが、これは和歌山県の潮岬沖なんです。経産省出身である和歌山県の仁坂知事のご努力があって民間に委託した研究が続いているんですけれども、これは研究者にとっては大変に重大な話です。すなわち、日本海側じゃなくて太平洋側にもこうやって、立っているのが見えるのがメタンプルームです。海底から青く立って見えるのが（青い色はわかりやすくするための着色）、メタンプルームです。表層型メタンハイドレートのある海底でなくてもメタンプルームが立つということが、世界で初めて立証された研究であります」

「磯崎副大臣におかれては、この研究成果をうまく生かせるような政府の積極的な取組をお願いしたいと思います。もう一度よろしいですか、副大臣」

磯崎副大臣は「今この資料を見せていただきまして、まさにそういう可能性があるということの証ではないかと思っております」と明言した。そして続けて「先ほど申し上げましたように、まさに新しい計画の中でメタンプルームというものを明記をしてこれから研究をしていくということでございますので、是非その進捗を待っていただければというふうに思います」と答弁した。

わたしは残り四分だけの質問時間を最大限、生かしたいと考えた。

「あと二点お聞きしたいと思います。実はこのメタンプルーム、先ほど中国の論文の中に環境問題にとっても重要だという表現がありましたが、ここはまさしくポイントです。

なぜかというと、政府側の答弁の中にもメタンプルームのうち海面に届いているものもあるという答弁が正確にあってちょっとうれしかったんですけれども、海面に届いているということは、メタンプルーム、名前のとおりメタンであり、メタンガスというのはご承知のとおりCO_2、二酸化炭素の温暖化効果のおよそ二十五倍前後ですから、それが海面に出ているということは、放っておけばそれはずっと地球温暖化の促進をしていたんであろうということはよく分かるわけです。この調査研究は世界でもまだなかなかできていませんが、大気中に漏れ出ていることは間違いがないです」

「メタンハイドレートというのは、要はメタン、天然ガスの主成分のメタンが海底下や海中の水の圧力と低温で固体になっているだけのことですから、海面近くに来ればそれは分解します。そして海面からメタンが大気中に出ています。その天然ガスを火力発電所で燃やせばCO_2は出ます。出ますが、まず石油より少ない上に、温暖化効果が逆に激減するということです。こういう資源があったのかというのは、不肖わたしも参加している国際学会、特にAGU、世界最高権威のアメリカ地球物理学連合で我々がこの発表をしたときもどよめきが起きたわけです、もう何年も前ですけれども。

したがって、この点も非常に大事な点なんですけれども、これを政府は認識としてお持ちなのかという、聞き方がきついですが、副大臣、お願いできますか」

磯崎副大臣が再び立った。「ありがとうございます。今、委員が仰ったように、メタンは二酸化炭素の約二十五倍の温室効果を持つということは我々も承知をいたしております。ただ、このメタンプルームの利用につきましては、現時点で実用化されるものがないため、温暖化への影響というのはなかなか不透明であるというふうに思っております。ただ、理論的には、二つの意味で温暖化の抑制につながるというふうに理解をしております。

一つは、今まさに委員おっしゃいましたように、自然状態では海中から大気中に放出されるということでございますので、そのまま放置しておけば当然温暖化の効果を持つということでございます。（中略）

もう一点は、このメタンプルームの利用が実用化された場合には、石油であるとか天然ガスとか石炭といったような、こういった他のエネルギー資源と代替をされる、そういう意味で温室効果の抑制につながるということでございますので、こういった二つの意味で温室効果の抑制効果がある、そのように認識をいたしております」。

わたしは最後の質問に立った。

「お手元の資料の残りの図表を見ていただきたいんですが、これは何かというと、経済産業省のデータで、国土交通省が言わば何げなく作った海底資源地図なんですよね。

この意味するところは、実は新資源だけじゃなくて、ちょっと深い海底を考えたら、在来型の天然ガスやオイルもたくさんあるということなんです。これ、前から経産省は分かっているんですが、まさしく利権もつながっていて、海外から買えばいいんだという発想でいました。在来型も含めて『日本は資源のない国じゃない』という事実が無視されてきたわけです。

だから、メタンハイドレートの三類型、メタンプルーム、表層型、砂層型と、さらに在来型の資源と併せて調査研究をすべきだと思っておりますが、最後の図表を見ていただくと、これ、実はそのメタンプルームは、下から上がってきますから、ドーム状の膜をかぶせて取ろうとする調査研究計画なんですけれども、ここにプルームが描かれてないですよね。何と研究者によれば、産総研あるいはエネ庁に提出するときにメタンプルームは描いちゃいけないと言われたということです。メタンプルームの採集は他の計画と違って掘削する必要がなくて一種、自噴しているからこそ言っちゃいけないということがあったということです。この審議をきっかけにどうぞ改善していただきたいと思います。

質問を終わりますが、副大臣、もしよろしければ」

磯崎副大臣は最後まできちんと答えてくれた。

「今おっしゃいましたように、従来型の石油、天然ガス、それとメタンハイドレートとは、どちらも海域に存在する地下資源ということでございますので、開発に当たっては当然共通点があるというふうに思っております。したがいまして、従来型の石油、天然ガス開発の知見を有するいわゆるＪＯＧＭＥＣ、ここに委託をして行っているというのは、まさにそのあかしではないかなというふうに思っております。

それと、今お示しをいただいたこのメタンプルームの回収計画でございますが、これは今、表層型のメタンハイドレート、これの回収方法として今六つの提案がなされているというふうに聞いておりまして、その一つの提案、回収の方法であるというふうに認識をしております。

これから、先ほど申し上げましたように、メタンプルームについてはしっかりと明記をしてまいりましたので、回収の方法であるとか、どういう状態で存在をしているのか、そういう形状等々について研究調査を進めてまいりたいと、そのように思っております」

わたしは短く、「終わります」と締めくくって、ちょうど時間内に質問を終えた（この文中では著作権の関連で大半の図を表示できませんでした）。

源流は、幾多の流れを経て、大いなる海に注いでそれで終焉なのか。

いや、海から蒸発した水が天に還り、再び雨水として地に降り注いで源流をつくり、大海を目指す。

ささやかな国会質問、そしてこのちいさき書物もまた、ほどなく新しい流れをつくり、みんなの元へ戻り来るだろう。

（完）

本書は『月刊Ｈａｎａｄａ』（小社刊）二〇一六年六月号～二〇一七年九月号の連載に筆者が新たな題名を付し、隅々まで改稿し、単行本化したものです。

［著者］
青山　繁晴（あおやま・しげはる）

1952年、神戸市生まれ。慶大文学部中退、早大政経学部卒。共同通信、三菱総研を経て日本初の独立系シンクタンク「独立総合研究所」（独研）社長。文科省参与、総務省消防審議会委員など公職多数を無償で務める。近畿大学経済学部と東京大学教養学部で教鞭も執る。2016年、独研社長を退任し、参院選に当選。著作は最新刊の『ぼくらの死生観』（ワニブックスＰＬＵＳ新書）をはじめ『ぼくらの哲学』（小社刊）、『壊れた地球儀の直し方』（扶桑社新書）、そして純文学の『平成紀』（幻冬舎文庫）がいずれもベストセラー。モータースポーツ（A級ライセンス）、アルペン・スキー、スキューバダイビング、乗馬、水泳、ギターの弾き語り、そして映画と趣味も幅広い。

ぼくらの哲学2
不安ノ解体

2019年4月7日　第1刷発行
2019年4月19日　第2刷発行

著　　者　青山繁晴
発 行 者　土井尚道
発 行 所　株式会社　飛鳥新社
〒101-0003　東京都千代田区一ツ橋2-4-3　光文恒産ビル
電話　03-3263-7770（営業）　03-3263-7773（編集）
http://www.asukashinsha.co.jp
装　　丁　遠藤嘉浩（遠藤デザイン）
写真協力　増田岳二
印刷・製本　中央精版印刷株式会社

ISBN 978-4-86410-663-4

編集担当　三宅隆史、沼尻裕兵